Coleção
Astrologia
Contemporânea

A Astrologia, como linguagem simbólica que é, deve sempre ser recriada e adaptada aos fatos atuais que pretende refletir.

A coleção ASTROLOGIA CONTEMPORÂNEA pretende trazer, na medida do possível, os autores que mais têm se destacado na busca de uma leitura clara e atual dos mapas astrológicos.

Rainha da Noite
Explorando a Lua astrológica

Haydn R. Paul

AGORA

Copyright © 1990 by Haydn Paul

Nenhuma parte desta publicação poderá ser reproduzida,
guardada pelo sistema "retrieval" ou transmitida de qualquer
modo ou por qualquer meio, seja eletrônico,
mecânico, de fotocópia, de gravação,
ou outros, sem a prévia autorização por escrito da Editora.

Tradução:
Bettina Becker

Revisão técnica:
Maryon Yurgel Gorenstein

Capa:
Ricardo de Krishna

Todos os direitos reservados pela

Editora Ágora Ltda.
Caixa Postal 62 564
01295 — São Paulo, SP

"A Rainha da Noite, flutuando pelos céus na majestade de sua incomparável luz, lançando as trevas sobre todas as coisas, estendendo seu manto prateado sobre o mundo inteiro."

Madame Blavatsky, *The Secret Doctrine*, Volume 1, *Cosmogenesis*.

Dedicado a todos que começam sua iniciação no Templo da Deusa Lua, e àqueles que atingem o alquímico *mysterium coniunctio*. E aos reflexos especiais da Lua que me inspiram e me conduzem ao longo do caminho, minha esposa Carol e adoráveis filhas, Sarah e Lauren; que jamais fiquem sem os raios luminosos do luar. Sem esquecer também aqueles cuja influência me guiou para as profundezas, onde a escolha era aprender a nadar ou afundar.

Meu amor, apreciação e agradecimentos a todas as personificações da Grande Mãe.

Sumário

1. Invocação: Dea Luna, Deus Lunus, a Deusa Redesperta 9

2. A Lua Mitológica 15

3. A Lua Astrológica 25

4. A Lua e os Aspectos Planetários 43

5. A Lua nas Casas Natais 93

6. A Lua nos Signos Natais 109

7. A Luz da Noite: o Ciclo das Fases Lunares 131

8. A Cabeça do Dragão, a Cauda do Dragão, os Nódulos Lunares 143

9. À Luz da Lua Mágica 187

10. A Evocação do Equinócio 203

CAPÍTULO I

Invocação: Dea Luna, Deus Lunus, a Deusa Redesperta

Dia após dia, eles olhavam para o céu, observando o movimento do grande orbe de luz surgir na aurora e pôr-se novamente no crepúsculo. Noite após noite, observavam outra luz projetar sua luminosidade nas trevas que os cercavam, quando misteriosas sombras evocavam temores de ataques e soturnos ruídos de animais ecoavam à distância, esperando que o sono onírico os arrebatasse durante as horas da noite. Logo perceberam que enquanto uma das luzes no céu era constante, resplandecia e iluminava, o orbe da noite passava por misteriosas e mágicas mudanças, aparecendo e se escondendo, num padrão cíclico. Eles viam essas mudanças e, com o passar do tempo, observavam as posições variáveis no céu nas quais as luzes surgiriam. Sentiam as mudanças que ocorriam em seus próprios corpos, emoções e pensamentos, e intuíam que estavam sendo influenciados pelas luzes e pelas estrelas, cintilantes pontos de luz no negro dossel da noite. Lentamente começou a ser concebida a formulação embrionária do posterior axioma hermético, "Acima, assim como embaixo", e a antiga sabedoria do conhecimento estelar emergiu na consciência da humanidade.

No misterioso e perigoso mundo que habitavam, eles pressentiam que as luzes no céu eram como olhos que observavam cada um de seus movimentos. Sua presença os amedrontava, fazendo brotar sentimentos de reverência, e eles sabiam que, de alguma forma, suas vidas dependiam do nascer do Sol, a cada dia, e da chegada da Lua, à noite. As luzes tornaram-se objetos sagrados, e cultos, rituais e sacrifícios propiciatórios foram criados para assegurar a boa vontade celestial. O Sol foi identificado como o Rei do Dia, o Deus da Luz; a Lua, como a Rainha da Noite, a Deusa das Trevas.

Talvez tenha sido assim. Certamente, as origens da astrologia estão profundamente ocultas nas brumas da antiguidade, mas até hoje olhamos para o mesmo Sol, a mesma Lua e as mesmas estrelas, e assim faremos

9

até que a vida humana desapareça da Terra. Eles são constantes na experiência humana, através do tempo e das gerações, transcendendo barreiras culturais e nacionais, olhando indiferentes o planeta e a humanidade.

O homem primitivo estudou o céu, freqüentemente medindo a progressão linear do tempo cíclico pelos movimentos transitórios do Sol e da Lua, usando marcos de pedra alinhados para indicar as épocas do ano propícias ao plantio ou períodos em que importantes rituais religiosos deviam ser realizados. Os ciclos solilunares tornaram-se calendários e sistemas de organização do tempo em diversas culturas.

O padrão rítmico da Lua foi especialmente útil como um modelo, formando a semana de sete dias e o mês lunar de vinte e oito dias. A duração média da gestação humana equivale a dez meses lunares (quarenta semanas). O ciclo de vinte e oito dias da Lua está relacionado com o ciclo menstrual da mulher. Vários estudos mostram que é mais provável o início das regras ocorrer na Lua Nova ou na Lua Cheia do que em outras épocas. É provável que, no passado, essa correlação fosse ainda mais evidente do que na atual era da contracepção química e outras interferências nos padrões fisiológicos naturais.

Nossos ancestrais consideravam "o escuro da Lua" (quando a Lua desaparecia de vista) uma fase na qual certas atitudes e pensamentos deviam ser evitados, por medo de desagradar à Deusa. O contato físico com mulheres menstruadas era considerado tabu, e ainda o é, em certas culturas. As mudanças no corpo das mulheres durante a gravidez eram vistas como uma imitação das fases da Lua. Assim, na maioria das culturas, a Lua foi identificada com a Deusa e com o princípio feminino. As mulheres tornaram-se sacerdotisas da Lua, que era considerada a origem da vida na Terra, uma passagem celeste, análoga à passagem física do órgão sexual feminino.

Para o homem primitivo, o Sol e a Lua pareciam ter o mesmo tamanho. Hoje sabemos que, na realidade, o Sol é muito maior — de fato, quatrocentas vezes maior que a Lua —, apesar de estar quatrocentas vezes mais distante da Terra. A Lua orbita a uma distância de quase 380.000 km da Terra, a aproximadamente 140 milhões de km do Sol. Ela tem quase um quarto do tamanho da Terra, um diâmetro de 3.475,44 km e massa e força gravitacional mais reduzidas, quase 1/6 do campo gravitacional da Terra. A revolução da Lua ao redor da Terra leva 27 dias e 1/3 (período sideral) e gira em torno de seu eixo (um processo chamado de "rotação sincrônica"), razão pela qual apenas uma face da Lua é vista por quem olha da Terra.

Sendo a Lua considerada um satélite da Terra, há nessa relação certas peculiaridades, principalmente quanto a seus tamanhos relativos. De todos os satélites e luas conhecidas e associados a outros planetas do nosso sistema solar, nenhum tem um tamanho proporcional tão grande. Além disso, a Lua não gira ao redor da Terra da maneira que se espera que um satélite gire em torno de seu centro de atração gravitacional. O Sol é o centro real de atração gravitacional tanto da Terra quanto da Lua, e a influência do Sol sobre a Lua é consideravelmente maior que a da Terra. Nesse sentido, a Terra e a Lua operam como um sistema planetário duplo, no qual a Lua representa, simbolicamente, uma posição dual: uma "face" está voltada para o Sol e para a atração da luz e do espírito, e a outra "face" é atraída pela força da Terra e pela absorção nos corpos físicos e na vida material. Isso simboliza o dilema humano. A Lua desempenha seu papel mediador reagindo ao Sol e à Terra com um ciclo de transformações de múltiplas conseqüências, por exemplo, o fluxo e o refluxo das marés nos oceanos terrestres.

O fato de parecer que o Sol e a Lua têm o mesmo tamanho tem sido interpretado, na astrologia, como uma indicação de que ambos os princípios planetários têm igual importância na psique humana, coletiva e individualmente. O tema a ser tratado neste livro é a importância de se alcançar um equilíbrio entre esses princípios, tanto para o indivíduo como para a sociedade. Tradicionalmente, o princípio solar é associado a uma "natureza superior" e o princípio lunar, a uma "natureza inferior", mas tais distinções se aplicam apenas à consciência dualista e polarizada, sendo necessário uma visão mais transcendente para reconciliar os opostos. A implicação do simbolismo ótico é que o *self* solar irradiador de luz precisa ser entendido não como superior, mas como complementar ao *self* refletor de luz lunar e psíquico da humanidade, e que a união entre os dois fatores é vital na criação de um ser humano completo.

O papel da Lua é de mediador entre o Sol e a Terra. No ciclo lunar, na realidade nada muda, exceto nossa perspectiva geocêntrica. As fases da Lua são vistas apenas da Terra, o que faz supor que seu significado está relacionado apenas com questões da consciência humana. Na verdade, é apenas a relação entre a Lua e o Sol que muda. Para os astrólogos, isso sugere uma mudança na forma de transmissão da luz solar para a Terra, com a Lua diminuindo a potência e a intensidade do Sol e agindo como tradutora e transformadora. Isso se realiza através de uma corrente alternada, refletida na natureza dualista da vida na Terra: polaridade sexual, atividade dos hemisférios cerebrais direito e esquerdo, dia e noite, luz e sombra, vida e morte, matéria e espírito. Se não fosse assim, talvez não conseguíssemos suportar o brilho da luz solar; ela poderia cegar-nos ao invés de iluminar-nos.

O Pouso na Lua e a Deusa Redesperta

Por milhares de anos, a Lua atraiu o olhar fascinado da humanidade e evocou mitos, lendas e sonhos. Apropriadamente, a ruptura das barreiras planetárias espaciais se deu através do pouso físico na Lua. O impulso solar para expansão e exploração exterior resultou num progresso tecnológico necessário para atingir o espaço, e às 9h18 BST* do dia 20 de julho de 1969, o módulo lunar Eagle da missão batizada apropriadamente de Apolo 11 desceu com segurança numa área chamada de Mar da Tranqüilidade. Neil Armstrong proferiu as famosas palavras durante sua primeira caminhada na Lua: "É um pequeno passo para o homem e um salto gigante para a humanidade". Uma hora depois da alunissagem do módulo Eagle, a espaçonave russa Luna 15 fez um pouso forçado no Mar das Crises. Ambas as áreas — Mar da Tranqüilidade e Mar das Crises — simbolizam a ambivalência da resposta humana à influência da Lua e à mutabilidade do equilíbrio emocional.

Enquanto a Lua física, planetária, pode ter parecido passiva e sem vida no espaço exterior, a correspondente Lua interior, dentro das profundezas do inconsciente, não foi tão insensível à presença do homem. Uma membrana, ou véu, foi penetrada, e o homem rompeu suas restrições planetárias. Ao livrar-se do abraço protetor da Terra e voltar-se para olhar seu mundo, vagarosamente girando no espaço, ele atingiu uma visão mais ampla. A imagem da Terra resultante das missões à Lua personifica um símbolo visual de nossa realidade planetária, lembrandonos do Mundo Uno e da Família Humana Una, dissolvendo fúteis conceitos como fronteiras nacionais e antagonismos raciais. A fotografia da beleza de Gaia simboliza um momento decisivo para a humanidade, pela possibilidade de se criar uma nova conexão entre a Terra e a Lua.

Ao se erguer o véu espacial, simultaneamente abriu-se um canal interior na psique coletiva que vem sendo ampliado nos últimos vinte anos. Isso envolve o renascimento da Lua interior, a fim de que o equilíbrio seja restaurado entre as qualidades lunares e aquelas que hoje ameaçam a saúde do planeta.

À medida que as culturas matriarcais foram desaparecendo e sendo substituídas por hierarquias patriarcais, o princípio lunar retirou-se ainda mais para o inconsciente. Durante séculos, a Grande Mãe permaneceu submissa ao poder do Deus Pai, o que resultou na desvalorização e na negação das virtudes do princípio feminino em relação à vida. O medo masculino do ressurgimento do poder feminino provocou o expurgo dos pagãos, com o cristianismo tentando reprimir atitudes heréticas e matriarcais através do abuso do poder social e do emprego da agressão física. Os julgamentos de bruxas e a Inquisição são manchas indeléveis na expressão da Igreja sobre os ensinamentos de Cristo.

Sob o domínio de atitudes masculinas de exploração, imposição e abuso, a mente e o intelecto têm condicionado visões de mundo de tal forma que a racionalidade ganhou ascendência sobre o instinto, a intuição e os sentimentos. As conexões interiores com as profundezas da natureza pessoal e a vitalidade da vida natural feneceram sob séculos de dominação patriarcal. Essa dominação propiciou importantes avanços,

---

* BST: Horário britânico de verão.

como a expansão do conhecimento científico e da tecnologia, mas hoje devemos descobrir um novo caminho, antes que as conseqüências negativas desses avanços destruam o planeta.

Desde os anos 60 a influência da Deusa, simbolizada pela Lua, mais uma vez vem acumulando força. Vivemos num tempo em que o valor das emoções, dos instintos, dos sentimentos, da irracionalidade, do relacionamento e da nutrição devem ser redescobertos e expressos no coletivo. Precisamos da energia vitalizante da Deusa Lua para renovar no homem essas necessidades espirituais, a fim de que os valores do coração voltem a ter um papel mais influente. É primordial que o valor e o potencial do indivíduo sejam reconhecidos como necessários ao bem-estar da sociedade.

Já se notam sinais de mudança em direção à satisfação das necessidades interiores, com o crescimento do movimento Nova Era, que está tentando incutir novas atitudes, perspectivas e abordagens em todas as esferas de vida, num esforço para revitalizar e transformar modos de vida ainda incompletos. Desde que a Deusa Lua interior foi redesperta, tem havido um rápido crescimento da busca de nutrição individual e planetária. A ênfase voltou-se para a satisfação das necessidades interiores, com a promoção de uma melhor qualidade de vida, a pesquisa para explorar a consciência interior e os caminhos do autoconhecimento.

Respondendo ao chamado da Deusa, muitas mulheres encontraram essa satisfação através do movimento feminista e permitindo uma expressão mais livre e plena do espírito feminino. A asserção do poder feminino na sociedade, através de uma maior consciência política e dos grupos feministas de solidariedade e conscientização, tem sido de vital importância para a deflagração do movimento em direção ao equilíbrio social. Nas sociedades ocidentais, o papel das mulheres, embora lentamente, tem crescido em importância, e as abordagens lunares sobre a vida estão se tornando socialmente aceitáveis. Observamos reflexos dessa atitude na alimentação, no vegetarianismo, na medicina complementar e holística, na vida natural, na educação infantil consciente e no parto natural. Todos esses aspectos envolvem a nutrição de cada um e dos outros. Também vemos um crescimento do papel feminino na política, na economia e na criação artística. A influência da Lua também é evidente na atenção dada hoje à nutrição do planeta. A preocupação com a ecologia é hoje reconhecida internacionalmente; finalmente, estamos despertando para nosso potencial de destruir ou de curar o único lar que possuímos.

Em esferas mais espirituais, observa-se o renascimento de antigas e esquecidas tradições, e os mistérios de Albion e dos povos celtas estão se tornando populares, já que muitos admitem que uma visão de mundo mais pagã se ajusta melhor à sua filosofia de vida. Wicca e a bruxaria moderna são revigoradas assim que a Deusa as chama a seu serviço, e mesmo as tradições xamânicas mais antigas, com sua ênfase na harmonia da natureza e na mediação entre níveis de realidade, hoje tem muitos seguidores. Certos aspectos dessas necessidades contemporâneas serão vistos nos capítulos 8 e 9, principalmente a potencial integração dos princípios feminino e masculino.

A necessidade de se investigar interiormente brotou no íntimo de muitas pessoas, e as buscas espirituais e as pesquisas ocultistas ocorrem em todo o mundo. As portas da busca interior foram abertas, e os caminhos da meditação, principalmente os de tradição ocidental, conduzem às profundezas de nossa natureza interior e aos domínios da Deusa, onde podemos reintegrar nosso princípio feminino reprimido e começar a abarcar nossa totalidade latente. A psicologia moderna, particularmente a junguiana, nos ensina a reconhecer todos os níveis de nosso ser, a honrar nossos sentimentos e instintos e relaxar as pressões emocionais e tensões que limitam nosso potencial individual.

Este livro é uma perspectiva astrológica de certos aspectos desse redespertar da Deusa Lua no seio da humanidade. Através de um maior entendimento de nossas ligações pessoais com nossa Lua interior, podemos descobrir formas de reintegrar o princípio feminino. Isso auxilia nosso próprio autodesenvolvimento e exerce uma influência benéfica para todos, ajudando a cicatrizar as divisões da psique coletiva.

Temos a responsabilidade de invocar a Deusa interior e de permitir que seu poder fertilizador transforme nosso mundo e nós mesmos. Através dessa invocação podemos construir canais entre o consciente e o inconsciente. Redesperta, a luz da Lua brilha nas trevas e ilumina os caminhos do Submundo. Percorrendo-os com nossos próprios pés, estaremos compartilhando a tarefa de curar o mundo.

CAPÍTULO 2

A Lua Mitológica

Como convém a uma influência celestial tão associada à fertilidade, a Lua tem gerado uma vasta gama de deusas e deuses, que aparecem como poderosas figuras mitológicas em muitas das antigas tradições religiosas de culturas passadas. A imagem da Magna Dea, a Grande Mãe, lançou sua sombra sobre o mundo, e foi apenas em séculos relativamente recentes que sua presença parece ter se apequenado, à medida que a influência solar passou a dominar a consciência humana. Contudo, nem sempre se reconhece que as religiões solares posteriores, como o cristianismo e o islamismo, têm profundas raízes nas religiões lunares precedentes, e que, em muitos casos, as tradições, mitos e lendas solares descendem de mitos lunares mais antigos e substituem a Mãe matriarcal por um deus-imagem Pai patriarcal e masculino. No caso do islamismo, seu principal símbolo é a Lua Crescente.

A Lua foi adotada em tempos remotos como símbolo celestial do princípio feminino. Era considerada a Grande Mãe Universal, o aspecto feminino da Divindade, tendo se tornado a fonte mitológica e a progenitora de todos os antigos cultos relacionados com questões de crescimento e fertilidade. Nesse sentido, ela tornou-se a Mãe Natureza, e era invocada através de cultos para abençoar as plantações e assegurar uma colheita abundante, porque a falta de suprimento de alimentos poderia significar fome e morte.

A Deusa era a Divina Nutriz e Mantenedora da vida, aquela que deu forma à semente de vida implantada no útero da natureza e da mulher pelo Deus Pai. Assim, tornou-se protetora da agricultura e do parto, aquela cuja luz e presença benéfica deviam ser invocadas por serem indispensáveis ao crescimento. Como sabemos, a Lua influencia o desenvolvimento das plantas, as marés e os fluidos corporais, e o mês sideral lunar corresponde ao ciclo menstrual da mulher. Ao observar alguns desses fatos, os antigos começaram a considerar o ciclo da Lua um reflexo das fases naturais da fertilidade, nascimento, crescimento e eventuais decadência e morte. A Deusa começou a ser tanto a doadora de

15

vida como a controladora dos poderes destrutivos da natureza, incorporando as faces clara e escura do divino semblante da Lua.

O símbolo da Lua crescente é associado ao ciclo de crescimento e de fertilidade, porque é nessa fase que a Lua tem mais tempo para crescer, o que na antiguidade foi comparado com "a dilatação do útero de uma mulher grávida". A Lua Nova (conjunção do Sol e da Lua) provou ser a melhor época para se plantar e era considerada adequada para a "cópula do homem com a mulher". Em muitas línguas antigas, as palavras para Lua e menstruação são estreitamente ligadas: *mens*, em latim, também está aparentemente associada a *mente* e *mental*; a mente compartilha com a Lua a tendência a mudanças.

Os mitos lunares referem-se a tradições extremamente arcaicas e às profundezas da psique e abrangem uma série de temas arquetípicos que penetram profundamente nos mistérios da criação, tanto dentro de nós quanto na natureza. Toda veneração à Deusa envolve uma relação com os poderes e as influências espirituais ou qualidades menos tangíveis e mais sutis, a exploração da sabedoria instintiva e uma tentativa de obter uma união interior com o *self* maior. Despertar a luz da Lua interior é restaurar o poder de Sofia, Rainha do Céu, libertar a sabedoria inerente aos alicerces da vida e codificada em nossos padrões de ADN.

Esta união interior, contida na essência dos conceitos das sagradas deusas virgens da Lua, é encontrada em muitas crenças religiosas. Na antiguidade, a palavra "virgem" não tinha as mesmas conotações de hoje; não significava uma pessoa que não tinha tido experiência sexual, porém alguém livre, que se submete apenas ao verdadeiro senhor da natureza interior, rendendo-se à divindade oculta. De fato, uma virgem era uma pessoa transformada pelo contato com a luz do Deus ou da Deusa, Deus Lunus, Dea Luna. A antiga idéia espiritual era que o vazio feminino era preenchido por um processo de autofertilização, simbolizado pela conjunção do Sol com a Lua, onde os aspectos da consciência solar e lunar atuavam em cooperação. Esse conceito aparece novamente no tema do divino casamento alquímico, o *mysterium coniunctio* do Rei Sol e da Rainha Lua, através do qual o alquimista atinge a união interior, tornando-se mais uma vez um ser completo dentro do cadinho de sua natureza. Esta é a tarefa que enfrentamos, individual e coletivamente, à medida que passamos do dualismo da Era de Peixes para a consciência da Era de Aquário. Esta união interior será discutida melhor nos capítulos 8 e 9.

O escopo de atividade dedicada à Deusa Lua abrange a tríplice influência do Céu, da Terra e do Submundo. Estes reinos interiores da psique eram freqüentemente considerados pelas antigas tradições os "submundos" habitados por figuras-imagens subjetivas, deuses e deusas arquetípicos, e pelo conteúdo que hoje chamamos de inconsciente. A Senhora Lua também tem sido chamada de Rainha do Submundo e de tudo o que habita a psique oculta. Neste papel, ela torna-se a Guardiã do

Inconsciente, a Luz do Submundo. Em termos astrológicos, ela abre a porta para a energia dos planetas transpessoais através de uma sintonização do hemisfério direito do cérebro com suas influências transformadoras. Muitas das mais antigas associações da Lua têm sido atribuídas às influências dos planetas mais exteriores. Urano hoje é visto como o planeta das mudanças e da revolução, da intuição superior, e da estreita linha divisória entre a genialidade e a loucura. Netuno é percebido em termos de compaixão universal, de visões imaginativas, de sacrifício pessoal e de unidade. Plutão é agora visto como o Senhor do Submundo, que promete a morte, o renascimento e a ressurreição transformadora.

Essa conexão com as profundezas inconscientes do ser humano também aparece nas lendas da bebida lunar sagrada, o *soma*, reputada por ter poderes transformadores, sendo a bebida dos deuses, que confere imortalidade e percepções divinas. O risco para as pessoas é que, apesar de produzir êxtase, *insight* universal e sabedoria, pode levar a mente despreparada à loucura. Estes são os perigos enfrentados por todos aqueles que se abrem ao seu inconsciente e aos poderes arquetípicos descendo às cavernas interiores e às terras ocultas. Neste sentido, ser iluminado pela Lua traz maior clareza à mente, mas ser atingido por sua luz produz apenas loucura.

A Grande Mãe tem sido venerada em várias culturas, pelos primeiros berços da civilização, na Babilônia, Caldéia, Egito e Oriente Próximo, pela Europa e Grécia, Roma e Mediterrâneo, pelas tribos célticas, na América do Sul e no Norte, África, Índia, China e Australásia. Sua influência é global, e embora o estudo dos vários mitos associados à Lua estejam além do objetivo desta perspectiva astrológica, vale a pena ver alguns, principalmente porque fornecem um *insight* das tradições e lendas solares posteriores.

BABILÔNIA E CALDÉIA

Um dos primeiros calendários astrológicos conhecidos foi criado pelos babilônios. Chamava-se "As Casas da Lua" e era baseado no ciclo de lunação, com seus doze períodos mensais representados pelos doze signos do zodíaco. Sua principal deusa da Lua era conhecida como Ishtar, considerada "A que Tudo Aceita", indicando a rendição à vontade do Universo. O "cinturão de Ishtar" era enfeitado com os signos do zodíaco.

Os templos sagrados de Ishtar eram os aposentos das "sacerdotisas virgens", também conhecidas como "donzelas da alegria", e como parte de seus deveres divinos elas deveriam incorporar o espírito de toda-aceitação, tornar-se não-discriminatórias e render-se à vontade de sua deusa. Na visão moderna, isso pode parecer uma prostituição religiosa, mas, para a mente da época, tinha um significado espiritual mais profundo, principalmente porque as sacerdotisas assumiam a forma da deusa

Ishtar ao realizar sua tarefa sacramental. Para os homens, isso significava o potencial de contatar a numinosa e divina presença oculta — a deusa ou *anima* — através do ato sexual, aprofundando sua consciência do poder feminino na vida. A co-participação sacrificial do *hieros gamos* persistiu de várias formas em muitas técnicas de transformação, refletindo a união através da consciência ou, literalmente, a união entre o homem e a mulher. Os ritos tântricos e mágico-sexuais freqüentemente envolvem a união física, assim como certos rituais de feitiçaria, que evocam o cone de força, pela cópula do supremo-sacerdote com a suprema-sacerdotisa do concílio, que, na maioria das vezes, é uma encenação simbólica ou utiliza instrumentos de associação mágicos. As técnicas junguianas de individuação, integração e etapas alquímicas favorecem a união subjetiva interior do Rei e da Rainha, mas a compreensão original da necessidade da "virgindade interior" remonta à antiguidade.

Da Caldéia e da Babilônia vêm a Magna Dea do Leste, Ishtar, Astarte, Astoreth, Cibele e Sin, a Deusa Lua, que mais tarde reaparece nos mitos religiosos judaicos. Nas lendas assírias da Lua, a "Tríade Sin" é representada pelos tríplices aspectos da Lua e do governante da sagrada Árvore da Lua, plantada num lindo jardim ou numa gruta, protegida por unicórnios e leões alados. A imagem da árvore aparece novamente de forma altamente desenvolvida nas etapas cabalísticas judaicas, e também é um símbolo arquetípico de vários mitos mundiais. A árvore sagrada é encontrada, no Gênese bíblico, como a Árvore do Saber do Jardim do Éden, e sua localização na gruta significa o Submundo, ou as raízes dentro do inconsciente coletivo. Na Caldéia, a Lua era venerada na forma de uma pedra negra sagrada, que mais tarde veio a se tornar a Caaba, o santuário da fé islâmica em Meca.

EGITO

Dominando o panteão egípcio está Ísis, Rainha do Céu, Mãe de toda a Natureza, a Luz Prateada, a Produtora de Sementes, a Deusa Grávida do Tempo. Ísis ou Maat representavam a Antiga Sabedoria para os egípcios, relembrando o passado distante, na antiguidade, em direção à legendária Atlântida. Ísis era a deusa da fertilidade, do amor sensual, da magia e da feitiçaria e a protetora das mulheres na hora do parto. Era conhecida como a Mãe ou a Filha da Lua, e para os sacerdotes egípcios a Lua era a Mãe do Universo, associando novamente a Lua com a criação de fôrma para as sementes da vida.

Originalmente, as divindades eram consideradas andróginas, sendo tratadas de "Meu Deus e Minha Deusa". Porém, à medida que o princípio solar passou a ser mais reconhecido e que o equilíbrio começou a inclinar-se para o masculino e as atitudes patriarcais, os panteões divinos foram sendo adaptados. Refletindo essa natureza andrógina inicial da divindade, Ísis e Osíris eram a deusa e o deus da Lua, mas quando as mudanças na consciência religiosa começaram a incorporar o princípio solar mais diretamente, Osíris ressuscitou e foi desmembrado num deus Sol, e por volta de 1700 a.C. foi criada a trindade Ísis-Lua, Osíris-Sol e Horus-Herói/Filho do Sacrifício.

Ísis é associada à contínua mudança de forma da natureza, simbolizada na imagem do "véu multicolorido de Ísis", similar ao conceito indiano do véu de Maia, apesar de este também incluir os véus perceptuais e interpretativos da fascinação e da ilusão (ver em meu livro *Sonhador Visionário* as influências de Netuno sobre a consciência). Nas tradições mágicas egípcias, Ísis era associada à estrela Cão, e por esta razão tem ligações cósmicas.

O simbolismo animal tem sido freqüentemente associado às deusas da Lua, especialmente o gato, o cachorro e os animais com chifres. Até hoje o gato é considerado um animal noturno e lunar, e muitos sentem-se incomodados com a inescrutabilidade felina. Ísis e Hator do Egito eram freqüentemente representados pelo símbolo de uma vaca; Cibele, por uma leoa; Ártemis, da Grécia, por um urso. A Rainha Lua minóica, Pasífae, foi a mãe do lendário Filho do Touro Sagrado, o Minotauro que habitava o labirinto. Reis e rainhas associados a uma linhagem lunar usavam muitas vezes coroas e penteados com chifres, principalmente nas culturas egípcia, assíria e celta, onde os chifres do touro indicavam uma representação da divindade. Os chifres representavam a fase da Lua Cheia; o cão, a fase da Lua Nova; e o crescente, a fase da Lua Crescente. No Tarô, a carta da Sacerdotisa tem simbolismo lunar; ela incorpora a etapa de equilíbrio entre os dois Pilares cabalísticos do Perdão e da Severidade, branco e preto, com a Lua Crescente aos seus pés e usando um toucado com chifres.

Hekat, ou Hécate, era a deusa egípcia da Morte e do Inferno, evocada nos encantamentos mágicos, e um de seus títulos era "Cão Tricéfalo da Lua". Hécate é invocada nas mágicas do lado escuro da Lua. Sacrifícios eram feitos em sua honra, para que a Barca da Lua levasse as almas daqueles que seriam redimidos da escuridão no Submundo. Os que desciam às profundezas cavernosas e retornavam intactos conservavam um raio de luz da Lua oculta do Submundo, uma luz que trazia sabedoria e iluminação aos que estavam na Terra.

GRÉCIA E ROMA

Os mitos gregos da Lua passaram por várias fases, mas há muita semelhança com os egípcios e os babilônios, como a Deusa Tríplice Luna-Hécate-Ártemis, que repete a tríade Hator-Hécate-Ísis. Os gregos também davam à deusa unificada o nome de Eurínome, a fonte de todas as coisas nos primeiros mitos pelágicos da criação. Essas deusas trinas foram o protótipo da trindade bíblica solar, apesar de serem originárias das culturas matriarcais e das religiões do divino princípio feminino.

Freqüentemente, as deusas lunares se desdobravam também em deusas da Terra, incluindo Gea ou Gaia, Rea, mãe de Zeus, Perséfone (a Proserpina romana), e Deméter (a Ceres romana). Mais tarde, Ártemis foi associada à Lua Crescente, Afrodite, à Lua Cheia, e Hécate, novamente, à Lua Minguante. Ártemis era conhecida como a donzela virgem, selvagem e caçadora, a soberana dos animais não domesticados e a irmã gêmea de Apolo, o Deus do Sol. Era a protetora da gravidez das mulheres e do parto, e, como a Diana romana, governava a fertilidade da natureza, sendo chamada de "aquela que abre o útero". Ela aceitava oferendas de mulheres para intensificar sua natureza procriadora, garantir um parto fácil e seguro e o bom desempenho das funções maternas. Na Ásia Menor, Ártemis era associada à prostituição e ao amor sexual selvagem, podendo, por esta razão, ser confundida com a Afrodite inspirada em Ishtar, uma sedutora e imagem arquetípica da sexualidade e da habilidade feminina de provocar paixão e luxúria. Como a deusa do amor, ela evocava a masculinidade do homem, assim como sua dependência de seus instintos maternais, o aspecto dualista da mulher ao expressar sua natureza sexual.

O tema da virgindade continua. A deusa romana da lareira, Vesta, era adorada num templo no fórum velado pelas sacerdotisas virgens, as vestais. Sua equivalente grega era Héstia. "Lar e lareira" são astrologicamente associados à Lua. Vemos aqui a Lua, mais uma vez, ligada aos mistérios femininos e ao princípio Feminino Cósmico.

Hécate tornou-se conhecida como a Velha, a Guardiã do Submundo, a quem eram dados os atributos de "doadora de visões ou da loucura", conforme o receptor do *insight* lunar lidava com a luz da Lua. Somente encarando a face escura de Hécate se faria progresso para descobrir os tesouros do Submundo ou para escapar das cavernas subterrâneas. A tríplice natureza da Lua também se refletia nas Moiras, as Parcas, que eram os poderes do Destino com conhecimento do passado, presente e futuro. Esse conceito reaparece nas Três Filhas de Alá do islamismo e nas Nornas nórdicas. Isso sugere o papel desempenhado pelos Nódulos Lunares. O Nódulo Sul indica o passado, o Nódulo Norte, o futuro, com o eixo de transformação situado no presente.

VELHO TESTAMENTO

Muitos contos bíblicos e judaicos originam-se de antigas lendas lunares e de rituais de adoração da Deusa, sendo que os papéis básicos de muitas destas lendas não são reconhecidos no desenvolvimento desses ensinamentos religiosos. A tribo nômade original de judeus veio da grande cidade lunar de Ur, na Caldéia, onde a Lua era venerada como deus ou deusa, segundo a preferência das raças e tribos. Os judeus tinham uma concepção mais masculina. Originalmente, o Jeová do Velho Testamento era o senhor da Lua, cujo símbolo vivo era a Lua celestial, a doadora da Vida e da Morte, aquela que distribuía forma e natureza ao mundo. Jeová era considerado uma fusão dos aspectos feminino e masculino da divindade, como ocorria com os deuses mais antigos, antes que a polarização sexual se tornasse corrente.

O Monte Sinai era consagrado à Lua, e seu nome deriva do deus babilônio da Lua, Sin. Foi no Sinai que Moisés recebeu as Tábuas da Lei, os Dez Mandamentos, da divindade da montanha simbolizada pela sarça ardente. Foi nessa época que o monoteísmo judaico em desenvolvimento começou a confrontar a adoração matriarcal da Lua. Os novos profetas, como Moisés, condenavam as antigas práticas religiosas, falando de uma nova ordem que surgia. A reverência judaica ao número sete e o conceito do sétimo dia santo, o Sabá, vieram da quádrupla divisão do ciclo lunar de vinte e oito dias, equiparando a semana de sete dias a uma das quatro fases da Lua.

A Arca da Aliança judaica é o símbolo da Mãe Universal, um receptáculo que carrega as sementes de todas as coisas vivas, o germe da vida, que evoca o papel das deusas da Lua de preservar a forma da semente da vida. A imagem da Arca também é encontrada na lenda da Arca de Noé, o barco da vida, simbolismo da fusão da Lua com o Mar. É um navio de mistérios, um receptáculo de fertilidade física, mental, imaginativa e espiritual. Pode-se argumentar que esta é uma antiga fonte do Graal, representando uma fusão de planos onde o receptáculo é moldado dentro da consciência humana inferior para receber a fertilização pelo espírito; através da forma humana, a divindade desce até a matéria. A palavra "arca" — derivada da palavra hindu *argha*, que significa crescente ou arco de círculo — sugere a barca da Lua, já encontrada cruzando o Submundo nos ritos egípcios. Noé é a forma judaica de Nuah, uma deusa lunar da Babilônia. Antes do Deus Pai monoteísta surgir no judaísmo, veneravam a Lua-Mãe, e seu símbolo da Aliança foi carregado pelos judeus durante os anos passados no deserto.

Mesmo os Cânticos de Salomão, na Bíblia, contêm referências aos aspectos mais escuros da Deusa Lua, refletindo o simbolismo da Ísis egípcia e das imagens posteriores da Madona Negra. Quando o Templo de Salomão foi construído, com a ajuda dos Reis de Tiro, sua destinação primária era a criação de um grande ritual lunar. No templo, foram utilizadas medições extremamente precisas e formas simbólicas associadas aos ensinamentos cabalísticos relativos a Yesod e à Lua. O simbolismo feminino dos pilares coroados por romãs foi incluído no prédio, enquanto no santuário interno, no coração do templo, foi colocada a sagrada Arca da Aliança.

CRISTIANISMO

A postura da cultura na qual Jesus Cristo nasceu já era bastante patriarcal. Sua influência foi muito forte sobre o cristianismo e condicionou a visão do sacerdócio cristão, que geralmente proíbe que as mulheres exerçam funções sacerdotais, temendo reintroduzir o poder feminino na Igreja.

Entretanto, mesmo o cristianismo não está imune à influência da Lua. O Vaticano foi construído sobre o Monte Vaticanus, antigo santuário consagrado à veneração da Deusa-Mãe, e a Igreja Católica é chamada de Santa Madre Igreja. Recentemente, a influência de Maria, mãe de Jesus, foi revivida, e muitos católicos preferem rezar à Virgem do que a Jesus ou ao Deus Pai. Maio, o mês de Maria, era originalmente consagrado às deusas Maia e Vesta, representantes da Mãe Terra, que também personificava a nutrição terrena. Maria é chamada Lua de Nossa Igreja, Nossa Lua, Lua Espiritual, Lua Perfeita e Eterna, particularmente no catolicismo italiano, que ainda mantém certos poderes das antigas religiões lunares romanas e mediterrâneas. Para os cristãos, é a afinidade com Maria que abre as portas para o encontro com a Deusa. Cristo incorpora a consciência unificada e o sagrado casamento interior subjetivo. Mas isso foi tão distorcido pela ênfase em sua masculinidade física e pelas posturas patriarcais concernentes ao "Filho de Deus", que um cristão comum não consegue entender as sutis implicações da natureza divina de Cristo.

Um exemplo da influência lunar é a descida do Espírito Santo, na forma de uma pomba, no batismo de Jesus por João Batista no rio Jordão. A pomba era um símbolo do antigo mensageiro da Magna Dea, a Grande Mãe, Aquela que Brilha para Todos. Numa simbólica interpretação esotérica, isso significa que Jesus recebeu o espírito de Cristo através de um raio de graça ou de iniciação envolvendo a Deusa, ou que ele atingiu a integração com sua Lua interior ou *anima*, passando a revelá-la através de sua mensagem e evangelho de amor. Os gnósticos acreditam que o Espírito Santo é o Divino Feminino, e que na trindade Pai-Filho-Espírito Santo, o Espírito Santo deveria ser substituído pela imagem da Mãe, para ser perfeita e precisa.

Contos sobre deuses lunares correspondem a mitos cristãos, refletindo lendas de morte e ressurreição. O deus lunar torna-se mortal, vive uma vida humana, sofre como os humanos e depois morre para renascer novamente, assim como surge a Lua Nova. Ele torna-se um deus dos céus, desce ao Submundo para socorrer, dar esperança e luz a todos os que lá estão, serve como um juiz das almas dos homens e faz a mediação entre o céu e a terra. Promete que vai voltar e, através de suas fases lunares, é perpetuamente renovado e onipresente.

Judeus, islamitas e cristãos ainda seguem velhas tradições para calcular as datas de seus principais festivais religiosos, baseando-se nos ciclos da Lua. Por exemplo, a Páscoa é no primeiro domingo depois de uma certa Lua Cheia.

OS CELTAS E OS MISTÉRIOS DO NORTE

Os celtas do Norte também desenvolveram um calendário lunar. Nele, o ano, com suas estações, correspondia ao ciclo completo da Lua, o de doze Luas ou períodos lunares mensais. Uma versão alternativa do calendário celta é a de treze meses lunares num ano, os "meses lunares da lei comum", que também indicavam a época certa para todas as cerimônias religiosas importantes, ligando os solstícios e os equinócios às fases da Lua e aos dias mais próximos de certas Luas Novas ou Cheias. Um dos calendários celtas propõe que o mês lunar vá de uma Lua Nova à seguinte, ou que seu início seja no quarto crescente, seis dias após a Lua Nova. Hoje não conhecemos a natureza exata do calendário lunar celta.

Os celtas também tinham um símbolo da deusa tríplice: as Brigentis, as três Brígidas, denominadas as Três Damas da Grã-Bretanha, e elas simbolizavam as fases da Grande Mãe Anu ou Annis. Bride ou Brígida cobriu os raios do sol com seu manto noturno. Nas lendas arturianas, o Rei Arthur, mortalmente ferido pelas três rainhas, foi levado para Avalon com a promessa de voltar depois.

A versão celta da Aliança judaica é o Caldeirão, origem de diversos rituais e cerimônias sacrificiais, que recebia até mesmo sangue de prisioneiros. Era o Caldeirão Sagrado da Deusa Lua, o Caldeirão da Regeneração, o doador da fertilidade, amor e sabedoria inspiradora. Brígida, Rhiannon e Ceridwen formam a trindade de deusas, sendo Ceridwen, o Caldeirão, associado às profundezas da consciência. Os posteriores mitos do Graal provavelmente se originam desse símbolo lunar, e a idéia da Terra Deserta surge da crença de que a Lua penetrou no Submundo e precisa passar por um processo de transformação redentora para retornar, a fim de que seu espírito fertilizador possa devolver os poderes da natureza à vida. Como na Caldéia, a Lua era venerada em forma de pedra, e em algumas lendas o Graal é descrito como uma pedra. A maioria das imagens do Graal são figuras femininas do tipo *anima*, e o Graal, como receptáculo, é um símbolo feminino.

Mais tarde, o Caldeirão passou a ser visto como o cadinho alquímico, no qual o metal básico é transmutado em ouro, ou onde a matéria humana mortal é espiritualizada, inspirada, transformada e imortalizada enquanto o Elixir da Vida é destilado.

Os mitos lunares são muito extensos, por isso foram aqui registrados apenas alguns dos conceitos mais comuns. Mas é evidente que os antigos veneravam o princípio feminino muito mais abertamente e com maior reverência do que nós. A Carruagem da Lua Alada voa através do tempo e do espaço. Ainda que decidamos ignorar sua influência, ela não desaparece; podemos apenas reprimir suas mensagens no interior do inconsciente coletivo e individual. Negar a sensibilidade e a sabedoria natural do sagrado feminino é uma insensatez. Os homens, em especial, devem reconhecer a presença da Rainha da Noite, favorecendo e compreendendo esse arquétipo feminino interior, para que o caminho de sua própria integração e totalidade possa ser discernido. As mulheres precisam reforçar suas próprias ligações interiores com a Deusa, assim como compreender seu arquétipo masculino interior. Para a humanidade, é necessário uma entrada consciente no reino da Lua, um redespertar. Trabalhar compreendendo os padrões lunares individuais, como a astrologia indica, é um caminho para se alcançar maior entendimento e clareza.

CAPÍTULO 3

A Lua Astrológica

A Lua e o Sol são conhecidos como os dois luminares ou as duas luzes. Simbolizam os mais importantes princípios arquetípicos do Divino Feminino e do Divino Masculino, responsáveis pela criação do Universo dualista. Dominam a Terra e dão origem à força necessária à vida no planeta. A Lua tem como tarefa refletir a luz e o desígnio do Sol sobre a Terra, simbolizando a correspondência existente em todo o sistema solar.

Na hora do nascimento, o padrão lunar é o primeiro a ser absorvido e ativado, devido ao contato fundamental com a mãe física e à resposta sentimental original da criança ao mundo exterior. Esta é a primeira impressão, determinante para o resto da vida. Técnicas de psicoterapia como a Terapia Primal e a Terapia do Renascimento tentam lidar com os traumas que podem ocorrer durante a passagem e a emergência para a vida individual.

O papel da Lua desenvolve-se a partir do primeiro alento e continua permeando todas as experiências passadas e presentes, o que permite que ela funcione como mediadora. Através da Lua, é possível contatar e explorar o passado. Ao mesmo tempo que parece uma terra perdida e desconhecida, ela também é a sementeira de nossa realidade presente e de nossa auto-imagem. A paisagem mental da Lua interior é uma terra de contrastes e contradições, mas, quando se aprende a delinear seus traços mais relevantes, confirma-se seu valor incalculável na integração pessoal.

Quando penetramos nos mais profundos recessos de nossa natureza, abrimo-nos à vivência de áreas inconscientes individuais e coletivas de nossa existência. Assim, investigamos nossas raízes, ligações mais profundas com a hereditariedade familiar, ancestral, racial e até mesmo nossos padrões individuais de ADN, enfim, o que quer que tenha colaborado para fazer de nós o que somos hoje. Cada um de nós é a incorporação viva do desenvolvimento acumulado da evolução da humanidade; cada um coopera com o potencial desdobramento desse padrão intrínseco. Cada experiência é armazenada em nossa memória para uso pessoal e, ao mesmo tempo, contribui para o reservatório coletivo de sabedoria instintiva ao qual todos temos acesso.

Através da repetição de experiências e comportamentos, a Lua reflete a criação de modos de reação instintivos, revelando nossa predisposição subconsciente e os reflexos condicionados na forma de respostas aparentemente espontâneas às situações. Criamos diversos padrões de reação automáticos e mecânicos em cada nível de nossa existência: física, emocional e mental; e a vida, finalmente, toma a forma ditada apenas pelo hábito. Este constrói barreiras, estruturas e parâmetros psicológicos de natureza essencialmente protetora, destinados a nos defender dos choques das experiências para as quais não estamos preparados. Por esta razão, o confronto com a violência da guerra pode causar um grande trauma psicológico em indivíduos provenientes de ambientes relativamente pacíficos, enquanto em outros os padrões instintivos de sobrevivência são reativados sob tensão, a função sentimento é enclausurada, deixando-os mais preparados para lidar com a barbárie e a desumanidade do campo de batalha.

A Lua exerce atração sobre o passado, sobre a dominação da mente consciente pelo sentimentalismo, nostalgia, e ainda sobre atitudes e valores sociais estabelecidos. É um reflexo do passado contido em todo indivíduo que vive no presente, e que, mal aplicado, pode tornar-se uma armadilha que desvia a atenção da experiência de vida corrente. Como mediadora entre o passado e o presente, a Lua atua como um princípio de integração rítmica, lidando com mensagens dos instintos do corpo, dos sentimentos e da mente. As experiências assimiladas no passado através da Lua servem como diretrizes no confronto com experiências do presente. O papel da memória é vital para a noção de continuidade e identidade da espécie; sem a memória, nosso senso de coesão individual colapsa.

Através de suas raízes mergulhadas em nosso próprio passado, estendendo-se a nossos pais, lar e ambiente, a Lua atua através das qualidades de relacionamento. Dessas raízes também provêm nossa imagem do *self*, os sentimentos originais sobre nós mesmos, uma impressão reflexa e quase subliminar de nossa verdadeira natureza. Devido à qualidade dessas raízes coletivas, tendemos a uma inércia psíquica que nos impele a submergir na experiência da vida sem lutar para atingir a individualidade e o autoconhecimento. É essa força que nos atrai para os reinos do inconsciente. Essa tendência favorece uma resposta sentimental à vida que está intimamente associada a sensações físicas básicas e não ao desenvolvimento da mente e ao esforço para compreender e avaliar a vida.

O Sol e a Lua atuam como as duas polaridades fundamentais existentes no interior do indivíduo e têm grande importância na formação da matriz do ser, da qual surgem a individualidade e a personalidade. Eles representam as forças mais energizadas e magnéticas de nossa psicologia, mediando as influências de outros planetas através de sua posição e foco. O Sol está associado à *individualidade* e a Lua, à *personalidade*.

A personalidade é nosso aspecto social, nossa máscara constantemente mutável, a primeira resposta às experiências e aos estímulos externos. Nossa individualidade expressa-se através da personalidade. Porém, devido a nossa tendência a erros de identificação, muitos consideram sua personalidade multifacetada o seu verdadeiro *self*, e por isso perdem seu centro na periferia em constante mutação. A auto-exploração inclui passar pela personalidade para atingir a individualidade central (simbolizada pela luz do Sol). Assim, o primeiro passo é explorar as profundezas indicadas pela Lua. O ideal é chegar a um estado em que o Sol e a Lua estejam em harmonia, a fim de que eles, em cooperação, estabeleçam uma meta fixa e uma clara direção: a integração das esferas divididas da psique.

Como o Sol e a Lua estão em pólos opostos, podem ser vistos como a unidade de um eixo. O Sol é muitas vezes considerado a luz da consciência, no homem, e da inconsciência, na mulher. Com a Lua, a situação é invertida. No mundo contemporâneo, a postura tradicional é menos abrangente em sua definição. Vivemos numa época em que certas barreiras de diferenças sexuais estão sendo quebradas, tanto em relação à aparência física como às atitudes psicológicas. As mulheres não são apenas passivas e os homens, exclusivamente agressivos. Estão surgindo os primeiros estágios de uma potencial consciência andrógina, e hoje muitas mulheres estão integrando ativamente seu *animus*, adotando qualidades associadas ao seu Sol inconsciente e fundindo qualidades masculinas complementares às femininas. Muitos homens também estão integrando sua *anima* e seu feminino interior, abrandando e sensibilizando sua própria natureza, tornando-se mais receptivos e atentos. Este é o caminho para o futuro. Os princípios solar e lunar precisam ser ativados, vividos e expressos em cada indivíduo para que a integração possa acontecer. Este tema será abordado nos capítulos 9 e 10.

É relativamente fácil observar a influência superficial da Lua em nós mesmos. Podemos simplesmente ver a mutabilidade de nossas reações na vivência do cotidiano. A Lua atua como um receptor seletivo de todas as impressões que invadem nossa consciência a partir do mundo exterior, pondo em evidência e selecionando aquelas a que vamos responder conscientemente. Dependendo da natureza de nossa experiência do momento e do ambiente, a Lua nos protege e guia na maneira como nos relacionamos com os estímulos externos, ativando nossos padrões habituais de comportamento. Os estados subjetivos também veiculam informações que podem influenciar a natureza de nossas reações emocionais e de nosso relacionamento com os outros: parceiros, amigos, colegas, família, estranhos. Estabelecemos diferentes padrões de relacionamento com variados graus de intimidade e de proximidade. Nossas emoções estão em permanente mudança, reajustando-se e transportando informação-sentimento sobre o bem-estar de nossa natureza mais íntima. Porém, se quisermos nos identificar com este reino de fluxo emocional interior e de reação a qualquer estímulo, estaremos cometendo um erro ao ver nosso *self* como algo meramente transitório. Podemos ser moldados por nosso ambiente e pelas experiências, mas não devemos ser governados por eles. Precisamos descobrir nosso centro mais profundo, permanente, onde as raízes da Lua se entrelaçam com os raios do Sol.

Técnicas como a meditação budista *vipasana* oferecem uma experiência direta dessa transitoriedade exterior. O simples fato de se ficar sentado, respirando ritmicamente e observando o movimento da consciência e todas as reações físicas pode ser suficiente para deslocar o foco de identificação da periferia de nossa existência, trazendo-o de volta ao centro. Desta posição, podemos ver nosso *self* dividido e espúrio expondo-se constantemente, um fenômeno das reações da consciência.

Dentro de cada indivíduo existem certos aspectos que são representados pela Lua. Pela posição da Lua no mapa natal, pode-se obter indícios de como estes aspectos serão vividos e expressos. Se a Lua tiver muitos aspectos desarmônicos, os alicerces íntimos do indivíduo poderão sofrer estresses e tensões, o que vai exigir atenção e integração. Para esta pessoa, pode ser difícil lidar com as emoções, o que significa que sua infância pode ter sido difícil. Algumas interpretações enfatizam os "padrões cármicos" continuamente elaborados nos níveis emocional e mental. Qualquer que seja o padrão intrínseco refletido no mapa, o resultado pode tanto favorecer a expressão de talentos naturais como restringir a auto-expressão através de padrões do tipo barreira. Com certeza, os padrões criados em torno de sentimentos sobre a auto-imagem podem intensificar ou inibir a liberação da energia criativa, assim como as expectativas de sucesso ou de fracasso.

As questões refletidas pela Lua centralizam-se na necessidade de paz emocional, sentimento de fazer parte de, auto-imagem positiva, senso de estabilidade interna e apoio, segurança emocional e doméstica, auto-defesa, autonutrição, sentir-se querido, relacionamentos sociais e íntimos, família, amor e adaptação ao mundo exterior. Estes temas serão desenvolvidos em maior profundidade na análise das posições específicas da Lua no mapa natal, em outros capítulos deste livro.

Nossos relacionamentos estão sob a égide da Lua, principalmente porque envolvem a nutrição dos outros. Um aspecto da maturidade emocional é demonstrado por nosso senso de cuidado com os outros. Uma importante qualidade do movimento da Nova Era, especialmente em suas dimensões mais sociais e políticas, é a preocupação e o amplo cuidado com o bem-estar da família humana e de toda vida sobre a Terra. Responder às nossas próprias necessidades e às dos outros é um sinal de desenvolvimento e de conscientização, e o nascimento de um espírito de consideração.

A Lua pode se expressar de duas formas distintas. A primeira continua sendo a da perspectiva egocêntrica, onde o que interessa é a auto-satisfação e na qual o sentido de posse está freqüentemente presente nos relacionamentos, assim como o controle de qualquer afeição votada ao indivíduo, o medo de perder, o ciúme. Na segunda forma de expressão, a necessidade de relacionamento e de integração da identidade é transformada do instinto de separação ou de rebanho num outro, de maior unidade com a vida através da expansão da consciência. Ao encararmos nossa própria Lua, poderemos aprender a integrar nossas necessidades para então passarmos a entender as necessidades da humanidade com mais tolerância e *insight*. A partir daí, o desafio é satisfazer as necessidades humanas e chegar à cura do planeta. Esta pode ser uma grande tarefa, e é quase impossível imaginar soluções, mas uma coisa é certa: se não assumirmos nosso papel no mundo — nosso *self* —, transformando-o, pouco progresso alcançaremos. Viajar através da paisagem lunar interior é o caminho para a fonte de luz, amor e poder que é parte de nossa verdadeira natureza, assim como o Sol espiritual.

A LUA E A INFLUÊNCIA DOS PAIS

No mapa natal, considera-se que a Lua simboliza a influência da mãe, e o Sol, a do pai. Quaisquer aspectos entre eles, junto com sua posição nos signos e nas casas, indicarão a natureza de seu relacionamento e a conseqüente influência sobre o filho. Esta pode ser tanto positiva e benéfica, como negativa e repressora.

A mãe é nosso primeiro vínculo com o mundo exterior, nossa fonte de vida, alimento, identidade, satisfação de nossas necessidades e raiz de nossa segurança, por estar quase sempre onipresente na satisfação de nossas necessidades. Ela protege, conforta e nutre, e nossa primeira experiência de vida é absorvida na presença da mãe. Esta impressão original da mãe é a que permanece conosco por toda a vida. A Lua astrológica é considerada um reflexo do princípio feminino na vida, sendo por isso associada à mãe física.

É a partir dessas primeiras experiências que nossos padrões instintivos e sentimentos mais profundos começam a se formar, através da experiência dos pais, principalmente a da mãe. Desde o primeiro dia, a criança absorve a atmosfera mental e psíquica que cerca o relacionamento dos pais, assim como registra as vibrações do estado interior da mãe e sua reação ao filho. O sentimento de segurança da criança é baseado na qualidade da atenção e do amor que recebe durante este período muito dependente e receptivo, e é este sentimento que ela leva pelo resto da vida. Se a criança sente que o amor, a atenção e o cuidado são insuficientes, poderá crescer com o sentimento de que a vida é ameaçadora e frustrante, tendo dela uma visão basicamente pessimista.

No início da vida, formamos padrões de dependência, passividade, amizade, aceitação ou negação de sentimentos, emoções e instintos, autoconsciência, individualidade, necessidades, desejos e a capacidade de adaptar-nos a circunstâncias mutáveis. Estes padrões surgem de nossas experiências de parentesco, e mais tarde vão formar a matriz condicionante do desenvolvimento da personalidade adulta, criando seja uma auto-imagem interior positiva e harmônica, sintonizada com as necessidades instintivas e emocionais, seja uma auto-imagem negativa, que reflete divisões e estresses.

O Sol e a Lua no mapa natal mostram a primeira impressão que uma pessoa tem dos pais. Ela pode basear-se na situação real da época ou em como ela era sentida. Ela pode incluir a percepção do tipo de relacionamento entre eles, da profundidade do amor ou das tensões entre o casal, de como a criança sentia-se ao se relacionar com os pais, das "mensagens" recebidas quanto ao papel da mãe e do pai, de como as atitudes dos pais influenciaram sua personalidade em formação, encorajando-a ou reprimindo-a. Podem ser ainda mensagens conflitantes recebidas de pais com posturas diferentes quanto à educação do filho. O pai ou a mãe pode ter parecido mais frio e distante; o pai pode ter-se tornado uma figura apagada nos primeiros anos, ou a mãe pode ter retirado seu carinho e atenção ao nutrir novos filhos. Além destas, outras influências ajudam a formar nossas atitudes e pontos de vista. A absorção inconsciente de tais fatores condicionantes pode ser demonstrada na vida adulta, quando em nossa nova família, inconscientemente, repetimos os padrões da infância ao lidar com nossos filhos. Nosso padrão do papel de pai ou de mãe foi aprendido de nossos pais e é provável que ele se manifeste, mesmo contradizendo nossos ideais conscientes e atitudes progressistas.

A experiência absorvida da mãe pode ser indicada pela posição da Lua no signo, na casa, nos aspectos e pode revelar como essas tendências funcionam na carta natal pessoal. A vida interior da mãe também pode ser sugerida através dessa perspectiva. De modo similar, o pai é refletido pelo Sol na carta. Os signos nas cúspides das casas 4 e 10 denotam as influências dos pais e podem indicar a maneira como a pessoa vai lidar com a própria paternidade, no futuro, aliviando as tensões das primeiras influências através da autonutrição interior adequada. Aspectos desarmônicos com a Lua indicam que os fantasmas do passado, as tradições familiares e os padrões estabelecidos são muito poderosos e impedem o progresso.

A Lua na carta da mulher significa a imagem da maternidade e feminilidade com a qual ela provavelmente se identifica e em que baseia seu comportamento. Na carta do homem, a Lua representa a imagem feminina interior, a *anima*, ou o tipo de mulher por quem ele se sente especialmente atraído e que lhe promete satisfação emocional definitiva e nutrição a seu espírito.

A Lua pode ser analisada em diversos níveis. Pode revelar sua presença através da psicologia individual, como um padrão pessoal de comportamento, e também indicar as figuras do pai e da mãe e seu relacionamento. Dentro de nossa própria natureza, o Sol se situa na mente consciente, incorporando as tendências mais facilmente identificáveis; a Lua esconde-se na escuridão de nosso inconsciente, manipula e guia nossa vida, puxando os cordões dos padrões mais profundos da personalidade, aqueles cuja existência ainda não reconhecemos e que foram formados nos primeiros meses de nossa vida. Precisamos iluminar essas raízes ocultas, porque é através da compreensão delas que poderemos sentir mais segurança e estabilidade interior e ficar à vontade diante da potência de nossa natureza emocional.

AUTONUTRIÇÃO

O conceito de autonutrição tem origem na necessidade psicológica de tornar-nos independentes de nossos pais e sermos capazes de prover a nós mesmos de qualquer "alimento" requerido para a satisfação de todas as necessidades de nossa personalidade e desenvolvimento como indivíduos. O estudo do signo, da casa e dos aspectos da Lua ajuda-nos a compreender nossas necessidades e natureza. Trabalhar com essas indicações astrológicas ajuda a reequilibrar os efeitos e as energias da Lua, que se tornam mais positivos, contribuindo para nosso bem-estar.

O papel de nossos pais é conduzir-nos à adaptação e integração sociais, incutindo nos filhos atitudes, comportamentos, valores e convicções socialmente aceitáveis, um processo que é reforçado pela educação ou ensinamentos religiosos. A maioria dos pais tem expectativas quanto à vida futura e ao sucesso de seus filhos e tentará guiá-los em determinadas direções.

Muitos adultos levam uma vida que apenas reflete os sonhos dos pais, agindo como se representassem um papel predeterminado. Nossa vida torna-se previsível e nós, conformados, e muitas vezes sentimos profunda insatisfação por razões que não conseguimos entender. Podemos ter tudo o que a sociedade considera desejável, mas mesmo assim não ficamos satisfeitos. Alguma coisa saiu errado em algum momento, ficamos dependentes do mundo exterior, aliás, uma dependência bastante frágil. Quando não há satisfação, tentamos mudar nosso mundo exterior, trocamos de cônjuge, de emprego, de casa.

Perdemos, ou sequer chegamos a conhecer, a habilidade de olhar para dentro, de descobrir meios de nutrir-nos, de sermos menos dependentes do mundo exterior e de conscientizar-nos de que, quando nos sentimos interiormente integrados, apreciamos melhor a vida. Já vivemos parte do processo de nutrição — do vínculo com o exterior e do relacionamento com os pais. Agora precisamos aprender a realizar a unificação interior e a ser pais do filho que há dentro de nós. A Lua, vista desta perspectiva, pode ser imaginada como uma criança exigente, pulando para cima e para baixo para chamar a atenção, para ter satisfeitas suas necessidades. Pode, talvez por ser continuamente ignorada, ter acessos de fúria, que finalmente cessam, com repressão da raiva e sentimentos de rejeição.

A autonutrição é um processo que nos torna livres dos padrões de inibição e restrição a fim de alcançarmos a maturidade psicológica. Através da auto-exploração, podemos começar a identificar a natureza desses padrões, a aceitá-los e reconhecê-los, e depois transformar o que influencia de maneira negativa nossa vida adulta. Isto não é fácil e requer uma mudança radical na natureza de nossa autopercepção e, freqüentemente, no nosso estilo de vida. É um desafio libertar-se das restrições do passado para poder encarar o presente e o futuro com maior autodeterminação e consciência. Mas este é um passo em direção à liberação e à exploração mais intensa de nós mesmos, assim como a natureza do sentimento é libertada das prisões interiores.

A LUA POSITIVA INTEGRADA

Como a Lua simboliza a capacidade que temos de adaptar-nos a mudanças, a compreensão de nossos padrões habituais de resposta é importante para podermos perceber quando eles estão sendo inadequados ou auto-restritivos.

A integração positiva resulta, com freqüência, de uma criação amorosa e nutritiva. A criança que se sente amada e valorizada, geralmente cresce com uma auto-imagem positiva, ficando à vontade com seus sentimentos e comportamento instintivo. Como conseqüência, ela vai se tornar um adulto maduro e bem-equilibrado, capaz de lidar com suas emoções de forma realista e de relacionar-se com os outros. A capacidade de sentir empatia com os sentimentos dos outros é valiosa, intensificando os relacionamentos e estabelecendo ligações íntimas e familiares mais satisfatórias.

Os relacionamentos são caracterizados por apoio mútuo, tolerância e compreensão, nos quais uma essencial confiança mútua serve de alicerce para a comunicação. Mesmo assim, ainda há a necessidade de se afirmar a independência pessoal e a identidade, de evitar confiar e depender dos outros. Os problemas podem ser compartilhados, os amigos podem oferecer apoio, com a compreensão tácita de que a pessoa deve apoiar a si mesma, com uma mudança interior que resolva os desafios e as questões problemáticas. A sensibilidade da empatia permite que mensagens não verbais sejam recebidas, o que aumenta a possibilidade de transmitir a nutrição adequada a quem dela precise. Uma vez estabelecidas, as amizades são freqüentemente duradouras, e a lealdade aos amigos e à família é considerada uma verdadeira virtude.

Para aqueles que têm uma Lua positiva, bem integrada, a vida doméstica estável é a base essencial em que se apóiam. Uma família amorosa e unida é fonte de muita alegria e nutrição emocional. A vida doméstica e a privacidade são muito valorizadas e resguardadas. O lar é considerado um santuário, um lugar seguro, onde descansar e recarregar as energias. Porém, como a felicidade e a segurança não dependem apenas do lar ou da família, já que não se pode contar inteiramente com eles, devemos criar também nossa própria segurança interior.

Sentimentos de confiança na vida e um espírito otimista fornecem firmes alicerces para um sentimento seguro de identidade e estabilidade. A personalidade sente-se perfeitamente enraizada e reconhece o papel vitalizante que as emoções e os sentimentos representam na vida do ser humano, respeitando e venerando suas mensagens e impulsos. Reconhecidos, tais sentimentos tornam-se naturalmente construtivos e positivos, fluem livremente através do indivíduo e raramente são bloqueados, criando poços estagnados e pestilentos. Os instintos são valorizados, ao oferecerem indicações adicionais para guiar escolhas e caminhos, e a pessoa é dotada de intuição para avaliar as opções disponíveis. A vulnerabilidade pessoal é aceita como inevitável se a vida for abarcada na sua totalidade, embora deva ser mantido um certo nível de autodefesa contra o sofrimento desnecessário através da empatia.

As necessidades interiores serão identificadas e satisfeitas, devido ao reconhecimento de que, fazendo isso, a pessoa preenche sua natureza e permanece saudável e boa. Porém, este não é um processo egocêntrico: o indivíduo que é capaz de se nutrir estará mais apto a nutrir os outros.

É preciso que haja capacidade de adaptação para que se possam fazer mudanças com sucesso, quando houver necessidade — por exemplo, quando padrões antiquados restringem nosso caminho. Remover ou transcender essas barreiras e bloqueios pode libertar a vitalidade emocional não expressa e beneficiar outras áreas da vida. Esta habilidade de criar hábitos e respostas mais construtivos é muito valiosa e deve ser aplicada com maior regularidade. A adaptação pode criar um *self* e uma personalidade mais flexíveis. Este não é um sinal de fraqueza, mas de força real.

A necessidade de segurança pode estar associada à estabilidade financeira, e uma Lua positiva geralmente favorece uma sábia manipulação do dinheiro e dos recursos disponíveis, a fim de melhorar o estilo de vida de forma cuidadosa e responsável. É uma irresponsabilidade e insensatez desperdiçar dinheiro.

Hábitos alimentares equilibrados e saudáveis são desenvolvidos, não havendo as compensações emocionais da alimentação obsessiva associadas à Lua negativa. A digestão do alimento físico é boa, assim como a digestão do alimento emocional.

Uma Lua positiva integrada, com freqüência, conserva uma admiração infantil pela beleza e mistérios do mundo. Há alegria de viver e receptividade aos infinitos tesouros que nos cercam. A intuição e a sensibilidade psíquica podem entrar em sintonia conosco, para que apreciemos tal abundância. A Árvore da Vida tem muitos frutos, e todos são nossos, para entrarmos em harmonia com eles e comê-los, a fim de nutrir nossa alma.

A Lua Negativa Não Integrada

A imaturidade emocional e a dependência nos relacionamentos são sinais de uma Lua não integrada, e isto está associado com a insegurança interior e a instabilidade pessoal, devido a uma falta de confiança em si mesmo e nos outros. A falta de integração pode ser revelada de duas formas distintas. A primeira é a expressão emocional distorcida, e a segunda envolve repressão.

As emoções tendem a ser altamente suscetíveis e voláteis, mutáveis por natureza e influenciadas pelos sentimentos e pensamentos dos outros, já que a auto-imagem depende da atitude das outras pessoas. Se a reação da pessoa é crítica, negativa e dissociada, sua tendência é sentir-se ferida e rejeitada, mergulhar num pântano emocional, recorrer ao retiro emocional e retrair-se. Quando o mundo fica muito pesado, a reação automática é retirar-se para um santuário interior, particular, para lamber as feridas até que as emoções se abrandem. Há então vulnerabilidade emocional, dificuldade em lidar com as emoções e uma instabilidade interior difícil de ser resolvida.

Os relacionamentos podem ser problemáticos e uma fonte de conflito e sofrimento. As necessidades emocionais são muito fortes nos relacionamentos, e a tendência é que esta dependência se torne dominante. A vida familiar será o reino onde o grande amor, a solidariedade, a empatia, a autodefesa e o sentimento de posse poderão ser demonstrados, mas isso pode tornar-se excessivo e prejudicial à liberdade e ao bem-estar dos membros da família. O papel desempenhado pode ser o de um mártir se sacrificando pelos outros, ou a expressão do amor pode ser tanto muito efusiva como restritiva. Pode também ocorrer dependência, pois a pessoa confia aos membros da família o propósito e o significado de sua vida. Assim, quando os filhos crescem e saem de casa, ou os parceiros mudam-se ou morrem, a vida fica subitamente despida de significado e propósito. Nestes casos, o indivíduo depende dos outros para nutrir-se e não consegue desenvolver a autonutrição. Pode haver um considerável autodeslocamento através da identificação com o parceiro, o que restringe a individuação. Também pode haver tendência para atrair parceiros muito nutridores que estão preparados para assumir o papel de pai ou mãe no relacionamento.

A pessoa busca segurança no mundo exterior, através dos membros da família, de posses, do lar, de tradições sociais e de visões de mundo estabelecidas. Muito esforço é despendido em criar uma segurança pessoal, e qualquer mudança é considerada suspeita. O lar torna-se o útero protetor ou o castelo, barreira contra o lado selvagem da vida. Por isso, pode ser dada alta prioridade à segurança financeira, talvez como uma preocupação, havendo uma cuidadosa restrição dos gastos e uma preferência pela poupança. Os padrões de hábitos são construídos num estilo de vida que garanta uma segurança previsível, um lar regrado e organizado, criando normas às quais todos devem se adaptar. A acomodação a mudanças pode ser difícil e freqüentemente haverá resistência, a não ser que elas sejam absolutamente necessárias.

Necessidades interiores e desejos serão fatores de motivação, apesar de provavelmente flutuantes, e poderá haver um impulso à autoindulgência compensatória a fim de aplacar a fome interior. Isso se manifesta facilmente em hábitos alimentares compulsivos, com excessos periódicos provocados por desconforto emocional. É provável que haja conexão entre saúde, emoções e alimentação, e as doenças lunares tradicionais são os problemas digestivos e aqueles associados ao sistema reprodutor feminino. Pode haver preferência pela companhia feminina, especialmente a de mulheres que sejam um reflexo do tipo ideal de nutrição que uma mãe deve prover. Apesar disso, alguns homens têm sentimentos ambíguos em relação às mulheres, sentindo-se incomodados com a tendência à dependência ou com a necessidade de uma "mãe substituta".

Para muitos, a Lua não integrada representa dificuldade de desligar-se emocionalmente da relação primária mãe-filho, o que mais tarde pode resultar numa incapacidade de amadurecer e tornar-se um adulto independente. Os padrões de comportamento estabelecidos na infância permanecem ativos e influentes, apesar de agora servirem mais como limitação e restrição, podendo até mesmo manifestar-se em acessos periódicos de fúria e mau humor, quando os desejos não são atendidos.

Há uma outra expressão da Lua não integrada que é mais repressiva e que talvez resulte de uma negação mais profunda das emoções infantis e de uma relação insatisfatória com os pais. Novamente, há falta de confiança em si e no mundo. As emoções são consideradas ameaçadoras e negadas repetidamente. As mensagens instintivas são mandadas de volta para o inconsciente, onde começam a formar um reservatório de tensões e pressões prontas a explodir quando provocadas. Há aqui uma falta de empatia e de sensibilidade em relação aos outros, ligada a um excessivo grau de autodefesa e interesse próprio, que leva a uma postura imoral ou amoral. Persiste o egocentrismo isolado, que além de não trazer satisfação pode também manifestar-se como indício de autonegligência e rendição às vicissitudes da existência. O indivíduo torna-se um destroço de naufrágio à mercê das marés da vida. As necessidades pessoais e os desejos podem ser negados em sua essência, e os conceitos de nutrição, rejeitados, à medida que as ligações de natureza emocional e sentimental são desconectadas, atrofiando lentamente. As mãos estendidas dos outros podem ser ignoradas, e a alienação ocorre por uma fuga auto-imposta. O *self* dividido é afirmado de forma desequilibrada. O indivíduo recusa-se a reconhecer sua necessidade de dependência e de relacionamento, mas é incapaz de realizar a autonutrição e a integração. Os laços humanos são descartados, os compromissos, dispensados e rejeitados, a intimidade é desprezada por ser considerada desnecessária, assim como a responsabilidade social. A vida interior é negada, e a maioria das conexões com o processo da vida que outras pessoas constroem naturalmente são consideradas irrelevantes.

Em certos aspectos, isto pode parecer uma afirmação de individualidade, mas freqüentemente resulta de uma passividade mais profunda e da falta de raízes interiores. Desenvolveu-se, assim, uma personalidade parcial, auto-absorvida, incapaz de adaptar-se e de viver socialmente de forma positiva e construtiva. Da infância à vida adulta, desenvolve-se um padrão de alienação interior e exterior que transforma o indivíduo num ser socialmente desajustado, perdido, desligado das raízes lunares e também incapaz de descobrir e expressar seu potencial solar e sua individualidade, exceto de forma negativa. A vida torna-se uma espiral descendente para a escuridão negativa, em vez de movimentar-se em direção à luz. As pessoas capazes de tomar o caminho da luz têm a responsabilidade de utilizar ao máximo essa vantagem em benefício da humanidade e ajudar aqueles que se encontram no caminho descendente na sociedade.

A Lua nos Elementos

O elemento no qual a Lua está posicionada no mapa também pode indicar a capacidade de autonutrição, assim como os padrões habituais de resposta e reação às experiências da vida. O elemento mostra o tipo de experiência ("alimento") de que necessitamos para sentir-nos nutridos interiormente. Receber este alimento pode sustentar toda a nossa personalidade, à medida que as raízes de nosso ser absorvem os nutrientes certos. Os padrões de comportamento instintivo são indicados pelo elemento, assim como o tipo de energia que deve ser usado para adaptar-nos à mutabilidade das situações e dos ambientes.

A Lua em Fogo (Áries, Leão, Sagitário) indica que há uma resposta entusiástica a uma série de experiências de vida, ligadas a uma visão basicamente otimista. O indivíduo é capaz de responder a mudanças com relativa fluidez e freqüentemente está preparado para fazê-las quando a vida se torna muito monótona e previsível. A ênfase na estabilidade e na segurança não tem muita importância para os que têm a Lua em Fogo, e muitas vezes a impaciência e a falta de planejamento podem criar desafios maiores que os esperados, e as escolhas podem ser feitas sem a devida reflexão. Há preferência pela ação impulsiva e a expressão de uma vontade individualista e, às vezes, egocêntrica. Os desafios são enfrentados com agressividade e forte determinação; o desejo e o prazer são importantes fatores de motivação, e sua busca adiciona combustível ao fogo do entusiasmo. Há um esforço para diminuir a importância de esferas da vida que não forneçam satisfação.

Essa tentativa de buscar satisfação através de objetivos pessoais pode ser vista como ingenuidade infantil e egocentrismo. Os pais do indivíduo com a Lua em Fogo podem ter sido excessivamente permissivos ou ter enfatizado a autoconfiança e independência, sem dar a devida atenção ao relacionamento com os outros e ao valor dos sentimentos. Pode haver pouca sensibilidade às necessidades dos outros devido à preocupação com a satisfação pessoal e os próprios sentimentos.

A Lua em Terra (Touro, Virgem, Capricórnio) mostra uma preferência por segurança e estabilidade. O estilo de vida é cuidadosamente organizado e previsível, e as tradições sociais dominam as atitudes da personalidade, resultando numa clara necessidade de aceitação social. A praticidade, o pragmatismo e o enraizamento são qualidades da Lua em Terra, e é dada alta prioridade às questões profissionais. As atitudes, as convicções e os valores são formados pelo mundo tangível e pelas percepções sensitivas. Geralmente, o que não pode ser provado no mundo físico é descartado como fantasia. Mesmo que reinos mais sutis possam ser vislumbrados, logo são analisados e descartados como fantasia e ilusão passageira, especialmente por Virgem e Capricórnio. Subjacente às habilidades práticas e adaptativas, está uma personalidade pouco segura, principalmente em relação a sentimentos, emoções e auto-aceitação.

Os tipos Virgem e Capricórnio, em especial, sofrem desafios emocionais, freqüentemente se autocondenando por sua falta de perfeição ou de sucesso. O condicionamento inicial feito pelos pais pode ter ajudado a formar uma atitude autocrítica. Talvez o filho não tenha conseguido atingir os padrões de comportamento ou educação dos pais. Muitas vezes, há preocupação com o *status* no trabalho e na profissão, com a canalização de muito tempo e esforço nesse sentido, a fim de evitar desconforto emocional e desenvolver um perfil social mais elevado para aumentar o auto-estima. Geralmente há resistência a mudanças, consideradas potencialmente ameaçadoras, e a pessoa prefere um estilo de vida estável. Pode haver necessidade de integrar as emoções com maior eficiência, em vez de mantê-las à distância. Porém, a Lua em Terra pode ajudar muito àqueles que estão passando por períodos difíceis, já que sua estabilidade pode ser um grande apoio.

A Lua em Ar (Gêmeos, Libra, Aquário) indica que os sentimentos e as emoções são analisados e intelectualizados, distanciando o indivíduo do poder emocional originalmente presente. Os sentimentos são colocados em segundo plano em relação ao intelecto, sendo finalmente inibidos e reprimidos. A natureza emocional é negligenciada e efetivamente negada, ou pelo menos filtrada pelo intelecto. Sua expressão é limitada ao que for julgado "adequado", perdendo seu poder original.

Parte desta tendência pode ter origem no desinteresse dos pais pelas emoções do filho na infância, por falta de empatia emocional entre os pais e o filho. Nessa situação, uma criança pode tornar-se emocionalmente desinteressada, negando ou distanciando-se de sua própria natureza emocional. Os pensamentos com certeza devem ser expressos em palavras dirigidas a outrem, para que haja contato social e satisfação da necessidade interior de comunicação, porém, a negação da natureza dos sentimentos não deve fazer parte deste processo. A necessidade de comunicação, tanto em nível emocional quanto mental — com nós próprios e com outros — também deve ser reconhecida como vital para o bem-estar. A vida geralmente é abordada com cuidadosa reflexão e premeditação; ao ajustar-se a novas situações, a pessoa tenta empregar uma objetividade imparcial e pode ser necessário cicatrizar o hiato entre a emoção e o pensamento para atingir a tranqüilidade interior que lhe falta.

A Lua em Água (Câncer, Escorpião, Peixes) enfatiza a necessidade de vivenciar e lidar com emoções e sentimentos. A vida é percebida através de um filtro de intensidade emocional, e grande parte do processo interior está diretamente envolvido na integração das emoções. Estas são sentidas como vitalizantes, enriquecedoras, estimulantes e motivadoras. Porém, a Lua em Água também pode manifestar-se em sentimentos de vulnerabilidade e medo de convulsão emocional, dependendo muito do tom geral do mapa e dos aspectos. Pode haver empatia com as necessidades e o sofrimento dos outros. As pessoas com a Lua em Água tendem a sentir empatia em excesso. Precisam aprender a distinguir seus próprios sentimentos dos sentimentos alheios e a proteger-se. A Lua em Peixes, em especial, inclina-se a se refugiar no vício, por acreditar que as drogas e o álcool podem satisfazer suas dolorosas necessidades interiores. Alguns chegam a confundir sua própria integração emocional, por apresentarem reações emocionais e respostas sentimentais obsessivas, além de hipersensibilidade, o que reduz sua eficiência e capacidade de adaptar-se à vida.

As influências do passado e dos condicionamentos permanecem muito significativas, no sentido positivo ou negativo. É provável o estabelecimento de padrões de hábito e que a Lua em Água, através deles, tente se adaptar a situações de mudança. Os relacionamentos terão raízes em afinidades emocionais, e é neste nível que serão forjados os contatos duradouros. A influência dos pais dependerá de sua afinidade com a sensibilidade emocional do filho e poderá ser benéfica ou prejudicial à criança em crescimento, dependendo se sua vulnerabilidade for respeitada ou ignorada.

A Posição da Lua e dos Planetas no Mapa Natal

A Lua posicionada no mapa acima e o Sol abaixo da linha do horizonte aponta para a necessidade de se formar uma compreensão pessoal dos valores sociais e ideais do coletivo. As pessoas precisam expressar sua própria perspectiva e interpretação da vida, contribuindo para a consciência do grupo social, que é refletida pelo indivíduo. Exemplos: Meher Baba, Oscar Wilde, John Lennon, Aleister Crowley, Winston Churchill e o príncipe Charles.

Quando a Lua natal está abaixo da linha do horizonte e o Sol acima, a tentativa é colocar os ideais e valores individuais e pessoais num contexto social mais amplo, mundial, para ver como o indivíduo reflete as obscuras necessidades e anseios do coletivo. Neste caso, a contribuição é de alinhamento, receptividade e transmissão. Exemplo: Alice Bailey, Annie Besant, Timothy Leary, Ram Dass, Krishnamurti, Mikhail Gorbachev, Albert Einstein e Hitler.

Quando a Lua e o Sol estão acima da linha do horizonte, a resposta individual adequada é dirigida à atividade coletiva como participante do caminho evolucionário do grupo, o que pode ter desdobramentos políticos, culturais ou científicos, inspirados pela luz de valores pessoais e firmes ideais. Aqui, a contribuição pessoal tem implicações coletivas mais abrangentes, o indivíduo serve a um esforço coletivo, buscando guiar a humanidade no cumprimento de seu destino. Exemplos: Sigmund Freud, Gandhi, John Kennedy, Kahlil Gibran, Dion Fortune, Rajneesh, Salvador Dali, Pablo Picasso, rainha Elizabeth II, Maria Montessori, Bob Dylan, Martin Luther King e Da Free John.

Quando a Lua e o Sol estão abaixo da linha do horizonte, a ênfase é colocada na realização do potencial, dos ideais e das ambições pessoais. Esta posição é relativamente egoísta. Mesmo assim, pode haver significativa contribuição e influência social, que serão uma conseqüência e não um propósito. A satisfação do ego, o desempenho e a realização pessoal são as principais motivações e a auto-anulação e sacrifício para o bem coletivo serão raros. Exemplos: Josef Stálin, Richard Nixon.

Observe na carta natal de um indivíduo nascido na Lua Nova, imediatamente após a conjunção, os planetas posicionados no espaço que a Lua percorrerá até o Quarto Crescente. Estes planetas simbolizam as qualidades, os dons e as tendências herdadas no nascimento que terão uso e expressão fáceis.

Se a Lua natal estiver entre o Quarto Crescente e a Lua Cheia, os planetas por que ela passa a caminho da Lua Cheia indicam qualidades, dons e tendências desenvolvidos apenas em parte e que podem ser benéficos se trabalhados mais conscientemente.

Se a Lua natal estiver entre a Lua Cheia e o Quarto Minguante, os planetas que ela vai deixando para trás, à medida que se dirige ao Quarto Crescente, indicam qualidades, dons e tendências altamente significativos na expressão do potencial e da criatividade pessoais, talvez com dons que beneficiem o coletivo.

Se a Lua natal estiver entre o Quarto Minguante e a Lua Nova, quaisquer planetas com que ela venha a cruzar ao se dirigir para a Lua Nova indicam as sementes das qualidades, dons e tendências que ainda estão por ser liberados. Grande progresso pode ser alcançado quando o potencial do indivíduo for descoberto e liberado. O desafio é ele ser capaz de descobrir essas energias e ajustar a vida interior e a exterior para que os dons se manifestem.

LUA, FISIOLOGIA E SAÚDE

No corpo físico, a Lua está associada aos fluidos corporais, ao sistema linfático glandular, aos líquidos sinoviais (fluidos que lubrificam as articulações e os tendões, secretados pelas membranas das cavidades das articulações e pelas bainhas dos tendões), aos canais lacrimais, à área abdominal torácica e ao sistema reprodutor interno feminino — ovários e útero. O pâncreas está ligado à Lua. Situado perto do estômago, libera secreções digestivas no duodeno e também produz insulina, que passa diretamente à corrente sangüínea. O pâncreas ajuda a regular o teor de açúcar disponível para a produção de energia. Um baixo nível sangüíneo de açúcar afeta a química do corpo, causando instabilidade emocional.

O sistema nervoso simpático também está relacionado com a Lua. É um par de troncos nervosos ganglionados situados ao longo da coluna vertebral e ligados às fibras nervosas que se estendem aos vasos sangüíneos, glândulas sudoríparas e lacrimais, e vísceras — órgãos internos do corpo: coração, fígado, intestinos etc. Assim como influencia as marés, a Lua também afeta os fluidos corporais, em constante movimento pelo corpo, para nutri-lo e auxiliar os processos digestivos, lubrificando órgãos vitais, processando o alimento e a eliminação de resíduos, transportando as sementes e os óvulos através dos órgãos sexuais masculino e feminino lubrificados.

Alterações na qualidade e na quantidade dos fluidos corporais podem causar doenças, atrito nos ossos e articulações, problemas na circulação do sangue — infartos e paradas cardíacas — devido ao endurecimento de artérias e a problemas do aparelho reprodutor feminino relacionados com os ovários, útero, vagina ou tensão pré-menstrual. A medicina contemporânea reconhece os efeitos da tensão pré-menstrual nas mulheres, assim como a depressão pós-parto e a menopausa. É muito antiga a noção da influência da Lua Cheia sobre o ser humano, com a qual são intensificados os desvios de personalidade ou os "lunáticos" ou doentes mentais podem ficar extremamente agitados.

Como as emoções e os sentimentos do indivíduo são passíveis de flutuações, assim como as marés, com ciclos de mudança temporários e regulares, considera-se que a Lua reflete esta atividade. A ciência ainda está pesquisando os efeitos que mínimas mudanças nos fluidos corporais possam ter sobre a expressão e o desenvolvimento da personalidade. Quando os fluidos corporais forem passíveis de controle por outros meios químicos isso poderá responder a muitas doenças psiquiátricas, como a esquizofrenia e a paranóia.

Uma Lua de mau aspecto aponta para tendências a doenças físicas, assim como a emoções e desejos negativos. Como a Lua está ligada à região do estômago, a maioria dos distúrbios envolve esta região e problemas com o funcionamento dos órgãos. As perturbações emocionais e a falta de integração muitas vezes se refletem em tensões estomacais e distúrbios alimentares, como comer compulsivamente ou a anorexia. Para assegurar que estas áreas não sejam tensionadas, cada indivíduo deve integrar à sua vida consciente as necessidades de sua Lua. Se não fizer isso, apenas gerará mais problemas.

O SÍMBOLO DA LUA

O símbolo astrológico da Lua é o crescente, o arco ou o semicírculo. Em certos ensinamentos ocultos, a Lua representa a alma, ligando o espírito do Sol com a forma material do indivíduo e a Terra, fazendo uma ponte entre a vibração superior do espírito e a vibração inferior da matéria. Como a antiga sabedoria considera o espírito e a matéria dois pólos do eixo da Vida Universal e da Consciência, o papel mediador da Lua-Alma influencia a relação e a fusão das polaridades. Tradicionalmente, a Lua é vista como um vaso receptivo, próprio para acolher a luz espiritual do Sol, por diminuir sua potência a fim de que ela possa ser transmitida aos níveis de existência humana e terrena. Como no vôo físico da era espacial até a Lua, simbolicamente nos levantamos para abraçar a Lua-Alma, antes de estarmos aptos a expandir-nos no espaço maior e na luz espiritual do reino solar.

Antigamente, a Lua era associada ao princípio da Mãe e vista como a matriz a partir da qual se originava toda vida sobre a Terra, um resultado da fusão das energias solilunares. Atualmente, a Lua é considerada receptáculo simbólico do inconsciente coletivo, que obviamente tem se desenvolvido ao longo do tempo. Pesquisadores esotéricos acreditam que esse receptáculo pode ser alcançado através de memórias analíticas, abrindo o acesso ao ensinamento de antigos mistérios, raízes raciais ou tradicionais. Isto também pode ser feito através da regressão a vidas passadas ou da "leitura dos Arquivos Acásicos". Para o indivíduo, a Lua está associada com o inconsciente pessoal onde as emoções podem estar enraizadas e de onde brotam o comportamento instintivo, os padrões de personalidade e as respostas habituais.

O círculo intacto do Sol simboliza o potencial criativo infinito, não manifesto, a fonte de energia universal, da vida e da semente cósmica. O crescente incompleto da Lua indica as restrições e as limitações da existência manifesta e finita, o círculo parcial que está a caminho de tornar-se completo. Simboliza a natureza dualista do ser humano, que é parte espírito, parte matéria, parte consciente, parte inconsciente e a conseqüente necessidade de resolução. A metade invisível do arco ou do semicírculo é a do espírito não conscientizado ou consciência divina, enquanto a outra, visível, é a da natureza material humana. A interação produz o fenômeno da personalidade e o impulso para tornar-se a progressão evolucionária do Deus-Homem ao completar o círculo. Nos ensinamentos esotéricos, quando o círculo for fechado, isto é, quando o espírito for conscientizado, a Lua terá completado seu papel e não será mais necessária. A alma terá cumprido sua função mediadora e se desintegrará, deixando aberto, ao longo do eixo espírito-matéria, um canal que não mais precisará da intermediação da Lua. Em termos individuais, isso implica a dissolução de qualquer separação entre os níveis consciente e inconsciente da mente; a ruptura foi cicatrizada, emergindo uma consciência transformada quando, dentro do ser humano transcendente, for realizado o casamento do Rei com a Rainha, do Sol com a Lua.

CAPÍTULO 4

A Lua e os
Aspectos Planetários

Os aspectos planetários com a Lua no mapa natal são muito significativos, porque indicam as conseqüências prováveis das experiências da infância e da influência dos pais sobre o indivíduo em desenvolvimento. Esses efeitos terão um poderoso papel na psicologia do adulto, principalmente na criação da auto-imagem dominante, dos níveis de auto-estima e de autoconfiança. A Lua pode indicar a capacidade que temos de usar em nosso benefício o condicionamento inicial e as atitudes, convicções e valores que absorvemos. Negativamente, pode mostrar como somos limitados e presos ao condicionamento restritivo da infância.

Os aspectos dos planetas com a Lua podem indicar que nossos sentimentos, emoções e instintos mais profundos estão atuando de forma reprimida ou distorcida, negligenciando e não preenchendo nossa capacidade de auto-expressão e autonutrição. Os aspectos também podem revelar o potencial de desenvolvimento de um padrão de condicionamento mais adequado, no qual podemos nos expressar com maior facilidade, baseados num senso mais seguro e estável do *self*, permitindo o livre fluxo dos sentimentos e uma auto-imagem positiva.

Quando a Lua faz aspectos harmônicos com outros planetas, isto indica que as qualidades destes planetas podem ser expressas de forma benéfica e devem ajudar com sucesso a adaptação à vida. As energias desses planetas poderão ser liberadas com facilidade através da personalidade — um fluir espontâneo e uma afinidade natural acionam as dimensões positivas da Lua e dos planetas para trabalharem harmonicamente por meio da auto-expressão e da criatividade. Trabalhando com essas tendências planetárias, a pessoa se sentirá natural e à vontade, e os fatores condicionantes da infância associados aos planetas servirão como favoráveis alicerces. Uma noção de segurança pessoal estará ligada a esses planetas, que proverão uma contínua fonte de prazer e satisfação. Os mecanismos de defesa da Lua não serão restritivos nessas áreas, e uma energia mais expansiva fluirá em direção aos outros e ao mundo, estimulando também uma resposta mais positiva por parte deles.

Os aspectos desafiantes ou estressantes sinalizam áreas de auto-imagem negativa, de falta de nutrição e confiança e de adaptação à vida. Com estes planetas em aspecto difícil com a Lua, poderá haver elementos de repressão, causados por negação de necessidades pessoais e falta de integração, resultando em desarmonia e estresse. As emoções e os sentimentos podem ser enfatizados, e a pessoa talvez sinta medo de que eles possam ser totalmente liberados. Podem surgir padrões emocionais já não mais adequados e que precisam ser reconhecidos e substituídos. O poder do passado pode ter ainda grande influência sobre a personalidade e o consciente, prendendo a auto-imagem ao passado e não refletindo o estágio vigente de desenvolvimento individual. Isto pode ter um efeito inibitório e restritivo sobre a auto-expressão, já que os padrões de comportamento do passado ainda falam mais alto e é difícil seguir em frente quando se é tolhido pelas correntes do passado.

Com uma auto-imagem negativa, é mais difícil encontrar opções para que mudanças reais ocorram. Sentimentos de derrota, desconforto, insegurança pessoal e inadequação não podem ser facilmente ignorados ou superados. Tendências à rigidez psicológica são comuns e se refletem através das qualidades dos planetas que fazem aspecto muito estressado. Podem ocorrer reações de apreensão e irritação quando esferas de vida associadas a tais planetas são estimuladas, já que tais experiências nos lembram da falta de integração e expressão nestas áreas. Nestas ocasiões, nossos mecanismos de defesa são ativados e o planeta que forma o aspecto dará o tom do tipo provável de reação. Marte age com raiva, fúria, provoca tumultos e discussões; Mercúrio tenta defender-se com um fluxo de lógica, racionalidade e justificativas; o Sol, com a afirmação vigorosa da liberdade individual e do direito de decisão; Saturno defende-se tentando impor controle, limitações e restrições aos outros.

Aspectos desarmônicos com os planetas pessoais parecem atacar as raízes da identidade pessoal. Provocam resistência em superar os padrões familiares do *self* e do estilo de vida a fim de explorar novas esferas de experiência, permitindo que o padrão lunar domine a personalidade, em vez de fundir-se com as qualidades planetárias. Poderá haver uma tendência a recolher-se para as raízes interiores, que são relativamente seguras, a fim de proteger a vulnerabilidade resultante de uma abertura maior à vida e aos relacionamentos. Nos aspectos com os planetas pessoais, pode haver resistência em expressar exatamente aquilo que é sentido nas esferas ligadas aos planetas. Com Vênus, pode haver dificuldade de expressão nos relacionamentos sociais e íntimos, uma reação contra o amor. Com Marte, a agressividade pode ser difícil de expressar, ou a raiva reprimida pode causar tensões. Com Mercúrio, pode haver medo em relação à capacidade intelectual e falta de confiança nas próprias opiniões. É provável que ocorra conflito na tentativa de expressar as qualidades associadas aos planetas que fazem aspecto muito estressado. Porém, estes também são fonte de grande desenvolvimento pessoal se puderem ser trabalhados e transformados.

Para os homens, os aspectos lunares revelam tendências relacionadas com suas atitudes e experiências com o sexo feminino ou com a companheira. Os bons aspectos indicam áreas de contato harmônico, enquanto os estressantes indicam áreas de dificuldade e conflito em potencial. Aspectos com o Sol podem mostrar como são as reações ao amor. Uma Lua mais forte do que o Sol pode indicar uma tendência a assumir um papel mais passivo e receptivo nos relacionamentos íntimos. Um Sol mais forte indica um papel mais agressivo, refletindo com freqüência a atitude masculina tradicional, na qual pode faltar a sensibilidade da Lua. Aspectos harmônicos intensificam sentimentos de segurança nos relacionamentos, enquanto os estressantes podem revelar inseguranças ocultas e medo de fracasso e de insatisfação.

CONJUNÇÃO SOL-LUA

Todos os contatos Sol-Lua indicam a extensão na qual a natureza instintiva, emocional e sentimental — altamente influenciada e condicionada pelas experiências da infância e pelo relacionamento com os pais — é integrada com a noção de identidade pessoal única e de perspectiva de vida, formando um padrão essencial subjacente às características da personalidade.

A conjunção indica uma personalidade razoavelmente bem integrada. Sua tendência será o autocontrole e a auto-suficiência baseada num firme senso de identidade e na perspectiva de vida planejada. Como existe uma harmonia interior fundamental entre os sentimentos e a vontade, não haverá desvio de energia ao se lidar com conflitos e estresses, e isso fará que você se concentre mais em seguir um curso de vida definido ou uma carreira.

Você se sentirá à vontade com seu temperamento, e a busca de seus objetivos começará a absorver grande parte de sua energia e tempo. O sucesso é provável devido ao consistente nível de motivação e perseverança que você é capaz de aplicar, e esta habilidade em utilizar ao máximo suas fontes pessoais e materiais para levar as ambições adiante é uma grande aliada. Perder tempo ou esforço não é seu estilo, já que você se sente levado a seguir o fio dourado do destino que dá sentido a sua vida. Se o caminho for a dimensão espiritual, você poderá sentir que tem uma "missão", talvez envolvendo algum tipo de atividade voltada para o benefício da humanidade.

É importante que você assuma a responsabilidade de dirigir sua própria vida, que demonstre uma independência de espírito, seja autoconfiante e se recuse a aceitar qualquer interferência desnecessária dos outros. Esteja determinado a seguir sua própria luz. Você pode achar que trabalhar sozinho, ou ter total responsabilidade sobre um negócio autônomo é preferível do que ser empregado, pois assim será inteiramente recompensado por seus esforços. Apesar de ser capaz de exercer uma posição de autoridade, pode-se questionar sua forma de relacionamento com os outros. Você tende a ficar absorto em sua própria realidade individual, sem prestar atenção aos outros, o que pode resultar numa atitude autoritária, criando uma barreira na comunicação e mantendo-se isolado, sem preocupar-se com a reação dos outros. Talvez este seja um de seus pontos fracos, exceto em níveis sociais basicamente superficiais. Os outros podem ter a impressão de que você não está muito interessado no contato humano e na amizade. Pode-se também notar uma certa inflexibilidade que raramente se dissolve, a não ser que a questão o beneficie diretamente. Você pode não ser capaz ou relutar em comprometer-se em favor da harmonia. Pode-se dizer que você possui um egocentrismo quase inocente. A privacidade e a independência de pensamento e de ação permanecem altamente prioritários.

Grande parte desta postura origina-se da necessidade de proteção que emana da influência da Lua. Não que você se sinta ameaçado pelos outros, mas sente que deve proteger suas vulneráveis emoções. Esta faceta é muitas vezes mantida em segredo, apesar de você reconhecer com exatidão a intensidade de seus sentimentos, e de fato, em muitas circunstâncias, suas opções e decisões são influenciadas por sugestões da Lua. Você tem medo de que suas emoções sejam feridas pelas experiências, e assim, às vezes, evita certos relacionamentos ou questões controversas porque seu senso de bem-estar pessoal está intimamente ligado ao tom sentimental de sua natureza emocional. Ocasionalmente, você pode ser emocionalmente impulsivo, especialmente se o equilíbrio entre o Sol e a Lua tender para o lado da Lua. Pode haver um padrão alternado, com a dominância temporária de um planeta até o equilíbrio ser novamente restaurado.

Talvez seja recomendável que você confie nesta união entre os sentimentos e a vontade, aplicando-a instintiva e espontaneamente a seus empreendimentos, esperando assim atingir os resultados desejados. Isto permite que você enfoque e concentre sua energia, tornando-a mais forte e penetrante.

Pode ser tão autocontrolado, pode faltar-lhe a capacidade de autoreflexão para ter uma perspectiva mais objetiva e avaliar melhor suas ações e seu temperamento. Você raramente tenta se analisar. Suas ambições são, em geral, de natureza extremamente pessoal e talvez não sejam entendidas com facilidade pelos outros. Você precisa ter cuidado com a ênfase exagerada em tendências tanto solares quanto lunares, como, por exemplo, uma preocupação excessiva com o desenvolvimento da carreira, o que pode amplificar o princípio solar de sua natureza, ou ser absorvido pelas tradicionais preocupações da Lua com a vida doméstica e a família. É preciso ter equilíbrio, ou poderão ocorrer problemas de saúde se um planeta tornar-se consistentemente mais dominante, pois uma conduta desequilibrada pode afetar seu bem-estar físico e emocional, principalmente se a preocupação com a carreira/missão tiver ascendência. Para remediar esta situação, pode ser necessário que você se retire periodicamente para comunicar-se com sua própria natureza, possivelmente através da meditação, a fim de recarregar as baterias. Você deve assegurar a vitalização regular de sua natureza emocional através do contato humano íntimo, não deixando que ele se atrofie, não negligenciando suas necessidades. Mantenha o equilíbrio para garantir que seus objetivos serão alcançados e que você se manterá saudável.

SEXTIL SOL-LUA

O sextil indica que você deve estar em paz com seu temperamento, aceita tranqüilamente sua própria natureza, mantém bons relacionamentos e tem facilidade de comunicação. Sua personalidade tem uma solidez que lhe permite sentir-se relativamente tranqüilo na vida. Você se sente à vontade com seus sentimentos e transmite aos outros uma sensação de alegria e boa vontade, está disposto a fazer concessões e assumir compromissos, se achar que esta conduta vai melhorar os relacionamentos que necessitem disso. Para você, tais atos são sensatos e benéficos, e o empenho na conciliação é um sinal de maturidade e não algo que diminui a expressão individual.

Seus relacionamentos sociais caracterizam-se pela tolerância, ponderação e compreensão, o que será apreciado pelos colegas, amigos e conhecidos. Sua atitude em essência é: "Faça aos outros o que você gostaria que eles lhe fizessem". Você reconhece as fraquezas do ser humano e geralmente resiste à tentação de condenar os outros. É otimista e acredita que a maioria dos desentendimentos pode ser resolvida através da compreensão mútua. Também acredita em oportunidades iguais e, portanto, no igualitarismo. A facilidade de comunicação freqüentemente coloca-o na posição de confidente. Você sabe ouvir e sua autoconfiança e atitudes equilibradas ajudam os outros a obter uma perspectiva mais clara. As pessoas sentem sua preocupação como verdadeira, e às vezes isto é suficiente para recuperar pessoas que estejam sofrendo devido à sensação de isolamento excessivo e para quem os problemas parecem maiores do que são na realidade.

Você considera a vida um contínuo aprendizado, e tenta garantir seu discernimento em relação a qualquer mensagem contida em suas experiências. Acha que aprender a lição elimina a necessidade de passar novamente pela mesma experiência e constrói uma plataforma para o progresso. O passado não exerce sobre você grande atração, exceto como fonte de compreensão, e você garante sua liberdade de seguir em frente. Você reconhecerá o que necessita para sentir-se emocionalmente satisfeito, o que pode fazer para realizar seus desejos, e tentará organizar sua vida de modo a maximizar o prazer, que é, afinal, o mais sensato a fazer.

Provavelmente, você possui dons criativos, apesar de necessitar de um pouco de autodisciplina para expressá-los em sua totalidade. Entretanto, as emoções estão em harmonia com sua vontade. Assim, se suas ações tiverem ressonância, o conflito interior será mínimo, se seus objetivos forem bloqueados. Como existe unidade entre sua intenção interior e seu impulso de energia, provavelmente haverá uma resposta do mundo exterior a isso, e com freqüência as pessoas vão querer cooperar com você na satisfação de suas ambições. Mas, às vezes, você precisa refrear sua vontade e agressividade para não se tornar muito dominador e causar um impacto negativo que pode ferir a sensibilidade dos outros.

Você deve achar os relacionamentos íntimos agradáveis e felizes e que é na vida familiar que você pode dar livre curso à expressão de suas emoções, permanecendo atento a suas necessidades emocionais. O início da infância e o relacionamento com os pais foram provavelmente bons, o que você tenta reproduzir em seu próprio lar, tornando os laços familiares profundos e amorosos e comunicando aos filhos os benefícios de sua própria filosofia de vida. Em geral, seu nível de saúde e vitalidade é bom, embora ele dependa da manutenção de seu bem-estar emocional.

Como sua vida interior é relativamente centrada e suas emoções bem integradas com a totalidade de sua natureza, pode haver falta de estímulo para o crescimento e a mudança. Você pode preferir manter padrões de hábito confortáveis e bem-sucedidos, formados ao longo dos anos, do que arriscar qualquer ruptura na vida familiar. Pode haver falta de objetividade ao analisar o *self*, e é aconselhável que você avalie as coisas periodicamente — não para destruí-las, mas para ver como podem ser melhoradas. Provavelmente, ainda existem áreas de sua vida passíveis de modificação sem muito distúrbio. Então, por que não tentar? Ao se expandir, você vai estar pronto para usar seus talentos latentes mais plenamente. Você possui uma base sólida a partir da qual pode se desenvolver, por isso deve ser capaz de aceitar os desafios do crescimento sem sentir-se muito ameaçado.

Trígono Sol-Lua

O trígono indica que existe uma harmonia positiva entre a vontade consciente e o padrão de hábitos emocional e instintivo. Provavelmente, você se sente autoconfiante e otimista quanto à realização de seu potencial, de seus objetivos e de suas ambições, e pode descobrir que as portas se abrem na hora certa, ou que as pessoas lhe oferecem o apoio e a ajuda de que você precisa para ir adiante. A sorte pode ser um fato real em sua vida.

Suas primeiras experiências, o relacionamento com os pais e o condicionamento social na infância geralmente foram favoráveis. Você pode ter sido beneficiado por influências hereditárias, possivelmente através de dons e talentos naturais. Algumas de suas tendências habituais podem ser atribuídas a traços familiares, embora seja mais provável que elas é que são positivas e construtivas na sua essência.

Na vida adulta, você tentará manter boas relações com a família, seja com os pais ou com a família que vier a criar. Você tende a se relacionar bem com as crianças pequenas, que percebem sua sinceridade na preocupação, cuidado, compreensão e atenção com elas.

Como ocorre com pessoas no sextil, você realmente tira lições de todas as suas experiências, para que elas não tenham que ser dolorosamente repetidas. Entretanto, como seu temperamento é basicamente descontraído e sem pressa, pode parecer às vezes muito trabalhoso gerar impulso suficiente para alcançar um objetivo. Você pode relutar em aceitar o desafio do desenvolvimento, não conseguindo então perceber o potencial que realmente possui. Na verdade, você deve ter muitos talentos naturais a explorar. Você deve ficar atento a qualquer oportunidade que lhe ofereça perspectiva de crescimento e desenvolvimento pessoal, para que os impulsos criativos e a habilidade de unir os sentimentos e a vontade se manifestem com sucesso.

A auto-afirmação deve ser enfocada e concentrada para que você realmente progrida em sua carreira, e, apesar do potencial de desenvolvimento estar presente, pode-se questionar seu nível de comprometimento e desejo de se promover. Sua índole sensível pode ser um risco em situações onde devam ser tomadas decisões duras e impessoais. Você ainda poderia ser eficiente numa posição de autoridade, principalmente num trabalho que envolvesse contato pessoal e comunicação, onde sua afabilidade, sensibilidade, capacidade de persuasão e compreensão das motivações dos outros poderiam ajudá-lo a servir de mediador entre níveis diferentes de empregados.

Para você, sentir-se bem consigo mesmo é importante, e esta, você o reconhece, é a chave para manter sua saúde e ter satisfação pessoal. A livre fluidez deste contato Sol-Lua ajuda-o a apreciar sua forte vitalidade física, vigor e capacidade de recuperar-se facilmente de qualquer doença.

Em situações sociais, você tende a agir como uma "ponte" entre as pessoas, sendo capaz de compreender e ter empatia com tipos muito diferentes e, através deste papel conciliador, ajudar as pessoas a se unir mais facilmente. Você atrai principalmente o sexo oposto, o que pode levá-lo a ter sucesso nos relacionamentos. Seu desafio principal é fazer pleno uso da natureza positiva e construtiva deste aspecto, e não apenas permitir que esta essência estável, tranqüila e alegre lance seu feitiço soporífero sobre você.

QUADRATURA SOL-LUA

A quadratura ocorre ou na fase do Quarto Crescente, ou no Quarto Minguante do ciclo lunar e tende a indicar a existência de grandes cargas e estresses na personalidade, já que a vontade está em conflito com os sentimentos, as emoções e os instintos profundamente arraigados. O *self* consciente pode estar tentando mover-se numa direção contrária à dos padrões de hábitos, principalmente aqueles ligados à segurança e à proteção das fronteiras internas.

O conflito permanente é como resolver as mensagens interiores contraditórias, uma tendência psicológica que pode ter suas raízes nas percepções do relacionamento dos pais durante a infância e em seu próprio contato emocional com eles. Como neste contexto o Sol representa o pai, e a Lua, a mãe, pode-se deduzir que houve problemas no relacionamento dos pais, possivelmente incompatibilidade em algum nível essencial ou uma falta de comunicação que levou ao rompimento em algum ponto. Talvez isto não fosse evidente, mas estava lá, como uma corrente oculta na atmosfera psíquica doméstica. Pode ter havido identificação com um dos genitores e exclusão do outro, provavelmente porque este tinha pouco tempo para dedicar a você. De alguma forma, as dinâmicas interiores foram distorcidas, resultando em frustração pessoal e dificuldade para harmonizar vontade e sentimentos.

Se você não tentar fazer alguma coisa para integrar sua personalidade, estará sujeito a uma insegurança emocional fundada na relutância em aceitar a natureza de suas respostas sentimentais habituais. São possíveis a negação interior e a repressão destas respostas, o que pode provocar estresses e uma provável divisão da personalidade. Porém, como estas poderosas emoções parecem queimá-lo por dentro, você tenta controlá-las, mas, como as pressões se acumulam, você pode começar a discutir à toa, tornando-se, às vezes, provocador e agressivo.

O perigo é você transformar-se em vítima da intensa natureza de seu próprio desejo, ficando perpetuamente frustrado por almejar alto demais, não conseguindo apreciar o que o presente lhe oferece. Pode haver neste aspecto uma qualidade de inquietação, de investigação, que resulta da necessidade de resolver os profundos conflitos internos. O problema é encontrar o caminho para satisfazer tais desejos. Esta necessidade estimula o questionamento interior, principalmente relacionado com a identidade e o significado pessoais.

Porém, com freqüência, você age como se fosse seu pior inimigo, com reações que reduzem a possibilidade de sucesso. Talvez você não consiga visualizar a maneira como poderia usar os recursos existentes para alcançar seus objetivos ou aumentar seu prazer na vida; pode recusar-se a assumir compromissos quando necessário, desvalorizar conscientemente seu próprio potencial e habilidades e com isso minar sua autoconfiança; pode entrar em conflito com pessoas que poderiam apoiá-lo. Estes padrões inconscientes de frustrações originam-se do atrito entre a vontade consciente e as necessidades mais profundas, tendendo a não satisfazer nem uma nem outra. Às vezes, como resultado desse estresse, tudo o que você sente que quer fazer é ser destrutivo, liberando as energias reprimidas através da expressão física ou verbal de um ataque de mau humor.

O problema que você tem de enfrentar é o movimento "daqui para lá": o abismo está à sua frente e não desaparece. Mesmo tentando de várias formas, você ainda não conseguiu atravessar para a terra prometida. Estar "aqui" parece errado, e você acha que deveria estar "lá", mas como atravessar? A única maneira parece ser através de uma transformação radical, para que o "velho você" fique deste lado e o "novo você" apareça lá para afirmar sua ambição. Como fazer esta transformação?

A resposta honesta deve ser: "com dificuldade" e muito trabalho. Você só chegará à sua terra prometida com muita luta e perseverança, provando sua capacidade ao transcender os obstáculos do caminho. Você pode precisar de mais treinamento ou estudo para qualificar-se como especialista em alguma área ou desenvolver qualidades e talentos latentes. Terá talvez que empregar a autodisciplina para manter seu esforço e trabalhar com determinação até alcançar o sucesso. Os relacionamentos devem ser aperfeiçoados, e é possível que você tenha que ser condescendente, para evitar conflitos desnecessários provocados por suas frustrações. Você deve tirar lições das experiências anteriores e aplicá-las no cotidiano. Pode ser necessário examinar cuidadosamente o que você deseja e o que está fazendo para realizá-lo, e se seus objetivos realmente serão emocionalmente satisfatórios quando alcançados. A integração entre a vontade consciente e as emoções latentes é vital. A melhor maneira de atingi-la é permitir que as emoções aflorem à superfície de sua mente, para que você possa examiná-las e, portanto, entendê-las. A partir daí, você poderá tentar fundir a vontade e as emoções através do intelecto. Se você fizer um grande esforço, poderá realizar esses desejos. Não é um caminho fácil, embora o fato de encarar o estresse como um fator de motivação seja uma percepção positiva de que a frustração pessoal pode trazer um estímulo transformador.

Se não for assim, que opções lhe restam? Viver em desarmonia, experimentar o insucesso e a frustração por não atingir seus objetivos, a restrição de seu potencial pessoal, problemas na vida doméstica, na profissão, nos relacionamentos pessoais, insatisfação nas relações íntimas com o sexo oposto, interferência das responsabilidades e deveres domésticos, que limitam a liberdade de satisfazer suas ambições e podem causar doenças (problemas digestivos) estimuladas por tensões emocionais e psicossomáticas.

Se você aceitar o desafio de tentar resolver os conflitos e as contradições desta quadratura, encontrando então saídas criativas para suas poderosas energias, isto poderá ajudá-lo a construir um novo caminho. Se você aprender a observar esses sentimentos perturbadores, integrando-os à sua vida em vez de ignorá-los, isso ajudará a restaurar seu senso de equilíbrio e bem-estar.

OPOSIÇÃO SOL-LUA

A oposição entre o Sol e a Lua ocorre no período da Lua Cheia e indica duas principais áreas de desafio em sua vida. Uma envolve suas parcerias íntimas e sociais, e o grau de adaptação que você deverá desenvolver para atender às exigências do mundo exterior. A segunda diz respeito às tensões internas que surgem do conflito entre seu ego consciente e o inconsciente, seus sentimentos e emoções.

Provavelmente você sente uma divisão interna, com mensagens e impulsos contraditórios que surgem das tendências divergentes do Sol e da Lua. Isto provoca confusão e tensão, porque você não sabe a que responder. Pode ouvir uma voz encorajando-o a seguir uma carreira e a progredir (o Sol) e uma voz mais instintiva (a Lua) tentando fazer você prestar mais atenção às suas necessidades emocionais. Atraído por ambas as direções, uma para os desejos e objetivos individuais e outra voltada para o passado, a segurança e a familiaridade, você se sente inseguro quanto ao que fazer. Suas respostas lunares instintivas podem rejeitar suas ambições solares egocêntricas e o Sol, negar tempo e atenção para satisfazer a necessidade lunar de nutrição emocional, já que isto não se adapta à sua auto-imagem de maturidade e independência.

Uma das conseqüências dessa polarização interior é a queima de energia pelo atrito em seu íntimo. Suas oportunidades de satisfação, tanto na esfera de vida lunar como na solar, podem ficar diminuídas. Talvez você não consiga realizar seus anseios, e os relacionamentos não satisfaçam suas necessidades emocionais. Com o tempo, desenvolve-se um padrão oscilante, uma vez que seu equilíbrio interior ora favorece o Sol, ora a Lua. Se o equilíbrio pender regularmente para um planeta, as qualidades do outro são relegadas ao inconsciente. A tendência pode ser forçar as energias profundas da Lua a voltar para o inconsciente pessoal, com o qual elas têm afinidade natural. Porém, ao privilegiar o Sol, muitas necessidades emocionais são negadas, o que finalmente criará problemas de integração quando as energias lunares, pressionadas, explodirem nos relacionamentos amorosos futuros.

Freqüentemente, em aspectos de oposição, a parte menos expressa e integrada da polaridade planetária é projetada externamente no mundo e nas pessoas, e é provável que o conflito interior seja transmitido inconscientemente aos outros, que refletem de volta para você seu aspecto não integrado. A tensão na psique resulta em difuculdades de relacionamento, um desafio permanente a ser vencido, podendo extravasar para situações domésticas, financeiras, românticas e conjugais. A tensão constante pode ocasionar problemas de saúde e reduzir sua vitalidade. Um sinal disto é a inquietude, a agitação nervosa e as doenças psicossomáticas. Podem ocorrer mudanças de humor e respostas emocionais, que vão desde a jovialidade autoconfiante e senso de objetividade até a depressão profunda, sentimento de desamor e perda do senso de individualidade. Estas mudanças podem ser ativadas pelo movimento de sua polaridade interior Sol-Lua, principalmente quando um dos planetas é estimulado pelo trânsito.

Esse fluxo instável de energia pode ser notado quando você começa um projeto com grande entusiasmo e vai perdendo interesse à medida que seu nível de energia decresce. Sua vida pode estar atulhada de esquemas, projetos e idéias dispersos e incompletos. Seus relacionamentos podem seguir um padrão similar, começando como "o amor da sua vida" e depois sucumbindo numa insatisfatória retirada à medida que seus sentimentos mudam e vem a desilusão.

Suas profundas necessidades e desejos lunares jazem sob seus relacionamentos e criam dificuldades. A imagem que você faz do parceiro é de alguém carinhoso, capaz de satisfazer suas carências — mesmo as que você freqüentemente nega ou decide não reconhecer —, com quem você poderia quase se fundir e em quem você confia totalmente. Isto provavelmente é um reflexo de seus padrões infantis. Os pais podem não ter sido capazes de satisfazer seus anseios, e agora você procura outro adulto que o faça. Para você, um parceiro tem que ser amante, amigo e companheiro, capaz de sustentá-lo e de resolver seus conflitos, pondo fim a suas carências e oferecendo direções claras na vida. Você precisa da dependência que está enredada nesse padrão, necessidade de pertencer que os romances curtos e temporários não conseguem suprir. Você espera encontrar alguém que, ou tome conta de tudo, ou o ajude a desenvolver seu próprio potencial. De certa forma, você se sente incapaz de fazer isso por si mesmo.

Sua dificuldade com relação a esta questão é uma tendência a projetar seus estresses interiores nos relacionamentos íntimos, com fases de divergência, confronto e discussão que acontecem como meio de liberar energia. Talvez você precise assumir compromissos, aprendendo a dar, em vez de apenas tomar. É aconselhável que você use de moderação, evitando reagir impensadamente a qualquer sentimento predominante no momento. Não tenha pressa em determinar quais os objetivos mais importantes de sua vida. Faça uma avaliação realista de suas qualidades, talentos e potencialidades e tente descobrir como as ordens do Sol e as necessidades da Lua podem se unir e integrar numa trilha comum. Fuja da prisão subjetiva e responsabilize-se por sua situação, seja qual for o obstáculo em seu caminho.

Parte deste padrão de personalidade pode ser originário de uma infância na qual você sentiu que seus pais lhe transmitiam mensagens contraditórias, ou talvez tenha perdido o pai ou a mãe por divórcio ou morte. Agora, sua responsabilidade adulta é vencer esta dificuldade e não perpetuá-la. Pode não ser fácil integrar os princípios do Sol e da Lua na sua psique, e um cuidadoso equilíbrio para ouvir e honrar ambas as vozes precisa ser alcançado. Descobrir como chegar a isso pode ser essencial para seu bem-estar, e este equilíbrio pode surgir depois de um período no qual a vida parecia temporariamente sem sentido. Você pode mudar sua consciência e integrar as necessidades profundas e ignoradas da Lua, se realmente o desejar. É possível que as técnicas humanistas de autoterapia idealizadas para liberar sentimentos reprimidos e desejos/necessidades individuais o ajudem neste estágio, assim como pode ser benéfico buscar a psicossíntese, gestalt, encontros e co-aconselhamento.

CONJUNÇÃO MERCÚRIO-LUA

Todos os contatos Lua-Mercúrio dizem respeito ao relacionamento e à dinâmica interior entre as tendências instintivas, sentimentais e emocionais da Lua e as habilidades analítica, racional e comunicativa refletidas pela posição de Mercúrio no mapa natal. Em cada indivíduo, isso pode significar o tipo de relacionamento interior entre os alicerces mais inconscientes da personalidade e a mente consciente separativa e o ego.

A estreita conjunção da Lua com Mercúrio sugere um canal relativamente aberto entre sua mente inconsciente e sua mente racional. A maneira como funciona essa relação pode variar, segundo a exposição das forças e fraquezas de cada planeta ao longo dos anos, dependendo muito do signo e do elemento onde estiver a conjunção. Se for em Água ou Terra, a Lua será provavelmente mais influente; se em Ar ou Fogo, Mercúrio será o parceiro mais forte, ao menos na sua vivência consciente.

Se a Lua for dominante, atuando a partir de um nível mais profundo da personalidade e alinhada com a mente inconsciente, é provável que isso vá influenciar sutilmente a formação de seus hábitos, convicções e perspectiva de vida. Suas escolhas serão invisivelmente influenciadas por necessidades emocionais subjacentes, e se questionada quanto a suas decisões, a fachada racional logo desmorona e revela que quem realmente decidiu foi a emoção. Outra expressão desta influência lunar pode ser a resposta e a reação emocionais abertas, onde a racionalidade é desconsiderada e totalmente dominada, em momentos cruciais, por reações instintivas ou a decisão é tomada no impulso das emoções.

Se Mercúrio é o parceiro dominante, não são as emoções que afetam a clareza e a compreensão, mas a análise intelectual e a supervalorização é que interferem na resposta sentimental instintiva à tomada de decisões, a situações e pessoas. Será dada alta prioridade à racionalidade, e o possível conflito ocorrerá nas épocas em que as mensagens lunares forem contrárias a Mercúrio. Sempre haverá a possibilidade de se suprimir princípios da Lua ou de Mercúrio, o que depende em grande parte do resto do mapa.

Potencialmente, está presente a oportunidade de se usar estas qualidades e habilidades planetárias de forma criativa e positiva. As qualidades positivas podem brilhar com facilidade através dos relacionamentos e da comunicação. É provável que você seja cordial e sociável, que os outros achem fácil relacionar-se com você, e até fazer-lhe confidências, por perceberem sua intrínseca compreensão e solidariedade. Você tem inclinação para cooperar com as pessoas, principalmente em ambientes de trabalho. Sua personalidade é flexível e adaptável o suficiente para ajustar-se a novos colegas de trabalho. Você confia em suas habilidades, em que o conhecimento está sempre presente, o que o ajuda a afirmar-se de uma maneira positiva, que traz resultados benéficos e construtivos. Você também reconhece seus limites, raramente indo além de suas habilidades e talentos, e é capaz de reconhecer quando necessita da ajuda de pessoas com mais conhecimento que você.

Idealmente, você quer que os outros o vejam como um intelectual e uma pessoa sensível, honrando, desta forma, a Lua e o Mercúrio de sua essência. Às vezes, você pode ser hipersensível e suscetível, principalmente quando lhe dirigem comentários pessoais, uma vez que isto tende a ativar posturas e atitudes defensivas relacionadas com a Lua. Voce não lida bem com a crítica e defende-se tanto com uma racionalização excessiva quanto com negações baseadas nas emoções e em desentendimentos pessoais. Pode registrar críticas veladas, por ser sensível aos pensamentos que os outros não querem revelar, e isso provoca em você uma imediata reação emocional, embora você não veja razão para isso.

A dimensão de Mercúrio pode aparecer em habilidades intelectuais e imaginativas, assim como uma atitude positiva e criativa em relação às experiências do dia-a-dia, de onde você tira a conclusão de que qualquer coisa que aconteça serve de lição e que a "experiência" é realmente o melhor professor. Você pode beneficiar-se do estudo formal, já que é capaz de absorver informações com relativa facilidade, mas o tipo ideal de estudo é o que envolve uma resposta emocional positiva, para que a Lua seja incluída. Favorecer um estudo mais mercuriano, intelectual ou abstrato, pode gerar desequilíbrio. Talvez você pense que a vida oferece uma infinidade de fascinantes linhas de pesquisa. É uma "atitude de crescimento" que leva a uma mudança positiva e criativa e que o ajuda a adaptar-se a quaisquer mudanças de circunstâncias que se lhe apresentem. Seu desafio principal é reunir coerentemente as qualidades da Lua e de Mercúrio, para que ocorra cooperação e não conflito. Você deve distinguir claramente as contraditórias mensagens interiores para poder ver as que são associadas à Lua, as que se referem aos padrões de segurança, instintivos e emocionais, e aquelas em que a mente lógica, sob a influência de Mercúrio, está presente. Estas mensagens podem ser complementares ou conflitantes, e a avaliação exata do que está ocorrendo exige grande perspicácia e autocompreensão. Porém, o sucesso real só virá se esta parceria estiver em harmonia.

A vida familiar e a privacidade do lar serão importantes para você, tanto como um retiro que lhe permita sintonizar certas características da Lua, tais como a autonutrição, a necessidade de segurança, padrões de hábitos diários e de organização da vida, quanto um ambiente seguro no qual você pode expressar suas emoções mais fortes. É provável que você tenha afinidade natural com crianças pequenas, podendo vir a ser um bom pai ou mãe. Certamente devotará muita energia e atenção para garantir que suas raízes e alicerces na vida serão seguros e harmoniosos.

SEXTIL MERCÚRIO-LUA

Com o sextil, freqüentemente predominam as qualidades de Mercúrio, já que este aspecto está associado à mente, à informação, à compreensão e à comunicação.

As bases lunares da personalidade geralmente estão bem estabelecidas e não são destrutivas ou indevidamente intrusas. As qualidades da Lua são usualmente expressas de forma a intensificar as qualidades de Mercúrio, que devem ser facilmente demonstradas por você. A informação e o conhecimento serão muito atraentes, haverá uma curiosidade quase insaciável e a necessidade de investigar os assuntos o máximo possível. Para você, o mundo é uma imensa biblioteca, sua mente se ilumina com interesse a cada novo volume que aparece. Sua memória e percepção provavelmente estão acima da média, criando, portanto, um intelecto com um bom repertório intelectual. Você pode ser o eterno estudante, adorando explorar cada tópico até onde for possível e tornando-se especialista numa esfera específica do conhecimento. Por outro lado, você pode mostrar inclinação para o diletantismo, experimentando vários tipos de conhecimento mas raramente explorando algum em profundidade.

É provável que você seja motivado pela necessidade de ser útil socialmente e de contribuir para o bem da comunidade. Para ajudá-lo nisso, você espera descobrir meios para pôr em prática suas idéias e assim transformar a habilidade mental em resultados objetivos. A sensação de apreço e prazer que isto lhe dá muitas vezes o instiga a aumentar seu nível de conhecimento. Neste contexto, pode surgir a questão da direção certa a tomar, e é possível que você decida engajar-se em grupos cívicos e sociais, reunindo seus recursos e habilidades aos dos outros para atingir os objetivos do grupo. Em geral, você considera suas próprias idéias fontes de realizações práticas e possivelmente de lucro pessoal, já que você provavelmente possui capacidade de organização e para desenvolver negócios, que pode ser explorada com sucesso.

É possível que você seja um comunicador eficaz que transmite suas idéias de forma clara e persuasiva, por ser inteligente e culto, divertido e interessante. Isto talvez se manifeste em atividades relacionadas com a linguagem escrita e falada, o que pode ser benéfico na comunicação social, principalmente nas esferas em que você tenha que entrar em contato com grupos maiores de pessoas. Pode ampliar sua área de influência e o número de amizades. Sua personalidade deve ser suficientemente flexível e tolerante para você poder se relacionar com vários tipos de pessoas. Talvez você possua sensibilidade para captar os pensamentos e sentimentos dos outros, agindo com uma intuição quase sensitiva, mas que opera através de uma profunda sintonia lunar de sensibilidade e comunicação emocional. Esta sintonia pode agir como um "sistema de alarme precoce", avisando-o quando as pessoas não estão sendo tão sinceras quanto parecem, e você deve aprender a confiar nestas sensações e sentimentos, onde quer que eles surjam.

Esta sensibilidade intensifica seu tato e diplomacia no contexto social e na família. Os outros podem reconhecer sua natureza atenciosa e protetora, e se você não se tornar obcecado por manifestar suas idéias, poderá ser capaz de cooperar e entrar em harmonia com seus parceiros e a família. Felizmente, suas emoções raras vezes entram em conflito direto com sua mente e idéias, trabalhando em conjunto e deixando que as atitudes positivas e os planos otimistas fluam com facilidade. Este acordo mental e sentimental minimiza os desvios dos conflitos internos e permite resolver qualquer problema com tranqüilidade.

O calor emocional da Lua e sua preocupação protetora são muito nutritivos para os membros da família e os parceiros, e sua vida doméstica provavelmente é bem-organizada, com íntima comunicação. O lar será importante, assim como o envolvimento social fora dele, principalmente como fonte de aplicação de idéias. Suas emoções e mente serão reconhecidas por terem mensagens válidas, e nem uma nem outra devem se desequilibrar por ênfase excessiva, já que a cada uma será dada a prioridade adequada às várias situações. Parcerias íntimas nos casamentos e nos casos amorosos tenderão a envolver um alto nível de comunicação e solidariedade; a experiência e a maneira como se expressa o parceiro enriquecerão a vida de ambos e contribuirão para o provável sucesso dos objetivos de cada um.

Você sentirá atração por pessoas inteligentes, otimistas e capazes de explorar talentos inatos, principalmente as que têm ambições e tentam satisfazê-las — apesar de que pode haver conflito, se duas pessoas perseguem sonhos e objetivos que começam a divergir ao invés de correrem paralelamente.

Trígono Mercúrio-Lua

O trígono oferece a oportunidade de reconciliar as energias instintivas e emocionais da Lua com as energias mentais e comunicativas de Mercúrio. Você deve vivenciar poucos conflitos diretos entre as mensagens emocionais e as mentais. Deve haver um canal entre os níveis consciente e inconsciente de sua personalidade, mas eles talvez não o puxem com freqüência em direções opostas ou criem dificuldades psicológicas.

Subjacente a suas reações às experiências da vida, deve haver uma avaliação emocional-sentimental, e isto sustentará o tipo mercuriano de intelecto que você demonstra. Em geral, você encara a vida com o coração e a mente relativamente abertos, considerando que toda experiência contribui para seu próprio desenvolvimento. Mesmo que a natureza lunar resista às duras lições da vida, você consegue ver o potencial benefício que pode emergir das fases difíceis. Isto, somado à sensibilidade ampliada, ajuda-o a adquirir um *insight* e um conhecimento consideráveis, principalmente em relação à interligação de informações. Isto constrói um novo alicerce para a contínua criatividade e auto-expressão.

Você é inspirado pelo desejo de usar seus talentos naturais e habilidades em benefício da sociedade e demonstra ter unidos cabeça e coração. Sua visão clara e bom senso refletem uma perspectiva progressista e otimista mas não excessivamente idealista ou cega à realidade da vida. Você reconhece que nem tudo é só luz ou escuridão e que há muita vida na sombra. Em vez de deter-se no lado negativo, você se volta para as possibilidades positivas, adiante, tentando assegurar que as duras lições das experiências anteriores sejam aplicadas ao lidar com a realidade presente. As experiências do passado servem como degraus para levá-lo para a frente.

Nos relacionamentos sociais e familiares, você será estimado pelo nível de solidariedade e compreensão que manifesta. Você tem uma sincera preocupação e consideração pelos outros, e um amor pela justiça e igualdade de oportunidades. Com freqüência, você quer ajudar os menos afortunados ou aqueles que estejam passando por períodos traumáticos. Mesmo reconhecendo internamente seus próprios problemas e fraquezas, você tende a guardá-los para si, lidando com eles sozinho e tentando resolver qualquer dificuldade emocional através de uma abordagem objetiva, racional. As ansiedades, em geral, ficam reservadas. Quando você se solidariza com os outros e os ajuda, suas experiências e lições de vida podem ser deliberadamente compartilhadas se servirem de apoio e esclarecimento, mas você não é o tipo de pessoa que descarrega qualquer dificuldade nos ombros dos outros.

A razão e a lógica são fortes componentes de sua personalidade, apesar de serem coloridas pela avaliação instintiva e emocional que você faz das pessoas, situações e circunstâncias, sustentando um ponto de vista individual, único e pessoal. Com uma boa memória e habilidade de aplicar seu conhecimento de forma construtiva e positiva, pode haver um talento para negócios esperando para ser explorado, e que pode ser efetivamente liberado através dos modernos meios de comunicação, envolvendo, talvez, fluência no discurso, aptidões literárias e para a comunicação.

QUADRATURA MERCÚRIO-LUA

A quadratura entre a Lua e Mercúrio indicam tensão interior, estresse e frustração, e uma necessidade de radical adaptação interior que reequilibrará estas duas energias conflitantes. É preciso uma mudança consciente para superar o conflito entre a mente consciente e os padrões de hábitos lunares estabelecidos.

O desequilíbrio mais provável é uma dominação inconsciente da mente consciente e racional pela Lua, com tentativas de influenciar decisões claras, julgamentos e avaliações objetivas com atitudes arraigadas e emocionalmente carregadas. As atitudes inconscientes e os padrões de valores, possivelmente absorvidos na primeira infância ou dos pais, podem condicionar as escolhas atuais a questões do passado que ainda dominam a vida no presente.

Simplificando: a cabeça e o coração podem estar em constante conflito dentro de você, as decisões são tomadas segundo as circunstâncias do momento. Isto pode variar, como um movimento pendular, e também estar relacionado com o signo, a casa e o elemento onde está cada planeta. Pode ser que um dos planetas predomine, e o outro seja reprimido. Se Mercúrio for dominante, a Lua pode afundar mais ainda no inconsciente, influenciando sua vida, dessa posição oculta, de modo mais sutil e difuso. A coloração emocional pode ser mais perceptível para você do que para os outros. Se for Mercúrio o reprimido, suas escolhas serão fortemente influenciadas pelas emoções, necessidades instintivas e respostas habituais, que quase sempre se baseiam na segurança. Ocasionalmente, você pode descobrir que, ao tentar restaurar o equilíbrio interior, Mercúrio começa a racionalizar demais seus sentimentos e emoções. Se você deixar que isto continue, começará a negar a validade de suas emoções e sentimentos, reprimindo sua sensibilidade lunar e criando um novo desequilíbrio.

A tensão interior reflete insegurança, e você duvida de si mesmo, criando uma atividade altamente nervosa instigada pela falta de harmonia entre os níveis consciente e inconsciente da mente. Às vezes, isto pode manifestar-se como uma doença psicossomática, principalmente do sistema nervoso, do trato digestivo ou relacionada com os fluidos corporais. Também pode ocorrer excessiva auto-absorção, que resulta em egocentrismo e modos de vida e de expressão isoladores. Você pode tender a basear-se em atitudes e convicções fixas para obter um senso de segurança interior e estabilidade. Esse modo de agir pode criar dificuldades interpessoais, se entrar em conflito com as outras pessoas. Quando a opinião de alguém difere da sua, você tende a reagir com agressividade defensiva, sem realmente levar em conta o ponto de vista do outro. Você detesta qualquer sugestão de que possa estar errado, o que o faz sentir-se inseguro. Portanto, com freqüência, sua resposta é desafiadora e compulsivamente agressiva. Sentimentos paranóicos acompanham essa reação, e você pode ser muito susceptível emocionalmente, provocando desentendimentos e dificuldades de comunicação.

Com estranhos, você sempre fica inseguro e na defensiva. Este padrão permanece mesmo com amigos mais próximos, conhecidos e com a família, só que com menos beligerância. Até mesmo em família, você tende a reagir ao fato de que tem de mudar para se harmonizar com os outros. Egocentricamente, você acha que eles devem mudar para adaptar-se a você, e o fato de não quererem fazê-lo, aparentemente, tem pouca importância para você.

Porém, você pode comunicar-se bem com quem você se sente seguro, expressando uma emocionalidade sentimental tocante, mesmo que levemente imatura. Sua dependência oculta dessas pessoas nem sempre é compreendida ou reconhecida. Tais relações seriam melhores se você começasse a preocupar-se menos consigo mesmo, importando-se tanto com as necessidades dos outros quanto com as suas e dando a você oportunidade de oferecer aos outros aquilo que você tão ciosamente toma para si.

Às vezes, você se torna obsessivo com suas necessidades e preocupações e raramente percebe que isto representa um estado de imaturidade e de falta de integração. Sua atenção precisa voltar-se para o exterior para que você perceba que os outros também têm necessidades e dificuldades, e que através do apoio mútuo todos podem ser beneficiados e ter uma vida mais agradável.

Você pode tentar a mudança interior por estar obcecado com trivialidades ou um falar compulsivo. Ambos criam relacionamentos interpessoais insatisfatórios e dispendem energia em vez de utilizá-la positivamente para aliviar as tensões interiores através do entendimento.

Freqüentemente, Mercúrio é reprimido por uma Lua dominante quando questões de segurança pessoal dominam a vida, como uma criança exigente que quer satisfação imediata. Por isso, pode faltar racionalidade e objetividade, expressas em sinais de imaturidade e falta de um conhecimento real de si mesmo e em excessos emocionais. Às vezes, a linha que você traça entre a realidade e a ilusão, o fato e a ficção tem limites indefinidos, e você quase sempre está repleto de muitas questões não resolvidas, inseguro quanto ao que você pensa e sente sobre assuntos ou pessoas, mesmo ao defender suas idéias. Você será beneficiado, se afrouxar seus apertados nós interiores para liberar, em si mesmo e em seus relacionamentos, as energias positivas e construtivas que não foram expressas anteriormente. As frustrações e os conflitos serão dissolvidos se você direcionar sua energia para o caminho do crescimento consciente e do autodesenvolvimento.

Oposição Mercúrio-Lua

Com a oposição, o atrito entre a Lua e Mercúrio provoca a atração das emoções, instintos e sentimentos para um lado, e a racionalidade, a lógica e o consciente para o lado oposto. Assim, esta desarmonia interior reflete-se através da projeção no mundo exterior, influenciando a natureza de seus relacionamentos. Enquanto esta oposição não for reconhecida e resolvida dentro de você, os conflitos nos relacionamentos persistirão. Tomar decisões pode ser difícil, e você tende a relegar esta tarefa aos outros, já que não consegue determinar qual o caminho a seguir: o instintivo/emocional ou o racional. A unidade interior, que ocorre quando as mensagens coincidem, é uma experiência rara para você.

Esta oposição pode invalidar suas ações e opções na vida, distorcendo suas percepções e julgamentos. Freqüentemente, as mudanças sistemáticas na mente e no coração resultam em confusão, rompendo relacionamentos. Na tentativa de livrar-se de uma situação de impasse, você pode agir impulsivamente, por instinto, com resultados variáveis. Igualmente, suas respostas podem ser emocionalmente tendenciosas, irracionais ou irrefletidas. Contrariamente, Mercúrio pode dominar com uma percepção extremamente fria, sendo capaz de negar-lhe, por algum tempo, qualquer sentimento emocional. Escolhas feitas a partir dessa perspectiva podem fracassar quando a natureza sentimental volta a despertar e decide reagir contra a situação criada por Mercúrio!

Como conseqüência desta confusão interior, você está sempre irritado com a vida social, e o atrito interior, estimulando discussões e provocações, invoca o atrito exterior. Você pode ser insensível e ofensivo com os outros e não perceber a falta de tato e sensibilidade ao expressar-se, apesar de ser rápido quando os outros o criticam. Você erra, como todo mundo, mas precisa aprender a admitir isso.

Certamente, você necessita de mais conscientização e vontade de se comprometer nos seus relacionamentos íntimos e parcerias para que eles sejam mutuamente compensadores. Senão, é provável que haja atrito e dano emocional quando os conflitos se intensificam com os choques entre atitudes e valores diferentes. A vida familiar pode gerar considerável agitação e preocupação, exacerbando a confusão interna, a não ser que você consiga solucionar alguns desses conflitos inatos. A excitação nervosa, emocional, pode ser ativada, e isso pode ter conseqüências sobre a saúde devido à falta de integração e equilíbrio. Você pode ser um falador compulsivo, apesar de lhe faltar profundidade, e os padrões emocionais inconscientes podem distorcer sua percepção, dominando sua capacidade de pensar e comunicar-se com clareza.

É necessário desenvolver uma autocompreensão maior e auto-integração com a mente racional, assim como uma maior conscientização dos padrões emocionais ocultos. A racionalidade, mesmo que não seja satisfatória por si só, pode ter um papel vital no reequilíbrio desse desarmônico contato planetário. O desafio é integrar essas duas naturezas opostas no seu interior, para ser fiel a si mesmo e às suas respostas à vida. Até que parte disto seja alcançado, é provável que seu estilo de auto-expressão seja restrito e distorcido. Favorecer um dos planetas cria conflito, honrar cada planeta é o caminho da totalidade e a chave para solucionar este desequilíbrio psicológico.

Conjunção Vênus-Lua

Os contatos Lua-Vênus envolvem as reações sentimentais, instintivas, a relacionamentos sociais e íntimos, assim como as respostas à natureza e à qualidade do ambiente em que a experiência é adquirida. A conjunção significa que os padrões de hábitos e comportamentos envolvem relacionamentos sociáveis e amistosos, caracterizados por uma sensibilidade consciente e por afeição.

Provavelmente, você gosta do contato social, sentindo-se naturalmente à vontade com os outros e apreciando a amplitude de comunicação que isso traz, preferindo a companhia dos que são sinceros e diretos no relacionamento. Você não gosta de atritos e conflitos sociais e tenta minimizar a discórdia com delicadeza e diplomacia ou através da conciliação ou da amizade, que ajudam a relaxar as tensões. Essa tendência pode ser elevada a um ideal consciente, a uma convicção de que a vida será melhor se todos forem mais conscientes, sensíveis e evitando levar vantagem às custas dos outros. Você oferece com facilidade sua amizade, expressando calor humano, civilidade e consciente boa vontade. Com seu tipo de personalidade, se o resto da carta amplificar esta tendência, é provável que você venha a ter sucesso desenvolvendo algum tipo de trabalho com o público.

Geralmente, você recebe dos outros uma resposta favorável. Raspando pelo menos parte do verniz superficial que muitos contatos sociais têm, você pode ser bem-sucedido ao transmitir suas atitudes mais profundas aos outros. Despida de pretextos desnecessários, sua abordagem humana e direta talvez pareça simples demais para algumas pessoas, que podem se sentir desconfiadas e ameaçadas, principalmente aquelas que preferem usar máscaras sociais e manter distância dos outros. Você permite que sua sensibilidade transpareça, e apesar de alguns não a notarem ou reconhecerem, outros a acolherão com prazer. Seu sincero interesse pelos outros ajuda a construir pontes entre as pessoas, e como você também possui uma natural solidariedade e compreensão dos dilemas humanos, está, muitas vezes, em condição de ajudar aqueles que estejam precisando. Porém, se você for rejeitado bruscamente, nem sempre sabe lidar com seus sentimentos feridos, já que sua sensibilidade se retrai diante de respostas negativas.

Nos relacionamentos mais íntimos, o nível emocional é prioritário e muito ativo. Tanto a Lua quanto Vênus exigirão satisfação e estímulo emocional, e a qualidade de uma relação amorosa é extremamente importante. É provável que você seja uma pessoa atraente, socialmente magnética e que, com sua combinação de graça, charme e sensibilidade artística, seja interessante para muitos, podendo ter variados relacionamentos, a não ser que se case ou se fixe numa relação permanente no início da vida adulta.

Pode haver uma tendência a permitir que os laços de família interfiram num relacionamento novo ou em desenvolvimento. Os antigos padrões lunares podem estar ainda excessivamente ativos, e a dependência dos pais ou outros membros da família pode afetar a evolução de sua nova unidade familiar. A "síndrome da sogra" pode ser um exemplo clássico disso. Vênus pode exagerar a tendência a uma preocupação auto-indulgente de satisfazer suas próprias necessidades, com a correspondente desconsideração pelas do parceiro. Pode ser preciso aplicar mais autodisciplina para adaptar-se totalmente nos relacionamentos íntimos, principalmente no tocante à participação e troca de experiências. Pode haver tentativas ocasionais de manipulação emocional, tanto por você quanto pelo parceiro.

A vida no lar é importante, fornecendo alicerces seguros e raízes para qualquer estilo de vida que você tente criar, e parte de seu prazer pessoal virá de projetos domésticos, como um lar confortável, roupas sensuais, alimentos e posses materiais. Para você, será importante construir um ambiente bonito em que viver e, aproveitando plenamente sua capacidade de administrar finanças prudentemente, você se inclinará a investir dinheiro no lar. Essa sensibilidade artística terá um papel no realce de seu ambiente.

SEXTIL VÊNUS-LUA

O sextil é um aspecto favorável para questões domésticas e de parceria, e é provável que seus relacionamentos íntimos ocupem um lugar central em sua vida. Encontrar uma relação bem-sucedida será uma forte necessidade, e você dirigirá grande parte de seus primeiros contatos sociais a esse fim. Esta necessidade pode ter derivado de uma vida familiar amorosa e satisfatória, que você espera encontrar novamente em suas próprias relações adultas. Manter laços familiares sólidos continuará a ser importante para você.

Quanto ao temperamento, provavelmente você será capaz de manter relacionamentos, e desde que você tenha comprometido seus sentimentos com alguém, dificilmente haverá um rompimento ou os sentimentos murcharão. Parece haver um conhecimento e uma compreensão inatos da natureza dos relacionamentos e do que é necessário para que eles se mantenham satisfatórios. A comunicação é vital em seus relacionamentos, e o sextil ampliará sua capacidade de expressar claramente o que se passa em sua cabeça ou o que afeta suas emoções. Você considera que compartilhar e conversar sobre as dificuldades individuais ou do relacionamento é essencial para assegurar clareza e compreensão mútuas. Sua sincera preocupação amorosa com o parceiro ajuda a construir alicerces profundos, seguros o suficiente para resistir às tempestades. Sua fé na força do amor mútuo e seu otimismo, acreditando que tudo vai dar certo, são fatores vitais nos seus relacionamentos e ajudarão a garantir que a energia está sendo usada com criatividade e não dissipada na ansiedade que surge da insegurança e falta de fé na profundidade dos sentimentos do parceiro por você.

Geralmente, você terá um senso de direção na vida, e isto faz gerar um senso de propósito mútuo, se você intimamente incluir o parceiro em seus planos. Você percebe os benefícios, para o relacionamento, de discutir e compartilhar sua vida com o parceiro. Porém, você também está disposto a ceder ou a adaptar-se, se conflitos de intenções e hábitos ou padrões temperamentais começarem a perturbar o equilíbrio do relacionamento. Você espera que seu parceiro aja da mesma forma, se for necessário, já que para você a relação é mais importante que a afirmação pessoal. Para o bem do relacionamento, você está sempre disposto a lançar mão de suas qualidades pessoais para que recursos inatos — inteligência, sensibilidade, amor e compreensão afetuosa — possam ser expressos sempre que possível. Você detesta os mal-entendidos ou atritos pessoais e está sempre disposto a resolvê-los, quando eles surgem naturalmente ao longo do tempo, usando o bom senso, a razão e a concessão mútua para sanar qualquer situação conflitante.

Social e profissionalmente, você tem uma confiança considerável em suas próprias habilidades e relaciona-se facilmente com os outros, preferindo ver as boas qualidades em todos os que encontra. Suas habilidades artísticas e criativas são inestimáveis para seu progresso, e é aconselhável descobrir como utilizar esses talentos intrínsecos. É provável a perspicácia nas finanças, assim como o uso pleno de qualquer qualidade ou habilidade que você possua. Apesar disso, pode haver tendência à prudência, o que o impede de lançar-se em todas as oportunidades, devido à prioridade de garantir as necessidades da família.

Provavelmente, os filhos terão um importante papel em sua vida, e você expressará uma afinidade natural com eles, talvez vendo-os como a pedra fundamental de seu relacionamento. Você também poderá se envolver com filhos alheios, através de grupos e organizações voltadas para o ensino ou atividades comunitárias. Como você detesta ver sofrimento desnecessário, pode tentar compartilhar sua experiência de vida, conhecimento e compreensão com crianças em amadurecimento, esperando que elas possam aprender as lições de vida sem terem que vivenciar a dor por si mesmas. Você as vê como os adultos de amanhã, e para que seu futuro seja positivo e construtivo elas precisam ser cuidadosamente guiadas no presente.

TRÍGONO VÊNUS-LUA

Este trígono dará a você uma natureza harmoniosa e sensível que traz um espírito de reconciliação aos seus relacionamentos íntimos e sociais. Trabalhar em alguma área em que você possa atuar como mediador, ou com o público em geral, pode permitir que essa qualidade se expresse com sucesso.

Suas qualidades são um coração quente, sensível, solidário, uma compreensão vigorosa, imaginação, sinceridade, uma atitude otimista, positiva, e um senso de perspectiva e proporção que restaura, acalma e auxilia a comunicação se houver conflito. Você deve ter a capacidade de utilizar essas qualidades em benefício de todos. Com seu apoio e encorajamento, muitos corações agitados podem ser acalmados. Você é um bom ouvinte, resiste a interferir e impor seu ponto de vista. Você ouve com o coração e a mente abertos, talvez ajudando os outros a obter maior compreensão de seus problemas propondo perguntas-chaves a que eles precisam responder para progredir. Você fala sinceramente, saindo do superficial e das evasivas para chegar à essência do problema. Alguns reagem bem a isto, mas outros podem achar essa abordagem muito desestabilizante e difícil, por isso evitam envolver-se com você. Porém, suas intenções são boas e válidas, e você sabe que deseja sinceramente o bem de todos, e está sempre gastando parte de seu tempo para transmitir energias positivas e criativas aos outros, o que você faz de maneira consciente.

Você tem uma auto-imagem positiva e valoriza sua própria perspectiva de vida. Possui elevado grau de integridade pessoal e evitará comprometê-la em lucros aparentes. Ser fiel a si mesmo é prioritário. Por rejeitar pensamentos e emoções negativos, você é útil aos que estão mais sujeitos a sofrer com os caprichos da vida. Como você provavelmente já sabe, atitudes, pensamentos e emoções positivas geram positividade, ao mesmo tempo em que, se forem negativos, gerarão apenas negatividade. Em essência, as atitudes criam experiências individuais de vida.

Pode haver alguma habilidade artística e imaginativa, e a criatividade pode ser buscada como meio de expressão pessoal ou mesmo profissional, principalmente nas artes plásticas, na música, no teatro, no canto ou no artesanato.

O amor, a vida doméstica e a família serão importantes, e você obterá muitos benefícios ao assegurar que seus relacionamentos íntimos sejam honestos, positivos e otimistas. A satisfação emocional é muito valorizada, e você precisa sentir-se convencido de que seu comprometimento emocional com a pessoa amada não será violado ou sua confiança, traída. Você se inclinará a ter filhos e garantirá seu interesse e cuidado com a família através da compreensão natural de suas personalidades embrionárias e problemas. Você terá um instinto de proteção da família e manterá sua vida familiar e seus relacionamentos privados compartilhando apenas o que quiser com as pessoas de fora.

Quadratura Vênus-Lua

Esta quadratura indica que há estresses e tensões interiores relacionados com seus relacionamentos sociais e íntimos, e que o campo de batalha será em seus envolvimentos emocionais.

Estas emoções são extremamente fortes, e você teme perder o controle sobre elas. Assim, existe um padrão habitual de derrota parcial e repressão através de uma tendência a evitar o tipo de relacionamento que possa estimular a atividade emocional. Porém, ao mesmo tempo, você necessita do envolvimento emocional e da intensidade sentimental. Por polarizar sua emoções e sentimentos, você prefere esquivar-se dos compromissos reais, rejeitando as obrigações que deles possam decorrer.

Estes padrões de comportamento podem ser observados sob uma luz mais inflexível quando é necessário comprometer-se nos relacionamentos íntimos, porque você se recusa a admitir a profundidade de seus sentimentos e seus medos ocultos começam a surgir, entre eles: o medo de perder a liberdade, medo do poder que o outro possa ter sobre suas emoções e medo de passar pelo fogo transformador do amor. Quando alguém começa a lhe impor suas necessidades, exigências e vontades, as expectativas de seu comportamento previsível ativam em você uma atitude de rebelião. Sua insegurança e seus medos o levam a expressar uma atitude oposta, criando conflito em seus relacionamentos bem no ponto onde poderia haver um progresso real.

Seu impulso de reagir à independência e à rejeição de qualquer sinal de comportamento possessivo ou de exigência de lealdade exclusiva tenderá a romper qualquer relacionamento potencialmente restritivo. Apesar de ser válido rejeitar essas tendências num relacionamento, sua reação é principalmente uma resposta a medos interiores e a questões não resolvidas, e assim ela tende a ter uma essência mais negativa, causando dor e desilusão, a você e ao outro, e reforçando uma visão cada vez mais cínica e amarga da natureza dos relacionamentos íntimos.

Outros padrões de comportamento associados a esta quadratura incluem a auto-indulgência e a sensualidade, e você tenderá a envolver-se em aventuras amorosas indiscriminadas e com parceiros inadequados como conseqüência da falta de percepção de si mesmo e da profunda necessidade de relacionamento. Com freqüência, sua tentativa de livrar-se das restrições ameaçadoras apenas o impelem a outros relacionamentos igualmente insatisfatórios. Se você começar a expressar uma resposta mais passiva aos estresses do relacionamento, em vez de fazer o papel ativo e dominante, os outros podem tirar vantagem de sua confiança inicial, manipulando suas emoções e necessidades e usando você como apoio e tábua de salvação para suas próprias tensões emocionais e confusões.

Às vezes, suas próprias emoções o impedem de ver os reais sentimentos do parceiro, até que, para sua surpresa, você descobre que os sentimentos do outro não eram tão intensos quanto os seus. Essa tendência a iludir-se também aparece em suas relações sociais. Muitas vezes você interpreta mal a honestidade e a sinceridade dos outros e não compreende seus motivos, o que afeta seriamente seus julgamentos. Isto vem de sua falta de conhecimento de si mesmo. Ao conhecer-se melhor, você será capaz de evitar relacionamentos inadequados, e ao analisar os tipos de pessoas que geralmente o atraem e a espécie de relacionamentos daí resultantes, você poderá expor suas necessidades ocultas e padrões de comportamento e perceber melhor as escolhas inconscientes que você tende a fazer.

Pode ser que em certo ponto de sua vida você tenha que se retirar um pouco para chegar a essa compreensão, principalmente se estiver preso num círculo repetitivo de relacionamentos fracassados. As necessidades permanecem urgentes, mas uma mudança de atitude através de uma autocompreensão maior pode ser necessária. Certos padrões provavelmente originam-se das experiências e condicionamentos da infância. O relacionamento com os pais pode ter sido pouco satisfatório, principalmente na esfera das emoções. Por isso, você pode hoje estar sujeito a esses padrões emocionais contraditórios e ambivalentes — de necessidade e negação — quando há expectativa de comprometimento. Pode até haver sentimentos de culpa e não aceitação de suas próprias emoções. Uma fuga a um comprometimento pode ter sua origem numa evasão similar da mãe ou do pai na sua infância. Você pode estar tentando punir este genitor inconscientemente, rejeitando aqueles que querem se aproximar de você.

A escolha do parceiro é extremamente importante e é a chave de um relacionamento bem-sucedido, mas esta escolha depende do autoconhecimento para que ambas as partes sejam complementares e estejam em harmonia. Suas primeiras escolhas serão provavelmente insensatas e os relacionamentos, turbulentos, devido à confusão interna e a questões não resolvidas. Você poderá alcançar novas perspectivas sobre si mesmo e suas necessidades através de um período transformador de relativo isolamento nos relacionamentos, para que os padrões sejam dissolvidos através da compreensão, e assim conseguir *insight*, maturidade emocional e maior independência. A terapia individual e cursos sobre relacionamento são imprescindíveis ao desenvolvimento. O maior obstáculo ao prazer no relacionamento e à manutenção de um caso amoroso são seus próprios padrões secretos. Supere-os, e um novo mundo de experiências satisfatórias poderá abrir-se para você.

OPOSIÇÃO VÊNUS-LUA

Esta oposição indica que a grande fonte de insatisfação residirá na esfera dos relacionamentos sociais. Talvez haja bloqueios no trato com os outros, e você poderá sentir-se pouco à vontade emocionalmente no contato social. Este padrão pode ter sua origem na infância, na qual você se sentiu mal-amado, mal-compreendido e rejeitado pelos pais, principalmente pela mãe.

A oposição implica uma projeção psicológica de questões não resolvidas relativas a pessoas e ao mundo exterior, havendo assim a oportunidade de vivenciá-las, quando refletidas de volta para você. Suas tensões e atritos são incorporados pelos outros e demonstrados na natureza de seus relacionamentos. Você tende a sentir-se mal-amado, e esta insegurança é projetada nos outros, interferindo nos relacionamentos, já que a auto-imagem é comunicada a eles de forma sutil. As pessoas podem achar que você está escondendo algo e por isso começam a duvidar de sua sinceridade. O distanciamento resultante amplifica seus próprios sentimentos negativos e o medo de ser rejeitado, perpetuando o ciclo. As outras pessoas podem achar difícil ficar à vontade com você, ou sentem-se inclinadas a rejeitá-lo ou opor-se a você, entendendo mal suas tentativas de contato e comunicação, suspeitando de suas intenções e mantendo-o à distância.

Por estarem bloqueados, esses sentimentos vitalizadores e harmonizadores não conseguem se manifestar nos relacionamentos sociais. As pessoas podem achá-lo frio, antipático ou distante e que investir tempo e energia para conhecê-lo e aceitá-lo seria esforço demais. Sua aparente reserva e desconsideração pelo envolvimento social trabalha contra você. Não é isto o que você realmente quer, mas as inibições interiores são muito fortes para permitir que você transcenda estas barreiras quando desejar, ou que os outros as ultrapassem para virem em sua direção. Suas tentativas de partilhar e se comunicar são vacilantes, quase sempre superficiais e desprovidas de entusiasmo. Mesmo quando você admite os feitos de alguém ou demonstra apreço, pode haver nesse comprometimento um sentimento pouco convincente, como se você estivesse agindo de maneira socialmente correta, mas sem pôr nisso o coração. Como você sabe, isto não é verdade. A inabilidade para comunicar aos outros sua sensível natureza emocional dá uma falsa impressão de seu caráter.

Você pode fazer tentativas compensatórias de evitar o confronto com qualquer noção de insatisfação emocional, e elas podem incluir uma preocupação com renda, posses e conforto material, coisas que podem lhe dar um senso de identidade e de autovalorização, assim como refletir as tendências de Vênus à sensualidade e à luxúria. Você pode ser atraído pela atividade sexual sem envolvimento emocional profundo, se houver oportunidade, possivelmente para obter alguma segurança e atenção dos outros, assim como prazer. Comer demais ou negar-se alimento como na anorexia também podem ser ações compensatórias. Você pode assumir uma atitude passiva nos relacionamentos minimizando as rejeições causadas pelo descontentamento do outro ou pelos conflitos criados por sua agressividade.

Apesar de seu esforço, o atrito social persistirá e quase sempre explodirá através das emoções, causando crises de adaptação, até que você consiga resolver essas tendências interiores e entenda que, apesar de sua necessidade de aproximação, você distancia as pessoas. Essas barreiras interiores precisam ser desmanteladas, e para superar esses padrões inibidores você precisa assumir alguns riscos e superar essa necessidade de um confinante senso de segurança. Fique aberto ao contato, seja mais amistoso e menos distante, exponha-se mais facilmente, seja menos criterioso e relacione-se num nível mais intelectual e menos emocional, porque suas emoções ainda precisam ser clarificadas e curadas para que sua vibração agitadora se acalme. Aprenda a cooperar mais, fazendo ajustes efetivos e concessões. Assim, é provável que, com o tempo, a qualidade de seus relacionamentos melhore, permitindo que as energias emocionais bloqueadas sejam liberadas em segurança, à medida que você se abra para um novo tipo de contato com as pessoas e com o meio em que vive. A partir daí, talvez você descubra que possui algo muito valioso que pode ser compartilhado com os outros em benefício da comunidade. Se você conseguir fazer a transição, poderá ajudar as pessoas que, como você, têm dificuldades no relacionamento social. Pelo menos, quando você encontrar alguém que esteja numa situação semelhante à sua, poderá oferecer sua mão através do grande abismo, ajudando-o a sair de sua concha de insegurança.

CONJUNÇÃO MARTE-LUA

Os contatos Lua-Marte envolvem o relacionamento psicológico interior entre os padrões emocionais e instintivos profundamente arraigados e a capacidade de agir com decisão, através da geração de uma consistente vontade capaz de promover o sucesso dos objetivos pessoais.

A conjunção indica que você terá emoções e sentimentos extremamente fortes, que tenderão a colorir suas percepções e tomadas de decisão, cuja intensidade pode ser desconfortável e quase amedrontadora, principalmente em situações de paixão ou confronto. Você sabe que quando essas energias são liberadas, podem muitas vezes se expressar como mau humor, acessos de fúria, e essa divergência quase beligerante com os outros é, na verdade, um recurso de autodefesa. Por ser emocionalmente suscetível às reações dos outros e possuir uma ansiedade oculta, você pode criar um estado mental que o faça imaginar que os outros o estão criticando ou conspirando contra você. Mesmo antes de qualquer prova, você já está pronto para retaliar.

Os relacionamentos íntimos e sociais continuarão sendo controvertidos até que uma maior integração e compreensão dessas energias ocorram dentro de você. As emoções hesitantes e voláteis ajudam a estimular a agitação interior, e este atrito extravasa para suas trocas com os outros. Apesar de desejar relacionar-se melhor, muitas vezes existem problemas na esfera da cooperação e confiança, no trabalho e nas parcerias íntimas. Você é atraído e repelido pela intimidade emocional, e é incapaz de lidar facilmente com os sentimentos que brotam do fundo de seu íntimo devido a um certo grau de imaturidade emocional. Os outros podem perceber esses sentimentos avassaladores e ficar intimidados. A rejeição o atinge em cheio. Ao reagir contra a dor, você vocifera palavras duras com o intuito de causar dano e ferir, ou tem acessos de raiva infantil quando seus desejos são negados. Ser visto como perdedor corrói sua frágil auto-estima.

Essencialmente, um dos seus principais problemas é o excessivo foco autocentrado. Envolvido em seu mundo emocional particular, você não reconhece que os outros também têm necessidades, que são igualmente sensíveis e têm emoções com que lidar. Seu mundo é muito egocêntrico e gira em torno de seus próprios desejos, esperando que os outros o sirvam em vez de aceitar a solidariedade, muitas vezes rejeitando qualquer tentativa de comprometimento. Não perceber essas tendências não é desculpa, não conseguir reconhecer que os outros têm igual sensibilidade é negar a realidade. Se você reagir às críticas, as outras pessoas farão o mesmo com você.

Você pode, entretanto, transformar esta descrição aparentemente negativa da conjunção Lua-Marte numa abordagem mais positiva. Depende muito de uma avaliação honesta de seus relacionamentos e de como você irá lidar com suas próprias dificuldades interiores, principalmente sua inclinação a jogar qualquer frustração emocional sobre os que estão próximos, o que tende a tornar essas relações insatisfatórias, fracassando mais tarde. Estes sentimentos podem ser canalizados para objetivos mais positivos que conduzam a uma ação construtiva. Se você tentar conscientemente, mesmo que por pouco tempo, colocar-se no lugar dos outros e imaginar como é a vida da perspectiva deles, vendo-a através de seus olhos, sentindo através de seu coração, seu mundo egocêntrico poderá ser transformado, despertando a solidariedade e a compreensão latentes em você.

A Lua e Marte podem trabalhar juntos com sucesso se forem feitas certas adaptações, e os sentimentos de angústia e frustração pessoal se reduzirão através da conscientização das necessidades dos outros. Assim, é provável que você descubra um novo significado e propósito na vida. Você pode manifestar essa energia com um espírito de guerreiro das cruzadas, com uma poderosa e agressiva qualidade marciana, que pode gerar persistência e sucesso, assim como estimular uma real transformação em sua vida.

SEXTIL MARTE-LUA

O sextil e o trígono são provavelmente os aspectos Lua-Marte com os quais é mais fácil de se lidar embora o próprio sextil possa trazer dificuldades no malabarismo pessoal de emoções fortes com impulsos de ação enérgica e de desejo. Muitas vezes, você tentará impor um certo grau de controle mental sobre seus voláteis sentimentos. Isto ocorre porque as experiências anteriores mostraram-lhe que há um vulcão oculto em suas profundezas, que tem o potencial de entrar em erupção de forma agressiva e destrutiva se suas emoções forem provocadas ou você for submetido a tensão prolongada. Seu gênio pode inflamar-se às vezes, e se a pressão emocional estiver subindo no seu interior, você talvez venha a provocar discussões como desculpa para liberar parte desta energia maldita. E quando ela é liberada e a pressão diminui, você se sente muito melhor. A questão é: quanto dano você causou?

Enquanto as energias de Marte tentam levá-lo a agir espontânea e impulsivamente, os instintos protetores da Lua tendem a segurá-lo o suficiente para garantir-lhe um tempo para pensar e avaliar suas decisões. Isto evita que você aja agressivamente, o que provocaria conseqüências nocivas. Entretanto, geralmente o direcionamento de seus sentimentos e de sua ação determinada são bem sincronizados, interagindo para tornar seus objetivos possíveis. O bloqueio lunar temporário de sua ação impulsiva, que assegura que você pense antes de saltar para a ação, é um grande recurso.

Pode haver habilidade para lidar com questões financeiras e atração por esquemas empresariais e comerciais, pois você reconhece as oportunidades quando elas aparecem. Marte aumenta sua autoconfiança, dando-lhe coragem e iniciativa pessoal, que o ajudam a tirar o máximo de vantagem das situações, e muita energia para que você atinja seus objetivos. Como se sente confiante e seguro, você gosta dos desafios e mesmo os fracassos ocasionais não diminuem a fé em sua própria capacidade. Você adota o princípio filosófico de que "não se pode ganhar todas", e isto o ajuda a conquistar mais vitórias do que derrotas. A cooperação é um de seus pontos fortes, e o trabalho sobre relacionamentos íntimos com colaboradores ou com o público pode ser bem-sucedido, principalmente porque seu entusiasmo é transmitido aos outros, estimulando todos a querer participar de projetos comuns.

Sua natureza amistosa ajuda a comunicação social, e você tenta manter relações honestas com todos, procurando resolver qualquer discórdia através de sua disposição para discuti-las abertamente e mantê-las em perspectiva. Se tudo o mais fracassar, você vai fazer pelo menos um acordo, e se houver um impasse, você vai tentar garantir que as portas permaneçam abertas para uma futura negociação. Provavelmente você reconhece que sua primeira reação tende a ser emocional, o que pode mascarar a percepção que você tem dos outros. Por isto, você tenta minimizar esta conseqüência, dando-se um tempo para pensar nas coisas e, se ainda tiver dúvidas, prefere ceder. Você raramente busca o conflito, prefere controlar as pressões internas que podem ser liberadas através de sua vulnerabilidade emocional. Você aprendeu isto com a experiência, e depois traduziu-a em maturidade, compreensão e integração.

Em geral, você aprecia a vida, dando prioridade à vida doméstica e familiar, vê o lar como um santuário onde se relaxar e seus relacionamentos mais íntimos, como canais pelos quais suas fortes emoções podem fluir em segurança, de forma positiva e construtiva.

TRÍGONO MARTE-LUA

O trígono indica que as energias da Lua e de Marte estão potencialmente reconciliadas na psique pessoal, e a natureza mais problemática destas dinâmicas planetárias devem ser muito menos evidentes do que na conjunção, na quadratura e na oposição.

Apesar do nível intenso e forte das emoções e sentimentos, você terá confiança em sua capacidade de lidar com eles. Estes agem mais como uma fonte vitalizante de energia sob seu controle do que como um oceano interior que ameaça inundá-lo. Você acha que, ao aplicar sua determinação, pode canalizar suas energias em buscas criativas e imaginativas, ampliando os interesses pessoais e a carreira. Raramente você despende atenção ou energia com frivolidades; ao invés disso, enfatiza questões e projetos pessoais importantes, e, através de um esforço concentrado, garante que os eventuais resultados sejam positivos. Seu equilíbrio emocional é transmitido aos outros, e suas relações íntimas lucram com seu espírito aberto e agradável. Você aceita a necessidade de comprometimento e adaptação para que os relacionamentos e os contatos sociais sejam mais harmônicos. Por ter um temperamento não ameaçador e estar sempre pronto a estender a mão, é possível que você tenha muitos amigos e conhecidos. Você tem consideração pela humanidade em geral, mostrando tolerância, solidariedade e compreensão pela fragilidade das pessoas. Seu realismo quanto a suas expectativas também impede que a desilusão o faça sofrer indevidamente. Geralmente, sua percepção é precisa e realista, e saber que as pessoas podem passar por períodos de tensão e confusão significa que você raramente condena ou critica os outros através de comentários e atitudes cruéis.

Entretanto, você não é ingênuo e sabe afastar-se de pessoas que se aproveitam dos outros ou maltratam egoisticamente seus sentimentos.

Você se abre com facilidade com aqueles que podem se beneficiar de sua companhia e apoio, apreciando as qualidades dos outros e permitindo que as fraquezas inevitáveis sejam mostradas. Apesar de bem-equilibrado nos relacionamentos pessoais e públicos, você prefere manter sua independência, especialmente resguardando-se com certa privacidade, e pode irritar-se se alguém cruzar as linhas de demarcação que você secretamente traçou. Isto indica a tendência lunar de estabelecer padrões instintivos e barreiras protetoras. Se você achar que seus direitos naturais estão sendo infringidos em qualquer situação, você se levanta para lutar contra a opressão ou expressa claramente sua raiva com aquele que está invadindo seu território. Tais ações podem surpreender quem ainda não viu este aspecto de sua natureza em ação.

Quando surgem desafios em sua vida, você tende a enfrentá-los de forma positiva, esforçando-se para fazer o melhor possível, mas sem se preocupar em excesso se eventualmente fracassar. Sua auto-imagem é firme demais para ser abalada por esses fracassos. Embora, obviamente, ocorram decepções, você toma uma atitude filosófica frente à vida, vira as costas e segue em frente. Esta atitude será muito útil se você aplicar seus talentos na esfera das finanças, onde, se agir instintivamente, sua natureza empreendedora poderá levá-lo a obter grande sucesso.

QUADRATURA MARTE-LUA

O aspecto da quadratura indica que haverá tensões e frustrações interiores, relacionadas com o modo como você expressa seus sentimentos e sua vontade ativa, e que pode haver conflito se você tentar impor sua vontade de uma maneira que não se adapte a suas necessidades emocionais e aos seus instintos. São esses estresses internos que freqüentemente impedem que seus relacionamentos e sua carreira sejam plenamente satisfatórios ou bem-sucedidos. É provável a inconstância emocional, e você pode estar propenso a ataques de fúria ocasionais se a pressão interna transbordar, ao ser provocada.

Sua inabilidade em controlar as emoções contidas, aliada a uma tendência à paranóia, mantém as emoções em permanente turbilhão, manifestando-se em discussões e brigas. Às vezes, parece que você usa os argumentos como pretexto para se auto-afirmar, embora tais discussões se destinem mais a liberar energias reprimidas do que promover uma verdadeira troca de pontos de vista. De fato, sua tendência a rejeitar as convicções e opiniões dos outros sem uma cuidadosa avaliação, adotando um estilo que pode chegar ao insulto declarado e ao ataque verbal, afasta as pessoas e desvia-o de seu próprio caminho. Finalmente, a cada dia diminui a ajuda e o apoio que os outros lhe dão.

Se o lado belicoso de seu temperamento tornar-se cada vez mais dominante, podem ocorrer perturbações psicossomáticas, estimuladas pelo estresse do conflito interpessoal ou pela repressão da raiva. É possível que surjam problemas de intestino e estômago, com eventual aparecimento de úlceras. Você precisa aprender a liberar esses sentimentos de forma construtiva, ou pelo menos inofensiva, talvez explorando métodos de relaxamento e compreendendo gradualmente sua complexidade emocional através de técnicas de auto-ajuda.

Você pode ser muito egocêntrico, pretendendo seguir seu próprio caminho, a despeito do impacto que isto possa ter sobre os que estão próximos de você. Às vezes, você usa suas energias marcianas quase como uma clava para abrir caminho, recusando-se a fazer concessões ou a comprometer-se com os outros, exigindo que estes se adaptem aos seus desejos e necessidades, ao mesmo tempo em que nega qualquer validade aos anseios alheios. Você deve se dar conta de que ''dar e receber'' estabelece um equilíbrio e um movimento de energias mais adequado nos relacionamentos. Você pode esperar que eles satisfaçam suas necessidades, mas, da mesma forma, eles exigirão alguma retribuição.

Freqüentemente, seus instintos e necessidades emocionais entram em conflito com sua vontade de agir, e você fica confuso quanto ao que deve escolher. Esta incapacidade de saber que caminho seguir aumenta sua frustração, e quem tenta ajudá-lo é rejeitado por estar interferindo; você prefere trilhar um caminho independente, mesmo que seja solitário.

O medo de que os outros possam ameaçá-lo tende a estimular seus instintos defensivos, e esta inquietude pode vir a se tornar uma influência velada por toda a sua vida, mesmo que infundada. Geralmente, sua própria belicosidade e mau humor geram a ira dos outros e tornam seus relacionamentos sociais complexos e insatisfatórios. Você precisa desenvolver um senso de auto-estima baseado na valorização de sua própria natureza, e não no quanto de submissão você consegue impor aos outros quando desafiado. Este tipo de tática agressiva para atingir um senso espúrio de superioridade faz mais inimigos do que amigos. Isto ocorre principalmente no ambiente profissional, que tende a ser insatisfatório, e onde as pressões e tensões auto-impostas nessa esfera têm influência direta sobre outras áreas de sua vida e relacionamentos.

Apesar de sua vulnerabilidade e sensibilidade inatas, suas atitudes podem permanecer imaturas e não integradas. Como conseqüência de seu próprio problema interno, sua percepção e sensibilidade em relação aos outros podem ficar diminuídas. As outras pessoas devem ser vistas como fatores enriquecedores em sua vida, e não como ameaças ocultas. Você deve se concentrar mais na cooperação e menos na competição. Precisa desenvolver transigência e confiança, assim como uma nova percepção de sua própria natureza que inclua a realidade dos outros. Conscientize-se destas tensões internas, mas aprenda a encontrar canais construtivos para liberar suas energias, em vez de permitir que elas contaminem, com frustrações, outras áreas de sua vida e relacionamentos. Isso requer autodisciplina e um comportamento menos beligerante. As drogas e o álcool devem ser evitados, já que podem agitar ainda mais suas emoções, incitando-as a uma inconstância maior.

Há probabilidade de problemas nos relacionamentos domésticos e íntimos, a não ser que você adquira maior compreensão e maturidade. Os homens podem tentar ser muito dominadores e agressivos com as mulheres, fazendo o papel de "machão". Não compreendem e não são sensíveis ao temperamento feminino, fazendo uso da repressão através da afirmação do poder bruto, sem solidariedade, identificando-se com Marte e negando a Lua. As mulheres podem reagir passivamente a um parceiro mais dominador e, no processo, negar seus instintos e emoções, mandando-os para o inconsciente, onde eles se intumescerão e ganharão uma força oculta, esperando o momento certo para se soltar e destruir um estilo de vida enclausurante.

OPOSIÇÃO MARTE-LUA

O aspecto de oposição projeta as tensões internas e questões não resolvidas nos relacionamentos sociais, e é provável que esta esfera venha a ser problemática em sua vida e um cenário periódico de crises. Você talvez use os relacionamentos para liberar as pressões internas através de discussões, divergências, provocações e antagonismos, tirando vantagem de questões até mesmo triviais para transformá-las em conflitos e confrontos cheios de energia. Obviamente, isto afeta suas perspectivas profissionais e a vida doméstica, e os sentimentos de rebelião são sempre estimulados por qualquer tentativa de imposição da vontade do outro através de autoridade ou crítica. Quem atravessar este limite ou irritar seus sentimentos está sujeito a ser enfrentado por um caráter extremamente obstinado e teimoso.

Os colaboradores logo perdem a paciência com o colega emocionalmente instável que se torna agressivo de repente frente a qualquer crítica ou comentário pessoal, e as pessoas aprenderão a evitar o contato com você, se seu comportamento for esse.

Você se sente constrangido e desconfortável com sua natureza não integrada, e os outros, igualmente, podem achar difícil compreendê-lo. A contínua dificuldade que sua natureza lunar tem de trabalhar em harmonia com a energia afirmativa de Marte deve ser resolvida. Às vezes, a polaridade favorece termporariamente um dos planetas, e no caso de Marte, você está sujeito a comportar-se de forma impulsiva, tomando decisões e agindo de forma intempestiva, e estas decisões podem ser bastante irracionais, estúpidas e imprevisíveis. Porém, ao mesmo tempo, tais atitudes podem retirá-lo de uma situação estática. Expressar a energia da Lua pode torná-lo autoprotetor e cauteloso, permanecendo preso ao *status quo* e temendo transcender os limites da família e do comportamento padronizado. O desafio é unir essas energias numa expressão complementar, honrando igualmente uma e outra como necessárias e válidas.

Parte dessa natureza agressiva e determinada pode ter se originado de seu relacionamento com a mãe. Pode ter havido negação de seus sentimentos na infância e falta de contato verdadeiro, ou podem tê-lo submetido a um regime opressivo de tarefas e comportamentos em casa. Na vida adulta, você pode se recusar a submeter-se com facilidade a isto novamente, ainda que reflita este padrão tentando impor sua vontade. Na sua busca de superioridade emocional, talvez você seja determinado demais em seu desejo de ser um líder e não um seguidor. Com freqüência, isto é resultado de uma visão distorcida de sua natureza, tanto para você mesmo quanto para os outros, uma vez que cai na armadilha de tentar ser "o número um", comportando-se de forma fria, arrogante e agressiva. Você detesta que os outros resistam à sua vontade, e quando isto acontece, você reage com um ataque pessoal. Às vezes, esta atitude antagônica pode funcionar, mas conseqüentemente seu custo é maior que o das abordagens mais moderadas.

Porém, com freqüência, sua personalidade pode parecer atraente aos outros, e há uma vitalidade em sua natureza que pode intrigar algumas pessoas, mesmo que seja uma expressão distorcida das energias planetárias. A escolha de companheiros, tanto amigos como amantes, é uma das áreas onde suas fraquezas podem aparecer, já que você se sente atraído por pessoas que acabam se mostrando desajustadas, com dificuldades emocionais igualmente voláteis. Os relacionamentos íntimos podem ficar limitados à expressão física ou se iniciar por razões materiais, porque muitas vezes há repressão das dimensões emocionais e sutis do contato interpessoal. É difícil manter esses relacionamentos por muito tempo depois que a atração inicial diminui.

Você pode ser atraído por promessas de emoção que talvez o conduzam a áreas duvidosas, nas quais a emoção nem sempre é benéfica. Isso vai depender da escolha que você fizer dos companheiros, uma vez que este aspecto pode levar à dissipação e perda de oportunidades, se não for feito um esforço para reconciliar tendências conflitantes. Da mesma forma, talvez você não consiga levar a termo promessas feitas a outrem de mudar sua polaridade planetária interior. Cumprir com suas obrigações e responsabilidades não é o seu forte.

Estilos de vida estáticos e parcerias rotineiras podem não satisfazê-lo, e as reações contra tais padrões podem levar à tensão nervosa, com a ocorrência de doenças psicossomáticas ligadas às funções digestivas.

Reconhecer que os outros existem e merecem igual respeito pode ajudá-lo a moderar suas tendências dominadoras e a ver que as outras pessoas também têm uma natureza sentimental sensível que pode melhorar a compreensão mútua. Através de um autocontrole maior, você poderá adquirir uma noção mais clara sobre seus relacionamentos. Aceitar a necessidade de viver harmoniosamente em sociedade pode ajudá-lo a reajustar seu senso de proporção e permitir que você perceba que pode contribuir para o bem-estar de todos, em vez de apenas entregar-se a um antagonismo alienado. Transformar este lado de sua natureza trará grandes benefícios pessoais e também gerará um crescente sentimento de auto-estima e paz interior. Isto despirá a qualidade de agitação e estresse de suas emoções reprimidas, e, uma vez que sua percepção seja descontaminada, você descobrirá uma clareza de pensamento e ação determinada que poderão ser usadas a seu favor.

CONJUNÇÃO JÚPITER-LUA

Com a conjunção, sua resposta sentimental essencial estará alinhada com pessoas e seu ambiente; isto tende a torná-lo socialmente consciente, e a maior parte de sua atenção estará focalizada nesta direção. Isto envolve uma expansão do *self* no mundo exterior, e sua maior preocupação será o bem-estar da sociedade e dos que estão à sua volta.

Você terá uma fé inata na bondade do universo e da humanidade, e tentará transmitir uma visão positiva e criativa da vida para os outros, para seu benefício e da sociedade como um todo.

Em um nível interior profundo, você sente uma ligação com seu ambiente e reconhece a poderosa influência que a qualidade dele pode ter na sua sensação de bem-estar, positiva ou negativamente. Da mesma forma, você reconhece que também pode intervir no mundo, e buscará formas de expressar sua natureza solícita. Seus sentimentos alcançam as pessoas e são tocados pelos que necessitam sinceramente de apoio, ajuda e cuidados. Ver os que são carentes ou os menos favorecidos abre seu coração e estimula sua mente a conceber formas de auxiliá-los. Vendo através de olhos compassivos e solidários, você sente que muito pode ser feito para que a assistência social seja mais eficaz, e você pode acreditar que possui respostas certas e soluções para os desafios sociais.

Às vezes você responde com excessiva emoção ao sofrimento humano, mas é preferível isto do que reação nenhuma. Porém, estas reações emocionais devem ser temperadas com um pensamento mais pragmático e descomprometido, caso contrário você pode se tornar muito envolvido e afetado pessoalmente para ser capaz de oferecer uma ajuda efetiva. O impulso que surge em você é o da assistência mundial, pois você sente maior satisfação em dar do que receber, e confia naquela sensação de força interior e de unidade com a vida.

Você pode se envolver com vários grupos de interesse social, com aqueles que têm uma visão progressista do potencial da humanidade, ou com os voltados a satisfazer as necessidades dos menos favorecidos. Talvez seja atraído a apoiar o trabalho de serviços de ajuda internacionais ou decidir trabalhar com grupos sociais estabelecidos, tais como igrejas ou organizações educacionais ou políticas. A medicina e o direito também têm possibilidade de atraí-lo. A força de suas convicções pode lhe dar um zelo quase missionário, e você se inclinará a prestar uma assistência compulsiva, numa tentativa infrutífera de mudar o mundo sozinho. Esta tendência deve ser equilibrada, e o entusiasmo excessivo, refreado, mesmo que apenas para proteger sua própria saúde e estabilidade. Você precisa regular seu ritmo para assegurar a continuação de sua contribuição social. Períodos de descanso e de relaxamento também são essenciais para renovar suas forças, e são uma parte necessária de sua própria cura. A perseverança constante lhe possibilitará colher maiores resultados do que o rápido esgotamento em um lampejo de atividade excessiva. Mudar o mundo é um projeto a longo prazo! É igualmente válido aproveitar seu tempo com a própria família, contribuindo para seu desenvolvimento. Você sentirá profundos laços emocionais com a vida doméstica, desejando inculcar uma consciência social também em seus filhos e amigos.

SEXTIL JÚPITER-LUA

Com o sextil, você apresentará uma resposta tanto emocional quanto intelectual ao seu ambiente, apesar da tendência natural à atividade e ao estímulo mental. É uma combinação benéfica, pessoal e socialmente. Para você, a vida é fascinante, e um dos principais impulsos de sua personalidade é a curiosidade insaciável, o que resulta na absorção de uma quantidade considerável de informações. Isto lhe dá uma perspectiva mais ampla das complexidades da sociedade contemporânea e o encoraja a contribuir de forma positiva para melhorar a qualidade de vida.

Por ter um intelecto tão perceptivo e ativo, você pode ser atraído por profissões que reflitam o valor da mente e a aplicação do intelecto no conhecimento existente e na resolução de problemas, entre elas: medicina, direito, educação, finanças, religião, instituições de assistência social e de caridade. Pode haver tino para os negócios, para identificar tendências sociais em expansão e vender os produtos adequados à satisfação dos desejos e necessidades do consumidor.

Seus relacionamentos sociais são em geral satisfatórios e variados, e você parece possuir uma compreensão intrínseca das pessoas, fazendo uso disso em seus contatos, o que também pode beneficiar sua carreira e os negócios. Você tem um espírito sociável e amistoso que lhe permite não apenas perceber o potencial das pessoas mas também ajudá-las a descobri-lo e a reconhecer a realidade e as motivações presentes. Em sua própria vida, você é razoavelmente claro quanto ao seu próprio caminho e intenções, mantendo uma atitude confiante, otimista e positiva que o ajuda a estabelecer seus objetivos. Você olha para a frente, para o sucesso, prosperidade e satisfação crescentes, voltando ao passado apenas para tirar uma lição benéfica de experiências vividas.

Se você decidir buscar a autocompreensão através da religião, da ciência, da meditação e de técnicas de auto-ajuda, é possível que isso lhe traga grandes benefícios, tornando melhores seu entendimento, propósitos e direção na vida e mostrando-lhe meios de aplicar seu potencial com eficácia. Subjacente ao seu intelecto pode haver um sentimento religioso e um idealismo social e moral, alimentados pela solidariedade e consideração.

Sua imaginação será ativa e, associada à compreensão inata que você tem das pessoas, sua capacidade intelectual pode gerar um potencial criativo que pode estar ligado à literatura ou envolver a palavra falada, e o que você expressa pode ser valioso para os outros, devido aos *insights* que você tenta comunicar. Isto pode estar centrado no "raio de esperança" da vibração de Júpiter, que transmite otimismo, positividade e apoio aos necessitados. Doar-se desta forma pode se tornar parte de seu caminho, ajudando os outros a resolver seus problemas e a desenvolver seus próprios potenciais latentes. Você tem uma natureza generosa e compreensiva, recusando-se a condenar as pessoas quando elas estão sendo apenas humanas. As pessoas podem procurá-lo em busca de orientação.

Você quer uma vida doméstica emocionalmente satisfatória, e devotará muita atenção para construir um ambiente confortável e um relacionamento agradável. Você necessita de laços emocionais profundos e completos e buscará um parceiro adequado para compartilhar sua vida, alguém com quem possa haver um contínuo desenvolvimento pessoal que enriqueça a vida de ambos.

TRÍGONO JÚPITER-LUA

Você provavelmente tem atitudes positivas e otimistas que contribuem para sua sensação de bem-estar e que são comunicadas através de seus relacionamentos. Como suas energias fluem com facilidade, você acha que estabelecer contato com os outros é natural e divertido, e sua vida se expande com a liberação de seu abundante entusiasmo. Você pode ser sensível a influências ambientais ou a reações negativas das pessoas, mas tem uma capacidade de recuperação natural e prefere resolver quaisquer problemas pessoais o mais cedo possível, raramente permitindo que eles estraguem por muito tempo sua alegria de viver. Você prefere um estilo de vida simples, sem complicações, repleto de satisfações e não tolera qualquer intromissão negativa.

Consideração por todos, generosidade e um espírito altruísta e humanista estarão presentes, e estas qualidades podem levá-lo ao envolvimento social, talvez como resultado dos sentimentos de dever moral e cívico. Associado a isto, pode haver um idealismo religioso profundamente arraigado, especialmente do tipo inspirado pela parábola cristã do Bom Samaritano. Você terá um senso de responsabilidade social e apoiará tentativas de melhoria da qualidade de vida dos necessitados; para você, a força de uma sociedade está no nível de apoio, cuidado e atenção que ela dispensa aos menos favorecidos e não na sua penalização por serem menos capazes que outros.

Pode haver um potencial criativo e imaginativo que você deve desenvolver, mesmo que isto se manifeste apenas no interesse por passatempos, talvez artísticos ou literários, uma contribuição que será enriquecedora para sua própria vida e a dos outros. Para alguns, o desenvolvimento gradual deste potencial pode vir a ser um objetivo de vida e a carreira em si mesma.

Os amigos podem achar que sua autoconfiança é um apoio e um reforço, e é possível que você venha a se tornar um conselheiro e confidente para eles. Contanto que não seja uma dependência parasita, seu conselho pode ser benéfico para os outros, ajudando-os a enfrentar e resolver seus desafios. Entretanto, você precisa ser capaz de distinguir se as pessoas estão utilizando realmente seus conselhos e apoio para resolver as dificuldades ou se elas estão apenas transferindo parte da carga para você, sem fazer esforço para resolver o problema. A parábola das sementes que caem sobre a pedra é adequada, neste caso. Para conseguir empregar melhor seus talentos e habilidades, você precisa determinar um enfoque claramente definido para eles, para evitar que eles se dissipem em várias direções ao mesmo tempo.

Em seus relacionamentos íntimos, você procura parceiros de alto nível, pessoas com quem você possa vivenciar um relacionamento profundo e significativo, intelectual e emocionalmente satisfatório, pessoas que também estejam seguindo seu próprio caminho na vida para desenvolver seu potencial. Você prefere que os parceiros sejam autoconscientes, possuam auto-entendimento e maturidade. Você se sente menos atraído pelos que trazem caos e confusão a sua vida, desviando-o da direção escolhida. Você prefere a paz e uma relativa harmonia, porque, prevenindo-se para não afundar numa estagnação letárgica, esta é a melhor base para começar a se trabalhar. Uma vez que comprometa suas emoções, você é muito fiel e devotado ao parceiro, sempre buscando formas de melhorar o relacionamento. A vida familiar e doméstica é importante para você, e muita alegria virá desta fonte.

QUADRATURA JÚPITER-LUA

A quadratura indica que você pode ter dificuldades em unir sua sensibilidade e natureza emocional com seu impulso pessoal de expandir e desenvolver seu potencial inato; os dois conjuntos de mensagens internas ou entram em conflito ou não conseguem se unir, diminuindo a clareza de sua intenção e motivação. Por exemplo, você pode muito bem possuir certa habilidade criativa, mas não consegue expressá-la de forma tangível por não se esforçar o suficiente para desenvolvê-la. Você tende a reagir contra quase todos os tipos de trabalho árduo, e pode ter, às vezes, uma atitude preguiçosa e apática, especialmente se tiver pouco interesse pelo trabalho a ser feito. Subjacente a isto está uma crença de que você deve ter uma vida fácil, com poucas preocupações, o que lhe permite ser auto-indulgente; parte disto pode ter surgido da relação com seus pais, que o serviam e mimavam, ou faziam-no sentir-se especial e encorajavam a crença de que o mundo poderia cuidar de você.

Você vai reagir ao mundo através de um poderoso filtro emocional, que condicionará a percepção e avaliação de suas experiências. Serão feitas menos análises e avaliações intelectuais, já que suas respostas emocionais instintivas serão mais valorizadas. Tal abordagem pode não ser sempre vantajosa, e ao longo do tempo você pode começar a dar-se conta de que confiar apenas nas respostas emocionais pode prejudicar suas decisões, freqüentemente levando-o a direções inadequadas que poderiam ter sido evitadas com o uso de uma abordagem mais racional. Como as emoções podem crescer e minguar, é possível que venha a faltar consistência a suas atitudes e relacionamentos; a maturidade requer uma estabilidade maior. A tendência à tomada de decisões impulsiva e emocional deve ser superada pelo planejamento deliberado; a pressa em satisfazer desejos imediatos pode trazer arrependimentos a longo prazo.

Você pode precisar adquirir um maior realismo em relação às pessoas e ao mundo material. Às vezes, seu otimismo e projeções emocionais são muito extremados, e seus sentimentos, amplificados no "maior amor de todos os tempos". Além disto, sentimentos sinceros de generosidade podem levá-lo à falência, talvez devido a extravagâncias, empréstimos a pessoas erradas ou apenas por falta de talento para lidar com finanças. Seja extremamente cauteloso para não superestimar perspectivas de negócios. Você pode se beneficiar de conselhos de especialistas em finanças, apesar de, mesmo aqui, ser necessário um considerável discernimento, para evitar escolher o tipo errado de conselheiro.

Seus relacionamentos íntimos e sociais podem ser hesitantes às vezes, já que você passa do humor expansivo para a preocupação interior, dependendo das relativas forças flutuantes da Lua ou de Júpiter. Você tem um espírito independente e freqüentemente pode achar que não precisa realmente de muito contato social. Assim, suas amizades podem se caracterizar por raros contatos, indiferença e volubilidade. Você faz tudo a seu jeito, com completo entusiasmo e determinação, apesar de temporário, ou com apatia e desinteresse. Estas tendências flutuantes podem ser corrigidas e transformadas, se você decidir trabalhá-las seriamente. A autodeterminação e a aplicação concentrada é um caminho a tomar quando você tiver realmente optado por uma direção adequada que ofereça um potencial de maior significado e propósito.

É provável que você, desde cedo, não fosse muito ambicioso, preferindo a liberdade, agindo com pouca responsabilidade e entrando e saindo de situações e relacionamentos quando bem queria, sendo dirigido por seu pêndulo emocional. Esta pode ter sido uma fase de devaneios e explorações, sem qualquer objetivo. Isto pode continuar se repetindo, com ênfases e graus variáveis, até que você tenha necessidade de enfrentar responsabilidades, o que talvez se dê através do casamento, compromissos financeiros e criação de filhos.

"Ter que assumir" pode atirá-lo de encontro a várias percepções. Você poderá começar a empreender um grande esforço para fazer sua vida estimulante, a fim de evitar que ela se torne monótona e restritiva, e a necessidade de planejamento e organização pode ajudá-lo a ver como isto faz a vida fluir mais suavemente, com menos conflitos ou altos e baixos. A consciência social pode se fortalecer, à medida que você se torne menos preocupado consigo mesmo, e as tendências a fantasias extravagantes se modificam através do reconhecimento das limitações da vida real. Quando a realidade invade, as ilusões devem se dissipar; se persistirem, a realidade estará sendo ignorada.

À medida que a maturidade aumenta, você pode começar a tomar novas direções sociais, iluminando sua consciência emergente e sua sensibilidade e liberando talentos anteriormente inibidos. A preocupação e a atividade social podem começar a substituir o desejo de liberdade emocional, e você pode começar a trabalhar em caminhos destinados a beneficiar aqueles socialmente desfavorecidos.

Se chegar a esta direção por caminhos religiosos ou políticos, você deve estar consciente de que sua tendência a atitudes desequilibradas ainda pode persistir. Seu poder emocional deve ser canalizado para o proselitismo zeloso; você pode se tornar obsessivo com o novo caminho que escolheu e perder a perspectiva realista com o despertar de seu entusiasmo. Aprenda a moderar esta tendência e permita aos outros a liberdade de seguir seus próprios caminhos, caso contrário isto aumentará os conflitos com seus pais, amigos e com as tradições sociais.

OPOSIÇÃO JÚPITER-LUA

Uma das maiores dificuldades pessoais com a oposição é o mal-estar causado pela falta de autoconfiança, principalmente quanto às suas habilidades e valor individual. Esta perda de energia com as dúvidas quanto ao seu potencial tende a diminuir seu nível real de realização, tornando-se um ciclo vicioso que deve ser rompido. Emocionalmente, você se sente incapaz de avaliar suas próprias habilidades ou esforços criativos; eles estão próximos demais de você, muito peculiarmente íntimos de sua natureza e de seu bem-estar. Porém, há em você este potencial criativo, se quiser correr o risco de liberá-lo; você precisa sentir o apoio dos outros para fazê-lo, e se sentirá mais fortalecido e acreditará em seu talento quando for reconhecido por aqueles cujas opiniões você respeita.

Você tende a proteger sua sensibilidade e os sentimentos vulneráveis, apesar de poder descobrir que grande parte do sofrimento em sua vida provém dos seus relacionamentos. Isto pode incluir atrito com os pais, seja durante a infância ou mais tarde; romances e casos amorosos malsucedidos; ter sido usado por colegas ou amigos inescrupulosos; ter havido disputas em seu próprio lar, por exemplo, pelos filhos. Você prefere evitar o confronto emocional de qualquer origem, apesar de que a fuga freqüentemente exacerba o conflito final e inevitável em tais situações. Você prefere formar uma boa imagem de todos, concedendo-lhes o benefício da dúvida e contando com a confiança mútua; infelizmente, é comum haver decepção. Sua avaliação de caráter pode ser, com freqüência, mal direcionada ou pouco perspicaz, e a discriminação não é o seu forte.

Doar-se aos outros é sua forma de expressão natural, sugerida por sentimentos sinceros e genuínos ou pelo desejo de ter sua afeição; mas há muitos "exploradores" no mundo esperando por pessoas assim, e você precisa evitar compromissos e decisões emocionais, até a experiência lhe mostrar que a pessoa é honesta e verdadeira. Sua generosidade deve se limitar àqueles que apreciam e valorizam esses gestos.

Você pode descobrir uma saída adequada para seus sentimentos e preocupações sociais, se decidir trabalhar para o bem-estar das pessoas. Seu senso de responsabilidade civil é bem desenvolvido, e você pode considerar as atividades comunitárias um dever moral de um cidadão responsável. Certamente, trabalhar para o bem da sociedade lhe traz satisfação de diversas maneiras e reforça sua auto-estima. O cuidado e a preocupação sinceros são vitais para muitos em todas as sociedades, e nunca haverá nesses movimentos assistenciais amor suficiente para oferecer conforto aos que sofrem e assim continuarão por muitas décadas. Por causa de sua insegurança, você pode ter empatia pelos desprovidos socialmente, e através de um possível contato com eles você pode encorajá-los a erguer a cabeça e desenvolver seu potencial. Na realidade, isso também resulta em benefício para você mesmo, ajudando-o a crescer e se expandir e criando benefício mútuo através da interdependência.

Você deve se precaver contra a tendência à intranqüilidade, que pode perturbar seu estado interior e seus relacionamentos. Quando pressentir um período de inquietude e insatisfação, você precisa buscar novas fontes de interesse e atividade ou outras fontes de nutrição emocional. Isto requer o desbloqueio de atitudes e valores que estão cristalizando padrões de comportamento e inibindo o livre fluir das energias emocionais. A dependência dos padrões de segurança tende a restringi-lo, acabando por aprisioná-lo em um comportamento repetitivo, e este auto-aprisionamento deve ser sempre evitado.

CONJUNÇÃO SATURNO-LUA

A combinação Saturno-Lua não é especialmente harmônica, e em todos estes contatos a natureza lunar do indivíduo é afetada, quase sempre de forma prejudicial.

Neste aspecto, é provável que você expresse um tipo de personalidade sombrio, auto-restritivo e conservador. Pode haver uma falta de espontaneidade e entusiasmo na sua forma de relacionar-se socialmente, uma reserva e defesa emocionais. Portanto, pode ser difícil para você expressar-se socialmente, ficando apreensivo quanto ao contato social e à vida em geral. Pode ter falta de fé na vida, tendendo a uma visão de mundo pessimista, e esta atitude negativa e restritiva também irá inibir a expressão de seu próprio potencial.

Sua auto-estima é diminuída por esta atitude dominante que age como uma sombra caindo sobre seus relacionamentos e experiências. A origem disto pode estar na sua infância e no condicionamento social a que você foi submetido. Talvez suas primeiras experiências na infância tenham sido negativamente influenciadas pela disciplina familiar, quem sabe manifestada através de autoridade dos pais ou de crenças religiosas, políticas ou sociais duramente impostas. Talvez tenha havido convulsões familiares e discórdia ou você foi vítima do sentimento de que não era realmente querido e amado por seus pais — fosse ou não verdade. Como resíduo, há o medo de manifestar suas emoções, para os outros e para si mesmo, e sua necessidade de proteger sua sensibilidade foi associada a "experiências negativas". Na vida adulta, pode ser que você ainda sinta ressentimento, atitudes profundamente contraditórias e emoções fortes em relação ao pai ou à mãe.

Haverá uma inquietação quanto à integração emocional; é um nível de sua natureza que permanece incômodo e relativamente imaturo e vai influenciar seus esforços para criar relacionamentos adultos, que podem se desenvolver com dificuldades após os estágios iniciais. A falta de autoconfiança e uma relutância interior em tornar seus sentimentos vulneráveis aos outros tendem a fazê-lo se refugiar nos padrões negativos de comportamento, diante da possibilidade de um relacionamento íntimo. Você precisa se abrir mais e arriscar-se à rejeição para alcançar maiores probabilidades de sucesso; aprenda a confiar nos outros e comece a se libertar desta prisão. É óbvio que escolher adequadamente seus relacionamentos é um fator-chave, e você precisará ser cauteloso.

É necessário aprender a dissolver os laços que o prendem ao passado. Provavelmente você está emocionalmente ligado a lembranças e posses materiais, mesmo que sua infância não tenha sido particularmente satisfatória. Libertar-se das correntes do passado trará um grande alívio e será uma libertação para você; pode não ser fácil, porém isto talvez seja a chave de um futuro promissor. É possível que você se surpreenda com o fato de que as experiências e os condicionamentos passados afetaram sua personalidade adulta. Buscar formas de curar e integrar sua criança interior pode ser extremamente benéfico e transformador.

Dar este passo adiante pode permitir que você melhore a qualidade de seus relacionamentos. Aí está o potencial para que você aprecie contatos maduros com outros parceiros essencialmente sérios e pensantes, que dão maturidade e profundidade ao relacionamento e possibilitam um desenvolvimento emocional progressivo à medida que a participação aumenta através de cada nível: físico, emocional, mental e espiritual. Se isto acontecer, você viverá o despertar de uma visão positiva e otimista, ao ir se libertando do peso do passado, redirecionando sua energia emocional para padrões mais adequados. Os outros podem encorajá-lo a seguir em frente e, se o fizerem, aceite seu apoio. Você precisa de um pequeno estímulo e convicção de seu próprio valor.

É provável que haja progresso em sua profissão graças a sua habilidade de dirigir a atenção a uma esfera definida de ação, principalmente no início da idade adulta, embora suas emoções sejam até certo ponto controladas e provavelmente reprimidas. Você tende a armazenar suas emoções num compartimento separado e trancado, apesar de necessitar de sua sensibilidade para perceber os sentimentos dos outros se estiver desempenhando um cargo administrativo. Normalmente você demonstra honestidade, impessoalidade, imparcialidade, competência e eficiência no emprego, gostando de cargos de autoridade e responsabilidade e vai esperar padrões comparáveis de comprometimento por parte dos outros. As áreas que podem atraí-lo incluem direito, medicina, negócios, política e educação.

SEXTIL SATURNO-LUA

Com o sextil, é mais fácil lidar com a relação entre estes dois planetas, e embora a restrição emocional subjacente ainda permaneça, ela é menos limitadora, já que a luz da mente ajudará a dissipar a escuridão interior, ajudando-o a compreender e resolver seus conflitos emocionais.

Apesar de reconhecer que não tem todas as respostas, você vê que o ato de tentar entender ajuda a construir uma ponte, dentro de sua própria natureza ou entre você e os outros, e assim você tem aprendido a ouvir e estar pronto para falar de problemas com os outros, para apoio e benefício mútuos. Para você, ''um problema compartilhado é um problema dividido ao meio'', e você sabe que é mais provável que uma abordagem realista dos problemas emocionais traga uma solução construtiva. Você ainda será levado a ajudar a si mesmo, porque tem uma personalidade essencialmente séria, cautelosa e reservada, sentindo-se pouco à vontade para revelar seus sentimentos aos outros, a menos que se trate de velhos e confiáveis amigos ou a família. Mas os outros podem começar a buscar seu apoio, não necessariamente por acreditarem que você tem as respostas, mas porque acham que você respeitará e reconhecerá seu sofrimento e confusão emocional, e uma forma de apoio e aceitação podem ser transmitidos nesse reconhecimento mútuo.

Geralmente você tentará aplicar uma abordagem inteligente à vida, fundamentada no senso comum e na integridade pessoal. Será eficiente, prático, pragmático e ordeiro em todas as tarefas que assumir, contando com a confiança dos outros para realizá-las de uma maneira organizada e atenta, seguindo os procedimentos habituais. Você trabalha bem em ambientes tradicionais com práticas de trabalho estabelecidas, e espera-se que você se adapte a elas. Isto satisfaz as características de Saturno. É provável a atração por direito, medicina, política, administração, administração pública local e educação. Você poderá explorar suas possíveis habilidades financeiras, especialmente nos negócios.

Existe em você uma aura de respeitabilidade e realismo; você não é um sonhador ineficiente, mas basicamente um membro confiável da sociedade, com padrões de comportamento de relativo alto nível. Você não compromete sua integridade pessoal, mesmo que isto signifique perder oportunidades. Entretanto, se tudo parece fora de alcance, você geralmente fica alerta para tirar vantagem de qualquer oportunidade que surja. A persistência e a determinação são dois de seus talentos, e você tenta aplicá-los em qualquer tarefa que estabelece para si mesmo. Você é razoavelmente ambicioso, sem ser obsessivo, e de qualquer forma provavelmente progredirá de modo estável.

Você é atraído pelo autodesenvolvimento, estudo e aprendizado, apreciando aumentar seu conhecimento e compreensão, e embora limite isto às áreas específicas de interesse, se desejar, você pode desenvolver um conhecimento muito especializado. Isto pode então ser compartilhado com outros através de alguma forma de ensino, já que você tem capacidade para comunicar seu conhecimento de forma eficaz.

Você prefere amigos e parceiros que, como você, sejam inteligentes, sérios e pensantes. As amizades próximas e a lealdade são importantes para você, e isso o levará a formar um grupo pequeno e seleto de confidentes ao seu redor, também com base em laços emocionais, atenção e consideração mútuos. Para parceiro permanente, você vai querer alguém com quem possa se relacionar profundamente em todos os níveis, a fim de construir um relacionamento completo que favoreça naturalmente, ao longo do tempo, o desenvolvimento de ambos e em que a presença do outro traga benefício mútuo e crie uma interdependência criativa.

Talvez você precise se assegurar de que não vai negar seus sentimentos, instintos e emoções, especialmente quando sua preocupação mental estiver mais em foco e ativa. Os sentimentos são um nível importante de sua natureza, que é mais frágil e vulnerável, e você deve verificar se não está ignorando suas mensagens. Purificar as emoções, liberar os sentimentos e ouvir os instintos são ações vitais a assumir; aprenda a expressá-los na segurança de seus relacionamentos íntimos e próximos e também a confiar nas suas diretrizes.

Trígono Saturno-Lua

O trígono oferece o potencial de resolução destas duas energias díspares, e é provável que você sinta uma atitude mais positiva e otimista do que é comum nos outros aspectos existentes entre estes planetas. Você deve expressar uma estabilidade em sua personalidade ao desenvolver um estilo de vida adequado, demonstrando uma natureza prática e habilidosa e sendo confiável e perseverante em quaisquer deveres e obrigações assumidas ao longo do tempo, sejam eles domésticos ou familiares, ou responsabilidades sociais e cívicas, ou mesmo profissionais.

Sua personalidade está centrada em uma perspectiva cautelosa e conservadora, valorizando regras e regulamentos sociais e tentando aderir a eles. Você possui considerável autodisciplina e senso de responsabilidade, assim como um grande respeito pelas estruturas e tradições sociais. Você pode ver experiências e propostas de mudanças sociais com desconforto e suspeita, preferindo as formas testadas e experimentadas. Entretanto, você reconhece a virtude da mudança na renovação, e vai apoiá-la se acreditar em seu efeito benéfico. A mudança pela mudança será vista com desagrado.

Construir sólidos alicerces na vida é importante para você. Parte disto pode ter origem no conhecimento dos benefícios oferecidos por uma infância estável na qual seu desenvolvimento foi se fazendo com segurança devido à sensação de ter à sua volta firmes estruturas ambientais e a presença confortadora dos pais. Você sabe que o sucesso de qualquer realização depende do seu apoio em bases corretas, e que seguir este padrão assegura o êxito de seus esforços, seja nos negócios, na carreira, no casamento, ou na vida familiar. É possível que você venha a ser beneficiado por herança, ou talvez através de negócios ou algum tipo de envolvimento institucional.

Você aplica um bom senso perspicaz e pragmático em seus afazeres, preferindo trabalhar por conta própria ou ter uma posição de autoridade e responsabilidade, onde as oportunidades de expressar seu potencial são mais imediatas. Você é uma pessoa criativa, podendo dirigir essa capacidade aos canais tradicionais: negócios ou carreira. As esferas do direito, medicina, engenharia, política, administração e educação poderão atraí-lo. Você tende a ser bom profissional, acreditando que, para obter benefícios, deve comprometer seus esforços naquilo que vai realizar.

Você raramente demonstra suas emoções e, às vezes, suas atitudes podem parecer muito austeras e reservadas. Emocionalmente, você mantém o controle e é razoavelmente estável, e seus sentimentos são demonstrados de maneira honesta e direta para que os outros saibam o que pensa e sente sobre as coisas. A manipulação emocional e as situações distorcidas são coisas que você reprova energicamente, e podendo reagir com vigor contra quem faz jogos emocionais com os outros. As amizades são fundamentadas na conciliação, confiança e fé na dedicação e genuíno apoio mútuos, embora cada um mantenha independente sua personalidade e segurança na própria auto-estima. Você não é muito atraído por temperamentos dependentes, cujas oscilações e confusões emocionais podem ativar o nível de inquietação que pode estar escondido em seu íntimo.

Habitualmente, você é cauteloso ao tomar decisões que envolvam um fator emocional, levando tempo para avaliar seus sentimentos e sua intuição, por saber que eles têm mensagens sólidas a transmitir e também por reconhecer que você pode não ouvi-las o suficiente. Quando tem certeza, você se compromete, especialmente em um contexto de casamento ou de parceria, e tende a esperar um nível similar de clareza e comprometimento do parceiro. Você requer dele maturidade e estabilidade emocional, já que não aprecia pessoas instáveis. Se você achar o parceiro certo, grande parte de sua criatividade fluirá para o relacionamento, a fim de que se desenvolva e progrida em benefício mútuo.

QUADRATURA SATURNO-LUA

Com a quadratura, poderá haver limitação de oportunidades e experiências criadas por padrões emocionais não resolvidos e não integrados. A origem disto pode estar em ligações emocionais com o passado, lembranças, experiências e primeiros relacionamentos. Você acha difícil se libertar do passado, e é ele que vai condicionar vigorosamente suas opções e atitudes atuais.

É provável que você tenha crescido com uma auto-imagem negativa, que diminui muito sua autoconfiança e também perpetua visões de mundo restritivas. Parte disto pode ser proveniente de experiências da infância perturbadoras e desestabilizadoras contra as quais você construiu barreiras, para proteger seus sentimentos. Você pode ter acreditado que não era amado pelos pais ou foi afastado de um deles, devido a separação, divórcio ou morte. Também podem ter surgido questões de dependência emocional, formando um complexo materno ou paterno, o que torna difícil para você cortar o cordão umbilical na idade adulta. Despender tempo e investigar as raízes de suas inibições na infância pode lançar muita luz sobre aspectos atuais de sua vida.

Sua perspectiva de vida tende ao pessimismo, ligada a uma diminuição da vitalidade física e emocional, mau humor, insatisfação melancólica e depressão. Por falta de confiança em si mesmo ou por ver o mundo como um lugar sombrio e sem amor, você pode desenvolver sentimentos de amargura e cinismo e preferir isolar-se para evitar um envolvimento mais profundo nos relacionamentos. Pode sentir que há uma barreira entre você e os outros, tornando difíceis o contato e a comunicação.

Os laços familiares prendem-no. Isto pode significar que você saiu de casa mais tarde que a maioria das pessoas; ou que você tem o pesado dever de cuidar de pai ou mãe idosos. Ou sua própria vida familiar pode resultar num ambiente aprisionador, de certa forma, talvez por causa dos filhos, dificuldades econômicas ou isolamento social. Você é muito sensível às complicações dos relacionamentos familiares e, a despeito de suas próprias dificuldades emocionais, detesta causar sofrimento emocional a qualquer pessoa. Porém, estes laços limitam-no, e continuarão a prendê-lo até que você tome a direção de sua vida.

Você pode se sentir pouco à vontade nos relacionamentos íntimos e tenta evitar tais envolvimentos, temendo não ser capaz de enfrentá-los ou que aquilo que considera inadequado em você seja exposto. Já que não se sente amado, como alguém poderá sentir amor por você? Esta postura cria um círculo vicioso de autodefesa, e você pode se tornar socialmente desajeitado ou excessivamente tímido. É essencial dissolver estas barreiras interiores e mecanismos de defesa emocional, tanto para liberá-lo dos padrões condicionantes negativos como para libertar suas energias emocionais reprimidas, a fim de vitalizar o deserto interior que você vem criando.

Você mantém essas tensões interiores e frustrações recusando-se a liberar os padrões de comportamento estabelecidos na infância. Você pode querer continuar limitando sua vida, mas isto não é inevitável; as limitações são apenas parâmetros imaginários que desenhamos em volta de nós mesmos, como uma barreira, e que podem ser apagados ou expandidos. Sua criatividade está bloqueada pela repressão emocional, e se ela for dissolvida e as energias, redirecionadas a canais positivos e construtivos, você poderá conseguir muita coisa. Encontrar mais interesses e estímulos pode tornar sua carga mais leve e mostrar que o mundo tem muito mais a oferecer, se você deixar. Envolver-se com crianças pode mostrar-lhe novos modos de ver as coisas; seu entusiasmo e capacidade de maravilhar-se podem ser transmitidas a você. Com as técnicas contemporâneas de auto-ajuda, visualizações, meditações e afirmações, e outras formas de liberar energias bloqueadas, você pode transformar sua vida e assim encarar o futuro de maneira positiva e otimista.

Oposição Saturno-Lua

A oposição indica a probabilidade de haver restrições e limitações causadas por outras pessoas ou pressões ambientais, cujas dificuldades podem ser vivenciadas nos seus relacionamentos.

Experiências e percepções na infância e condicionamentos familiares e sociais deixaram suas marcas em você, por isso os deveres, compromissos e responsabilidades são suas prioridades. Embora isto seja reconhecidamente uma qualidade desenvolvida e expressa pelo indivíduo socialmente maduro, esse tipo de conduta lhe foi imposto, provavelmente na infância, antes que você estivesse realmente amadurecido para lidar com essas questões. De fato, a pressão dos pais ou as circunstâncias ambientais podem tê-lo forçado a "agir como adulto" antes de estar pronto, satisfazendo essas exigências sociais como expressão de concordância e disciplina. Interiormente, você deve ter sentido fortes reações à absorção de padrões rígidos de comportamento e atitudes repressoras, e pode ter entendido isso como falta de amor e compreensão de seus pais por você.

A vida apresenta uma perspectiva de dever e imposição; isto é visto como uma questão séria na qual tudo o que importa é "fazer a coisa certa", mesmo que isto vá contra seus sentimentos, instintos e emoções... ou assim lhe parece. O resultado disso é o controle de seus sentimentos infantis de exuberância e entusiasmo, dos tempos de brincadeiras e "bobagens", do faz-de-conta, de recusa ao conformismo.

Na vida adulta, isto pode resultar em fases de mau humor, depressão e negativismo, inflexibilidade emocional, fases de estagnação e medo de pessoas, experiências e situações. Isto é sintomático das emoções reprimidas no seu inconsciente. Sentindo isto, os outros podem evitar o contato próximo com você, já que supõem que sua postura rígida inibe os relacionamentos, e como sua vibração é a de um solitário, eles sentem-se desconfortáveis.

Essa tendência negativa torna-se restritiva e limitante, já que você perde oportunidades porque se recusa a se arriscar, ou os relacionamentos são negados por sentimentos de intranqüilidade. Se você puder reorientar suas atitudes numa direção mais positiva e construtiva, as coisas podem começar a se abrir. Pode ser difícil fazer tal mudança, mas se você conseguir realizá-la, ela será altamente compensadora.

É importante ser claro sobre a direção a tomar na vida, portanto, você pode aplicar suas energias num plano definido para alcançar certos objetivos pessoais. Apesar de estar programado para o "dever e a responsabilidade", você também pode se opor a figuras autoritárias de patrões ou gerentes, especialmente se eles provocarem seus sentimentos ou tocarem em qualquer ponto de sua sensibilidade. Este é outro sinal da repressão e ambivalência emocional. Se você não se decidir por um trabalho autônomo, poderá se sentir atraído por algum cargo relacionado com medicina, pesquisa, assistência social, serviço comunitário, direito ou administração pública.

Os relacionamentos podem ser problemáticos. Você acha difícil baixar a ponte levadiça emocional tanto para deixar entrar os outros como também para expressar seus sentimentos. Às vezes, relacionamentos embrionários são destruídos porque você se deixa influenciar por experiências de relacionamentos anteriores e por prejulgar as pessoas com base em desilusões passadas, evitando que contatos mais profundos se desenvolvam, como meio de se autodefender. Você pode ser atraído por parceiros mais velhos ou por aqueles que parecem demonstrar uma maturidade que você acha que lhe falta, e neste particular você deve ter o cuidado de não se tornar muito dependente. Você pode se apaixonar profundamente por alguém que demonstre afeição por você, alguém que pode deixá-lo vulnerável por destrancar as portas de sua emoção, que pode extravasar. Tais experiências podem ser muito desagradáveis e traumáticas, apesar de que liberar estas emoções é o único caminho saudável a seguir. Se o relacionamento tiver continuidade, você pode se tornar menos defensivo, e um potencial oculto pode começar a desabrochar com um parceiro amoroso.

Os filhos ajudarão ainda mais sua expansão, provendo um relacionamento no qual você pode deixar fluir seu interesse amoroso, e começar a se sentir mais à vontade, embora ache que as obrigações familiares também podem ser limitantes. É necessária uma abordagem mais equilibrada para enfrentar as responsabilidades de maneira mais emocionalmente compreensiva e relaxada, e isto vai depender em grande parte da transformação de suas atitudes e padrões de comportamento sentimental. Se você for bem sucedido nisso, as limitações serão dissolvidas à medida que as tensões emocionais forem sendo liberadas, e um novo sentimento de libertação surgirá. Contando com a liberdade emocional para desmantelar as barreiras que impediam o desabrochar da criatividade e da imaginação. Conduzindo-se de acordo com esses passos progressivos, você poderá descobrir fontes incalculáveis de habilidades que permaneciam adormecidas em sua vida.

Para os aspectos da Lua com os planetas transpessoais, consulte as interpretações em meus livros: *A Fênix Renascida* (Lua-Plutão), *O Espírito Revolucionário* (Lua-Urano), e *O Sonhador Visionário* (Lua-Netuno).

CAPÍTULO 5

A Lua nas Casas Natais

A Lua posicionada na casa natal significa uma área da vida através da qual o indivíduo pode mover-se sem plena consciência, refletindo padrões de comportamento que jazem em seu inconsciente e que são estimulados a expressar-se ativamente por hábitos diários repetitivos e rotinas. Geralmente, há falta de objetividade nesta área, apesar de que um exame minucioso pode revelar a natureza dos padrões formados no passado por influências dos pais e das normas sociais.

Em alguns casos, essas influências podem ter sido construtivas e benéficas, sintonizadas com a personalidade em desenvolvimento, enquanto é possível que outras influências tenham sido negativas e destrutivas em essência, restringindo, limitando e inibindo o desabrochar natural da personalidade. Numa tentativa posterior de avaliar as influências da infância, o adulto indagador pode explorar as implicações da Lua astrológica. Assim, é possível discernir de que forma sua natureza vem sendo moldada por influências externas.

O poder da tradição social é considerável, e a maioria das sociedades tem sua própria estrutura de classes, expressa abertamente ou não. Apesar de na Inglaterra a estratificação social ser hoje menos definida e mais difusa, ela ainda está presente, e as atitudes inculcadas em crianças nascidas nas prósperas famílias de "classe alta" ainda são muito diferentes das que se observam em famílias com raízes na classe operária tradicional. A ampliação da classe média pelo menos assegura que mais crianças serão beneficiadas pela mobilidade social e suas vantagens.

Pessoas originárias de minorias étnicas tendem a receber influências mistas, da tradição familiar de raízes étnicas e da sociedade estranha a elas, o que pode aumentar a possibilidade de confusão de identidade entre permanecer fiel à cultura étnica e adaptar-se a uma sociedade mais ampla na qual a pessoa irá viver.

Além das influências sociais e dos pais, a posição da Lua na carta natal pode indicar tendências hereditárias de personalidade, dons e talentos. Para aqueles que acreditam na reencarnação e na perpetuação da personalidade individual separada, poderá haver padrões perceptuais que podem ser atribuídos a vidas passadas e que surgem como expressões ou objetivos instintivos. Entretanto, o que parece mais definitivo é que os padrões emocionais habituais refletidos pela Lua são aspectos da vida que foram condicionados principalmente na infância, os quais só podem ser mudados através de um esforço constante para expandir a percepção. Os talentos naturais que surgem do posicionamento em determinada casa podem parecer, com freqüência, agir com grande efeito, apoiados por uma tendência a práticas repetitivas, que lhes conferem perfeição, e pelas oportunidades que permitem que estes talentos sejam usados.

Por exemplo, a Lua na 2ª casa pode indicar uma pessoa direcionada ao materialismo e às posses, segurança e aquisição, que acredita que a paz e a estabilidade emocional podem ser obtidas através da acumulação de riquezas, estimulada pelo condicionamento da infância de buscar este caminho de sucesso na vida adulta. A Lua na 6ª casa pode indicar um trabalhador obsessivo ou alguém dedicado a servir aos outros, talvez um médico especialista determinado cuja preocupação com a saúde se torne um canal construtivo a que se dedicar, refletindo o condicionamento adulto ou religioso de ter uma vida altruísta a serviço da humanidade.

As profundas necessidades pessoais de nutrir a si próprio e aos outros podem ser exprimidas pela posição da Lua. O indivíduo terá necessidade de sentir-se certo e de que ele pertence àquela casa, ou haverá estresse interior. As necessidades da Lua são vitalmente importantes e não devem ser negadas, do contrário ocorrerão danos à sensibilidade pessoal e distorção das mensagens interiores da Lua. O indivíduo tem necessidade de perceber e expressar estes sentimentos e emoção para que possa ocorrer uma autocura e integração; tentativas de negação servem apenas para fragmentar a psique. A Lua exige um sólido alicerce em que se apoiar para atuar e gerará sentimentos de desconforto até que consiga isto.

A Lua interior é um ponto a partir do qual o indivíduo se abre à realidade dos outros e também uma conexão entre o inconsciente pessoal e o coletivo, apesar de que este contato se dá, com freqüência, como uma resposta emocional às pessoas. As questões de segurança pessoal estão freqüentemente associadas com a casa natal e sua esfera de expressão, que pode ser usada como um refúgio particular para as pressões da vida. Também pode ser uma área onde se manifestam as tendências de harmonia para que a pessoa se adapte a um grupo social e prefira se misturar à multidão em vez de permanecer isolada. Nesta esfera, alguns podem tentar repetir o papel dos pais, não apenas em sua própria família mas também com os outros, principalmente pela demonstração do papel materno de apoio, cuidado e nutrição. Como a Lua tem uma natureza de fases cíclicas, a posição da Lua natal também exibe esta tendência de flutuação e mudança, e a resposta do indivíduo a sua presença em toda a carta pode variar e começar a desenvolver padrões repetitivos, semelhantes ao ciclo de lunação. A Lua não agirá estaticamente ou com absoluta previsibilidade; as fases de humor são oscilantes, e os sentimentos e emoções relacionados com essa dimensão particular da vida podem fluir erraticamente, e a percepção do indivíduo pode mudar sutilmente de tempos em tempos, principalmente se forem estimulados remanescentes padrões infantis e o indivíduo fizer tentativas para restabelecer sua estabilidade através de mecanismos de defesa infantis. Pode haver sentimentos de ameaça iminente a essa esfera da vida, especialmente se houver aspectos desarmônicos de Urano, Netuno e Plutão com a Lua, que tendem a dissolver falsas ilusões de segurança e estabilidade em favor da nova experiência e do potencial de desenvolvimento interior.

A Lua na 1ª Casa

Nesta posição, sua percepção do *self* e de outras pessoas à sua volta serão fortemente influenciadas por suas respostas sentimentais, reações emocionais e instintos. A vida será sentida e interpretada em termos emocionais, e suas ações e decisões sofrerão fortes influências de tendências emocionais e sentimentos instintivos.

Por responder à vida subjetivamente, você pode não ter capacidade para entender os que encaram a própria natureza de um modo diferente do seu. Isto pode levar a desentendimentos mútuos e relacionamentos difíceis com aqueles que se relacionam com a vida através de outras perspectivas, como os que avaliam mais intelectualmente suas experiências.

Você terá um tipo de personalidade lunar sensível e receptiva, com tendência a oscilar entre fases temperamentais distintas. O "crescente e minguante" internos levarão a mudanças de humor e instabilidade, que tanto você quanto os outros acham desconcertantes, principalmente se estiveram envolvidas questões de relacionamento emocional ou de comprometimento com objetivos. Pode ser difícil achar uma direção na vida, uma vez que você estará preocupado em satisfazer suas necessidades emocionais. Assim, você pode se sentir obrigado a seguir os passos daqueles em quem você confia para se nutrir emocionalmente.

Suas atitudes e valores são muitos influenciados pelos outros: você tende a refletir o que eles querem ver. Isto pode ter se desenvolvido na infância. Provavelmente você tinha grande necessidade da aprovação dos pais, especialmente da mãe. Portanto, age desta forma para viver o que os outros projetaram em você. Ao fazê-lo, você pode ter construído um estilo de vida que reflete os desejos dos outros, em vez de satisfazer suas necessidades pessoais. Pode não ser fácil reconhecer suas próprias necessidades, desejos e ambições, mas isto pode ser essencial para romper os laços de dependência negativa ou que o prendem nos relacionamentos em que você nega seus próprios sentimentos para satisfazer o outro.

Entretanto, são estas mesmas qualidades lunares que ajudam a formar um senso de conexão emocional com as pessoas. Esta sensibilidade pode, às vezes, estar próxima da receptividade psíquica ou mediúnica, através da qual "mensagens" das pessoas ou do ambiente são recebidas. Você pode sentir uma empatia emocional especial por alguns, e terá considerável solidariedade com aqueles que estão sofrendo emocionalmente, mas deve resguardar-se de um envolvimento empático, emocional, muito profundo. Pessoas com problemas podem buscar seu apoio, porém o aconselhamento desapaixonado e objetivo não é seu estilo, devido à incapacidade de distanciar-se do nível sentimental, o que pode distorcer sua percepção das necessidades dos outros.

LUA NA 2ª CASA

A segurança material e financeira, assim como um estilo de vida estável serão essenciais para você. A base para isto estará na constituição de um lar amoroso, e este será seu maior desejo e preocupação. A Lua está em exaltação em Touro, associada a esta casa e, portanto, não é surpresa que você prefira uma vida estável, na qual há providências para se manter mínimas as influências desestabilizadoras. Quanto a isto, o dinheiro é importante para se garantir contra as preocupações e pressões financeiras, apesar de não ser muito provável uma completa segurança, devido à natureza flutuante da Lua. Se a Lua estiver em um signo fixo, sua situação financeira pode ser mais estável do que posicionada em um signo mutável.

Você encara a vida em família como um castelo que o protege das tempestades da vida. Sentado em casa, rodeado pela família, pelos seus bens materiais e conforto, você sente solidez, segurança emocional e bemestar. Diante de qualquer ameaça a isto, você fica extremamente vulnerável, como se sua identidade estável tivesse sido deslocada. Grande parte de sua vida sentimental é projetada na família e nos bens materiais, que se tornam o centro de sua vida. Perder um bem estimado é emocionalmente danoso, lembrando-lhe que a vida não pode ser controlada e que a instabilidade espreita em cada canto, enfatizando a impossibilidade de construir barreiras invioláveis. Se esta necessidade de segurança emocional for muito forte, ela pode se tornar claustrofóbica e sufocante para as pessoas que você ama, deixando-o vulnerável demais às ações e escolhas dos outros.

Estas necessidades podem ter sido desenvolvidas na infância, quando você se sentia protegido e nutrido por seus pais, e assim você deseja recriar este sentimento na vida adulta. Sua educação provavelmente estava voltada à necessidade de segurança e estabilidade na vida, crença no valor da manutenção do *status quo*, ou na busca da prosperidade financeira como um objetivo essencial na vida adulta. Certamente, estas atitudes e valores influenciaram seu comportamento atual.

Se você puder desenvolver certa flexibilidade quanto a estas necessidades de segurança e tentar depender menos de outras pessoas ou de bens materiais para satisfazê-las, um equilíbrio mais estável poderá ser alcançado, menos propenso a ser frustrado por experiências inesperadas. A sensação de bem-estar emocional deve ser buscada em sua própria natureza, através da integração de seus sentimentos e das necessidades de dependência, e através da autonutrição, não no mundo exterior.

Pode haver uma atração pela história e herança da humanidade, ou tradições familiares, a qual pode ser usada tanto para interesses pessoais quanto para fins de negócios. Você pode ter um talento instintivo para compreender o mercado, usando sua afinidade com os bens materiais e o conforto para intuir que produtos de consumo as pessoas precisam ou podem ser persuadidas a desejar, e isto poderia ser explorado com eficácia em negócios para sua própria prosperidade no futuro.

A LUA NA 3ª CASA

Nesta posição, a Lua dará à comunicação e aos padrões de pensamento um tom emocional. Assim, as atitudes e as crenças subjacentes são emocionalmente influenciadas. Isto é revelado quando tentativas de decisão racional falham porque a resolução já havia sido tomada através da resposta sentimental dominante, ou em discórdias intelectuais onde o pensamento racional se dissolve numa defesa emocional e passional de um ponto de vista particular.

Pode haver dificuldades no tocante à definição de padrões sólidos de pensamento e mesmo de concentração, já que a natureza flutuante da Lua pode levar à instabilidade, falta de persistência e aplicação. Você acha a rotina e a repetição aborrecidas, e podem ser necessárias mudanças regulares de estímulo mental para satisfazer as necessidades de uma real curiosidade pelo saber. A informação contribui para sua segurança, pois quanto maior for seu conhecimento sobre o mundo e as pessoas, mais seguro você se sente. A aquisição de conhecimento será uma tarefa que o atrairá por toda a vida, a qual, associada a uma memória tenaz e capacidade imaginativa, poderá ser uma rica fonte de oportunidades. Isto será válido principalmente se você continuar a desenvolver seu talento para a comunicação verbal e escrita. Como sua mente tende à fantasia e aos devaneios, você poderá se dedicar à expressão criativa.

Seu ambiente e seus relacionamentos terão muita influência em sua vida, devido à natureza lunar absorvente e pensante de sua personalidade. Enquanto você é capaz de adaptar-se a vários tipos de ambiente e relacionamentos, é através de um processo de reflexão e de reformulação que sua natureza acomoda-se às mudanças. Isto pode ocorrer quando você adota como suas a visão de mundo dos que estão mais próximos de você, refletindo-a de volta para eles. As linhas demarcatórias entre você e os íntimos se dissolvem, e seus pensamentos e atitudes tornam-se indistinguíveis daqueles que têm maior influência sobre você no momento. Você pode projetar-se imaginariamente nos outros, podendo intuir o que eles sentem ou pensam. Isto deriva de uma necessidade emocional de sentir-se ligado à vida, através da descoberta do conhecimento e do relacionamento empático.

Sua experiência de vida é condicionada pelo estado de seus sentimentos, emoções e instintos de momento. Estes profundos complexos emocionais são a fonte da tomada de decisão, mesmo que você tente disfarçar isso usando a lógica. Se sua vida não é satisfatória, ou as decisões, objetivos e relacionamentos estão fracassando, é aconselhável que você explore mais profundamente seu íntimo, a fim de obter clareza quanto ao tipo de influência emocional que está secretamente dirigindo sua vida. Identificar as raízes que estão por trás de suas atitudes pode ajudá-lo a tomar decisões mais sábias no futuro. É provável que a transformação de complexos negativos liberem muita energia bloqueada quando o fortalecimento ocorrer. Persistir no negativismo traz apenas infelicidade; adotar uma perspectiva positiva realça a vida. Aprenda a observar-se e ouvir a si mesmo na comunicação e nos relacionamentos; os sinais de suas necessidades interiores estão lá para constatá-los. Reconhecê-los é o primeiro e essencial passo para poder realizá-las.

A Lua na 4.ª Casa

A Lua está exaltada na 4.ª casa e há ligações com Câncer, que é regido pela Lua. A vida familiar e doméstica, emocionalmente, terá um significado especial para você, e sua segurança e estabilidade dependem de você plantar as raízes de sua personalidade na vida doméstica. Há semelhanças com a 2.ª casa, mas a experiência familiar é mais importante do que o ambiente material.

Para sentir segurança emocional, bem-estar e paz consigo mesmo, você precisa de uma vida familiar satisfatória e está disposto a devotar esforço para construí-la. Provavelmente, esta é a esfera mais significativa de sua vida. Seu sonho é ter um lar animado, positivo e cheio de amor, e se você alcançá-lo, sua visão de mundo será correspondentemente positiva e construtiva. Entretanto, se você tiver dificuldades na vida familiar, isso vai comprometer toda a sua perspectiva. Para você, criar uma estrutura familiar e doméstica que seja como um santuário contra as inseguranças da vida é uma tarefa vital; você adora o refúgio do abraço familiar protetor.

As primeiras experiências infantis provavelmente tiveram influência sobre a formação de sua personalidade, e sua relação com os pais contribuíram para sua necessidade adulta de ser cuidado e sentir-se seguro. Os aspectos com a Lua natal são importantes, já que indicam a probabilidade de harmonia no lar durante a infância; aspectos desafiadores podem sugerir rupturas neste ambiente ou falta de harmonia com um dos genitores, principalmente com a mãe. Talvez você tenha preferido seu pai ou sua influência tenha sido marcante no seu desenvolvimento posterior. Na vida adulta, isto pode afetar sua preferência por um tipo de relação em que a mulher pode buscar no outro uma forte figura de pai, e o homem, uma parceira capaz de representar um papel materno.

Você pode sentir-se incomodado com os alicerces de sua personalidade, perdendo tempo olhando para trás e não para a frente, revivendo o passado por ser uma experiência de conhecida segurança. A ligação com os pais ainda pode ser importante na sua vida adulta, tanto no sentido físico como pela influência sobre suas atitudes e necessidades interiores. Nem sempre você se sente à vontade com seus sentimentos, e aqueles que estão em desacordo com seu estilo de vida ideal podem ser negados e reprimidos. A sensibilidade para a qualidade de seu ambiente e para as pessoas à sua volta influenciará seu humor; assim, pode ser necessário estar atento para registrar suas reações a certas pessoas ou lugares.

Se você for incapaz de criar ou vivenciar o lar idealizado, pode se sentir perdido na vida, com seu senso de identidade à deriva por falta de bases sólidas. A necessidade de pertencer é sentida com urgência, e se ela não for satisfeita pode levar a uma grande insegurança. Durante tais períodos, os padrões de condicionamento originados na infância podem se tornar extremamente ativos quando você faz suas escolhas. Um passo potencialmente positivo é perceber a natureza desses padrões, para que, no futuro, quando a situação se estabilizar você possa levar em conta estas necessidades, permitindo que ocorram os cuidados adequados.

A LUA NA 5ª CASA

Nesta casa, a expressão e as exigências lunares se manifestarão através da criatividade, casos amorosos, filhos e prazer. Os romances podem ter um papel essencial na orientação de sua vida, e você, provavelmente, sofrerá a flutuação emocional relacionada aos casos amorosos, talvez ligados a sua própria instabilidade emocional e natureza mutável. Isto será mais provável se sua Lua tem aspectos desafiadores, já que podem diminuir a clareza quanto a seus sentimentos e necessidades profundas. Pode haver um elemento de influência paterna em seus romances, talvez não no sentido objetivo, mas através de atitudes interiores, valores e crenças que você absorveu na infância, ou por viver na atmosfera psíquica do próprio relacionamento íntimo de seus pais.

Às vezes, as necessidades não reconhecidas influenciam a natureza de seus relacionamentos adultos, possivelmente surgindo como desejos imaginários ou na idealização de um parceiro. A dependência emocional provavelmente será projetada em qualquer amante, e o fato de você se tornar tão confiante pode deixá-lo vulnerável a uma frustração e sofrimento posterior se a relação fracassar, ou se o parceiro se mostrar menos digno de confiança do que você acreditava.

O papel dos filhos é destacado, e você gostará muito de sua companhia, e é provável que sua criatividade neste particular seja potencialmente fecunda. É provável que você venha a ter uma família numerosa que vai exigir muito tempo e atenção. Ao ser pai ou mãe, você poderá repetir os padrões de paternidade ou maternidade absorvidos na infância.

É provável que estejam presentes talentos artísticos criativos, apesar de sua realização necessitar de uma atenção específica; será lamentável se eles permanecerem latentes, especialmente porque se você decidir desenvolvê-los, sua sensação de bem-estar será maior. Pode ser que através deste caminho você venha a se tornar conhecido pelo público.

Você tem uma autoconfiança bem desenvolvida, acreditando que possui uma "veia de sorte", o que pode levá-lo a aventuras especulativas impulsivas nos negócios, bolsa de valores ou apostas. Tais atividades podem gerar excitação, principalmente se você tiver sucesso e sorte no início, apesar de sua "volta de montanha-russa" cobrar impostos de sua estabilidade emocional e segurança financeira.

A Lua na 6ª Casa

Nesta posição, a Lua influenciará ativamente as esferas da saúde e do emprego, e você provavelmente achará que sentimentos e necessidades emocionais não satisfeitos têm um efeito nocivo. A diminuição da vitalidade física e sintomas psicossomáticos podem ocorrer por tensões emocionais e estresses não resolvidos. A qualidade de sua vida flutuará de acordo com a qualidade de sua vida emocional. Quando a perspectiva é positiva, sua saúde é boa; quando você tem uma percepção negativa, ocorrerá perda de vitalidade. Se você insistir em manter uma perspectiva insatisfatória, a hipocondria e os sintomas físicos aumentarão. Pode se desenvolver uma obsessão com a saúde, alimentação e aparência, se não houver controle. Se isto ocorrer, você estará se afastando do equilíbrio natural do corpo e não conseguirá ouvir as mensagens interiores que lhe dizem como manter a energia fluindo livremente entre os níveis do seu ser.

É no nível emocional que os curto-circuitos realmente ocorrem, e você pode precisar tomar medidas corretivas para transformar a tendência à variação de humor e ansiedades que se desenvolvem. Os aspectos desarmônicos com a Lua natal podem indicar que tipo de estresse pode se tornar problemático. Se a depressão for constante, você precisa dedicar-se à autoterapia e à investigação pessoal, tentando atingir as raízes de tais sentimentos, para descobrir formas de começar a liberar e resolver alguns estresses confinados. Alterar sua dieta e se tornar mais consciente da inter-relação corpo-emoção-mente é importante para criar bem-estar.

O trabalho será afetado pelos seus estados emocionais, e com freqüência esta será uma área insatisfatória, a não ser que você tenha a sorte de desenvolver um trabalho que possa suprir sua necessidade de um verdadeiro envolvimento emocional. Seguir uma carreira apenas não será satisfatório, a não ser que esta também supra suas necessidades emocionais. A Lua colocada em um signo mutável pode indicar mudanças de emprego, e uma Lua fixa pode sinalizar uma posição estática que também será insatisfatória, apesar de você preferir a continuidade e os padrões repetitivos de estilo de vida/trabalho no cotidiano. Para você, o senso de segurança está no familiar e no previsível. Confrontar-se com estranhos e com experiências novas estimula sensações de intranqüilidade e medo, já que você não pode contar com respostas repetitivas para lidar com as situações.

Atividades vocacionais ou prestações de serviços tendem a suprir certas necessidades interiores de nutrir os outros. Se este vier a ser seu trabalho principal, você poderá considerá-lo mais satisfatório e pessoalmente benéfico. Qualquer tendência à obsessão em relação a seus próprios sentimentos e saúde pode ser desviada para cuidar dos outros, e é provável que você possua boas habilidades práticas e jeito para lidar com pessoas enfermas. Você gosta de sentir que os outros precisam de você e de ser útil, recebendo estímulo da sensação de envolvimento que surge ao trabalhar diretamente com os outros. Seguir nesta direção pode dar maior significado, propósito e integração a sua vida.

A LUA NA 7ª CASA

É na esfera dos relacionamentos e das parcerias que a Lua está ativa, e isto significa que as necessidades interiores e os sentimentos vão influenciar a determinação da natureza e qualidade de tais relacionamentos.

A segurança e o bem-estar são buscados nos cuidados oferecidos por um parceiro, e a crença de que a segurança está no envolvimento e no companheirismo encoraja-o a procurar um contato íntimo satisfatório. Há o perigo de que esta necessidade atropele outras considerações válidas na escolha de um parceiro, tal como a verdadeira compatibilidade. Ou então a relação pode se tornar desequilibrada, pelo fato de um dos parceiros ser muito dependente ou dominado pelo outro. Querer pertencer a alguém não constrói uma base adequada para um relacionamento em evolução. Ninguém é propriedade de outrem, e querer sê-lo pode torná-lo vulnerável ao abuso e à exploração.

Você precisa ver com clareza suas necessidades mais profundas: o que você quer de um parceiro? Você chega a reconhecer quais são realmente suas necessidades ocultas? Que tipo de cuidados você precisa receber do outro? O que você pode oferecer ao parceiro, e será que é disso que ele precisa? Você está procurando um pai ou mãe substitutos, capazes de proteger sua natureza infantil oculta e fazer todas as escolhas importantes por você? Você modifica sua própria vontade, emoções, sentimentos e desejos para conciliá-los com os do parceiro? Sua identidade é dependente dele ou pode se manter sozinha? Sua meta é satisfazer o companheiro, mesmo às custas de suas próprias necessidades?

Você será emocionalmente muito suscetível aos outros e, se desprotegido, isto poderá prejudicar sua própria estabilidade emocional. Como você tende, de qualquer forma, à frustração emocional, através de mudanças de humor, inconsistência de sentimentos e impulsos inquietantes, influências externas adicionais podem apenas exacerbar esta inclinação. Porém, você continuará a procurar sustento emocional através dos relacionamentos, já que acredita que a busca é necessária para descobrir uma ligação que se torne emocionalmente nutritiva. Resolver esta necessidade de dependência e aprender a respeitar suas próprias necessidades como igualmente importantes num relacionamento equilibrado podem ser a chave para um futuro sucesso.

A Lua na 8ª Casa

Isto indica que a Lua será ligada a energias extremamente poderosas, no plano individual e no coletivo, relacionadas a questões de sexualidade, morte e regeneração mágica. Estes assuntos evocam fortes reações das pessoas e podem ter certas conotações de tabu social e inquietação.

É provável que suas emoções e sentimentos sejam amplificados por seu inconsciente, podendo irromper com grande intensidade e paixão, se provocados. Você pode registrar a presença de pressões internas que precisam ser liberadas. Estas podem tomar a forma de desejos sexuais e sensuais que parecem fornecer o meio através do qual você pode usufruir da satisfação emocional. A experiência sexual terá muita importância para você, e muitas de suas necessidades girarão em torno de relacionamentos íntimos. Pode haver tendência a vivenciar fases de comportamento compulsivo ou obsessivo, especialmente se suas emoções ficam atreladas a um amante e começam a fugir do controle.

As dimensões mais sutis e intangíveis da vida o atrairão, e você poderá querer explorar os ensinamentos místicos, espirituais e mágicos da humanidade. O espiritismo e a mediunidade podem atraí-lo, e talvez você venha a experimentar a realidade destas dimensões por si próprio. E experiências de percepção extra-sensorial poderão, de alguma forma, à medida que você avança, revelar esta capacidade psíquica latente.

Você pode ser sensível por registrar os sentimentos e as motivações ocultas das pessoas ou a atmosfera dos ambientes. Mesmo durante a infância, esta habilidade pode ter permitido que você percebesse a vida interior de seus pais, revelando-lhe que nem tudo era como parecia ser. Tal sensibilidade nem sempre é uma vantagem, e isto pode ter ajudado a formar alguns de seus sentimentos ocultos que podem necessitar de solução e integração. É possível que experiências infantis de morte e sexo também o tenham influenciado, abrindo uma porta para a vida adulta antes que você estivesse bem preparado para enfrentá-la.

Os relacionamentos adultos podem apresentar alguns desafios, principalmente se a Lua tiver aspectos muito estressados, que podem indicar ansiedade se o relacionamento fracassar. Porém, você será capaz de cooperar e adaptar-se bem nos relacionamentos, apoiando e ajudando o parceiro a desenvolver seu próprio potencial. Sua habilidade em modificar seus próprios padrões de comportamento em favor da harmonia com o parceiro pode ter resultados dúbios; isso vai depender de você estar ou não reprimindo seus próprios sentimentos, desejos e ansiedades. Através de tais parcerias, sua situação financeira se sobressai, o que poderá ocorrer através de herança ou negócios em sociedade, ou talvez resulte em conflitos financeiros, caso a relação termine.

A 8ª casa é a da transformação e do renascimento que ocorre possivelmente no nível emocional. Às vezes, as crises podem estimular uma transformação inevitável, mas elas afinal são vistas como benéficas. Nas fases negativas, procure o potencial positivo que pode ser atingido através delas. Oculta nas profundezas da escuridão, está a luz eternamente brilhante, aguardando sua chegada. É a purificação e a purgação necessárias de suas mais profundas emoções, sentimentos e instintos. Quando do você atingi-las, surgirá uma harmonia restauradora.

A Lua na 9ª Casa

Esta posição implica a necessidade de um paradigma mental, uma visão de mundo ou filosofia pessoal através da qual o mundo pode ser percebido, vivido, interpretado e compreendido. É uma estrutura interior que ajuda a prover um senso de segurança e estabilidade. Você pode ter sido condicionado por estruturas de crença durante a infância, talvez de origem religiosa, política, social ou por parte dos pais. Você terá ligação emocional profunda com este condicionamento, e qualquer ataque que alguém dirija a ele tenderá a encontrar uma defesa emocional imediata, já que suas convicções estão arraigadas em seus sentimentos, não derivando de qualquer análise intelectual rigorosa. Num sentido religioso, a fé toma o lugar da razão. Esta identificação emocional com suas convicções proíbe uma discussão real e pode restringir sua capacidade de evoluir para um entendimento mais profundo, devido à presença de barreiras mentais. Às vezes, pode surgir uma atitude dogmática e limitada, especialmente se houver aspectos desafiadores com a Lua.

Entretanto, você reconhece a importância da definição dos valores para a vida individual e familiar, e como esta é a casa da mente superior, você poderá ser capaz de superar limitações anteriores para expressar de forma mais elevada estas tendências. Isto exige imaginação, inspiração e intuição. Se você as possuir, será capaz de ir além dos parâmetros das convicções tradicionais em suas próprias experiências, talvez através da contemplação meditativa ou da busca espiritual de um maior significado e propósito para a vida. Como sua abordagem é baseada no sentimento, você descobrirá que pode progredir, se trabalhar com símbolos e imagens que evocam uma resposta sentimental e estimulam sua imaginação. Esta abordagem pode ser mais eficaz que a racional. Desta forma, você poderá sentir presenças interiores e vibrações mais sutis de energia, e poderá descobrir um talento latente para a profecia.

Se você desenvolver seu próprio paradigma, sua vida mudará de acordo com ele. As viagens podem se tornar importantes, e o conceito de jornadas, enfatizado. O tempo dirá se para o mundo interior ou exterior. Dependerá muito de como você desenvolver seu caminho espiritual. Entretanto, você deve resguardar-se contra tendências escapistas. O caminho espiritual nunca é uma via de escape, inclui e abarca todos os aspectos da existência humana e jamais é exclusivo por natureza. Talvez seus *insights* e compreensões eventuais possam ser usados em benefício de outros, ou você pode agir indicando os rumos a seguir ou iluminando o caminho como o Eremita do tarô. Mas tudo isto dependerá da superação do nível de condicionamento absorvido na infância e da superação destas barreiras interiores e exteriores que limitam seu progresso.

A Lua na 10ª Casa

Esta posição da Lua indica que a necessidade de reconhecimento público, *status* e sucesso é enfatizada, e que expectativas elevadas são forças influentes de motivação que atuam em você e determinam muitas de suas escolhas e decisões.

A raiz disto pode estar em suas experiências na infância. É provável que seus pais tenham tido altas ambições, realistas ou não, quanto ao seu futuro desenvolvimento. Isto pode estar relacionado com sua classe social e as aspirações de seus pais. Você pode ter sido alvo das projeções dos desejos de satisfação dos pais, especialmente da mãe, que pode ter querido que você atingisse ou vivesse algo que ela não foi capaz de realizar. Talvez a vida que você vive seja um reflexo dos desejos de seus pais, e não dos seus próprios. Uma forma de estabelecer isto é avaliar se seu estilo de vida é satisfatório para você. Se não, analise suas atitudes e motivações básicas e tente determinar se elas são realmente suas ou se foram inconscientemente absorvidas dos outros.

Você ainda busca a aprovação dos outros, como se fosse uma criança querendo ser elogiada pelos pais. Ao fazê-lo, você se adapta às expectativas dos outros sobre você, e pode negar seus próprios sentimentos e instintos, renunciando a sua liberdade. Se você consegue aprovação social, sente-se mais seguro e experimenta a sensação de pertencer; você precisa sentir-se querido e seguro, e pode ser atraído por profissões que tenham alta projeção ou *status social*. Tornar-se uma autoridade em algum assunto pode ser atraente, e ter os outros dependendo de você pode ser um grande apelo, à medida que isto lhe dá a oportunidade de cuidado e nutrição num contexto profissional.

Você se preocura muito com o que os outros pensam de você, e, ao tentar assegurar sua boa opinião, molda sua *persona* para que se adapte a uma imagem social consensual, adequada ao seu papel. Se levada a extremos, esta atitude pode criar grave repressão de características que não combinam com esta imagem, levando à ruptura da personalidade, o que deve ser evitado a todo custo. Você precisa de uma maior autopercepção para poder reconhecer suas próprias necessidades, e necessita de tempo para satisfazê-las; os resultados serão extremamente benéficos. A autonegação é apenas um caminho para a fragmentação pessoal e um rumo insensato que espalha as sementes da sua própria queda. Você precisa aceitar e amar a si mesmo, e tornar-se menos dependente das opiniões transitórias dos outros. Viver da própria luz é muito mais revelador do que viver da luz refletida.

A LUA NA 11ª CASA

Sua sensação de bem-estar depende muito de seus relacionamentos sociais, família, amigos e envolvimentos com grupos e atividades empresariais. Eles oferecem a sensação vital de pertencer e propiciam estabilidade e segurança. Tais associações grupais refletirão e influenciarão suas atitudes, valores, convicções e opiniões, e terão um poderoso impacto sobre sua experiência social, já que você tende a modificar sua própria percepção a fim de se adaptar aos costumes do grupo predominante.

Você pode ser impressionável e facilmente dominado pela opinião dos outros, principalmente se espera tomar parte em um grupo ou manter amizades. Ao tornar-se dependente da boa opinião dos outros, você pode não conseguir expressar seus próprios pensamentos e sentimentos, por medo de ser rejeitado pelo grupo. Você precisa desenvolver mais coragem em suas próprias convicções para não ser facilmente influenciado por aquilo que as pessoas acham que é certo para você. É preciso se assegurar de que você será tão claro quanto o seu caminho e que você se tornará menos dependente emocionalmente dos outros.

Você pode se tornar emocionalmente possessivo com seus amigos e conhecidos, e tomar como ofensa pessoal o fato de alguém desaparecer de sua vida, seja qual for a razão. Se sua Lua estiver em um signo fixo, a tendência será manter amizades duradouras, talvez cultivadas num pequeno e seleto grupo de amigos pessoais. Se estiver num signo mutável, sua própria mutabilidade pode se refletir numa variedade de contatos curtos e conhecimentos, com menos amizades contínuas. É provável que o papel das mulheres seja muito influente, através de relacionamentos pessoais ou amizade, ou ainda por meio de contatos profissionais.

Pode faltar clareza quanto a seus objetivos e ambições a longo prazo e, devido às mudanças de humor, você pode descobrir que a perseverança e a determinação não são suas principais qualidades. Você precisa ser encorajado pelos outros a ser mais constante, e este pode ser um dos motivos que também o atraem a atividades de grupo. Comprometendo-se com o grupo, você se coloca numa situação em que pode fazer exigências, e isto pode ajudá-lo a realizar mais coisas do que se estivesse sozinho. É aconselhável escolher grupos com os quais você possa se relacionar num nível emocional profundo e positivo, já que você tem necessidade deste tipo de relacionamentos, que por si mesmo o ajudará a expressar o seu próprio potencial.

Se você deslocar suas emoções para a adesão ao grupo, você pode perturbar seu próprio equilíbrio interno. Períodos ocasionais de solidão podem ser necessários para que você entre novamente em contato com suas emoções. De outra forma, você pode começar a se desligar de suas emoções mais profundas e a perder a capacidade de autonutrir-se, tão vital para todas as pessoas.

A Lua na 12ª Casa

A Lua na 12ª Casa pode impor várias dificuldades pessoais com emoções e sentimentos ultra-sensíveis. Há fortes conexões com o inconsciente, e isto influenciará seu humor e sensação de bem-estar. Pode ser que haja experiências não resolvidas derivadas da infância e do relacionamento dos pais que tiveram grande impacto sobre você, especialmente os que envolveram a mãe. A aprovação dos pais pode ainda ter um papel importante em sua vida adulta, seja porque seu estilo de vida reflete os desejos dos pais, e assim você segue o caminho inicialmente indicado por eles, seja porque você se rebela contra sua tentativa de influenciá-lo, perseguindo uma rota alternativa para demonstrar sua independência. Observe seu relacionamento com seus pais e veja como ele tem afetado sua vida e em que medida ele hoje influencia suas escolhas e decisões. Pode não ser fácil, já que as raízes de alguns destes padrões estão profundamente arraigados em seu inconsciente. Porém, se a sombra de seus pais ainda assoma muito à sua vida, essa exploração pode lhe trazer grandes benefícios. O papel de sua mãe é essencial nesta situação.

Com freqüência você se sentirá muito vulnerável à vida, suscetível aos outros e sentirá empatia com seu sofrimento interior. Você tentará esconder dos outros essa natureza sentimental exaltada, e pode guardar grande parte dela para atender você mesmo, através do controle e da negação emocional. Você pode temer que, ao permitir sua expressão completa, ela se torne poderosa demais, incontrolável, e isto pode levar ao medo da intimidade emocional e do relacionamento. Como forma de proteção, você se fecha, recusando-se a abrir-se e abraçar a totalidade da vida. Você pode se sentir desconfortável ao lidar com sentimentos, tendo medo de expressá-los aos outros e revelar sua vulnerabilidade. Você pode erigir barreiras de timidez e criar uma atmosfera de distância e desinteresse no relacionamento social. Suas próprias barreiras de identidade podem ser extremamente difusas, com falta de um núcleo interior estável e distinto onde você possa se sentir seguro. Sua tendência é sentir-se interiormente aberto aos outros, não conseguindo estabelecer sua própria identidade pessoal, e freqüentemente você reage à influência dos outros, ao invés de responder aos seus próprios movimentos interiores. São prováveis as experiências psíquicas e intuitivas, e você será altamente sensível aos reinos indescritíveis e intangíveis da vida. A natureza de seu ambiente é importante e influenciará sua sensação de bem-estar.

Você pode ter dificuldades de se adaptar bem às exigências do cotidiano; a vida na cidade pode ser particularmente desafiadora e estressante. Há em você uma tendência de se recolher para a privacidade do lar, como se ele fosse um santuário pessoal e refúgio do mundo, e também para descansar na vibração de sua vida interior, que com freqüência lhe parece mais atraente do que os frutos do mundo exterior. Isto pode ser usado de forma positiva ou negativa. Pode se tornar um mundo de fuga, fantasia, ilusões, neuroses, se as emanações do inconsciente não forem resolvidas através de um autotratamento purificador, as quais podem finalmente precipitar uma queda para o desequilíbrio mental. Ou, usada positivamente, pode se tornar uma fonte de grande riqueza interior. Os sonhos podem ser prolíferos e significativos, novas formas de viver podem ser intuídas, e é possível que você venha a se tornar um canal para guias interiores, conseguindo destrancar as portas de um depósito interior de sabedoria através do contato com o seu *self* espiritual.

Você também pode vivenciar algum tipo de crise interior, criada pelo conflito entre as energias interiores e exteriores, entre as mensagens e impulsos interiores e a necessidade de se adaptar ao cotidiano. Este conflito pode ser ativado por planetas em transição, principalmente Saturno, Urano, Netuno e Plutão, pela 12ª casa em direção ao ascendente. É preciso assegurar que tais experiências tenham uma conclusão positiva, que elas conduzam a uma maior integração ao invés de desintegração. É preciso que haja uma cura interior através da qual a liberação de padrões não resolvidos e de bloqueios de energia purifique das concreções do passado e permita que você encare o futuro com confiança renovada e estabilidade pessoal.

CAPÍTULO 6

A Lua nos Signos Natais

Provavelmente, o ponto mais importante sobre a Lua no signo é que ela pode indicar o que o indivíduo precisa viver e absorver para sentir-se bem consigo mesmo e desenvolver uma sensação de segurança e satisfação. A Lua no signo também indica como expressamos nosso instinto de nutrição — como fazemos os outros se sentirem bem. As ações-chaves são experiência, absorção e expressão; estas qualidades estão alinhadas em harmonia com os padrões mais profundos das camadas inconscientes da mente refletidas pela Lua no signo natal individual. A expressão da Lua através de um signo específico deve levar em conta a posição na casa natal, para que a área mais afetada possa ser percebida e avaliada. Por exemplo, a Lua em Leão, na 1.ª casa, pode conferir uma poderosa demonstração pública de existência individual e identidade, com um senso de pertencer manifestado através do reconhecimento público. Portanto, os que se incluem nesta colocação são autodeterminados para atingir tal posição.

O signo pode indicar o estilo da resposta imediata emocional-sentimental a experiências, baseado em atitudes condicionadas e estruturas de opinião às quais o indivíduo está ligado emocionalmente. As reações aos outros podem ser vislumbradas através da posição da Lua no signo ou no elemento, e a natureza dos relacionamentos, vida doméstica e trocas com mulheres ou com a mãe podem ser percebidas. Podem-se discernir os padrões de atitudes dominantes que colorem os relacionamentos emocionais do cotidiano. Por exemplo, a Lua em Peixes pode indicar um tipo muito sensível, que tende à passividade e a evitar o conflito, preferindo retirar-se para a segurança de um mundo de sonhos interior e privado; sentimentos de defesa, vulnerabilidade emocional, mutabilidade e grande necessidade de amor e dependência podem ser proeminentes. Isto colocado na 1.ª casa significa que poderá haver problemas de autodeterminação e uma reação contra exibir-se em público, a não ser que ser amado por ele supere a timidez natural. A qualidade e tipo de resposta emocional individual são indicados pela Lua no signo natal. A Lua em Aquário, por exemplo, pode indicar um tipo mais mental de necessidade emocional, mais excêntrico e individual, um pouco mais frio, indiferente e independente.

Em avaliações mais esotéricas, a tendência é considerar que a Lua representa a acumulação de personalidades de vidas passadas e padrões repetitivos que atuam como um peso, restringindo a emergência da consciência da alma, como uma forma física inibidora do crescimento espiritual, favorecendo padrões passados e a inércia. Neste sentido, a Lua no signo representa o que deve ser transcendido através do alinhamento com um novo propósito, superior, e indica o campo de batalha da vida corrente, onde conflitos entre a atração magnética da alma chocam-se com a inércia do nível de personalidade, que são refletidos mais completamente nas posições do eixo do nódulo lunar.

Quando a Lua está num signo axial (Áries, Câncer, Libra ou Capricórnio) a abordagem habitual das situações se dá através da ação direta, fazendo as coisas acontecerem no mundo físico. O foco está no presente e na satisfação dos desejos e necessidades imediatamente. Esta impaciência pode ser demonstrada pela falta de consideração ou percepção dos sentimentos dos outros. A reação instintiva à vida é a ação, e o indivíduo não gasta muito tempo ao tomar decisões. Mesmo o melancólico canceriano percebe suas necessidades e desejos, e sua profundidade e complexidade emocionais raramente atrapalham quando seus desejos são ativados.

Quando a Lua está num signo fixo (Touro, Leão, Escorpião ou Aquário) a abordagem habitual é feita através de reações e respostas emocionais. O padrão de comportamento gira em torno de um desejo de repetir experiências que estimularam as emoções, que foram satisfatórias, excitantes, realizadoras, intensas ou prazerosas. Este impulso de desenvolver um padrão de vida agradável tende a projetar-se a partir do presente, para assegurar uma experiência igualmente satisfatória no futuro. A necessidade de direção e propósito será sentida, e os objetivos serão perseguidos com determinação. As atitudes, crenças e valores refletirão as respostas emocionais habituais, subjacentes, e poderão demonstrar inflexibilidade e resistência a mudanças ou oposição. Através da persistência, o indivíduo tentará persuadir os outros a concordar com seu ponto de vista. As atitudes tendem a se polarizar em situações de ou isto ou aquilo, branco ou preto, deixando pouca margem para opiniões alternativas. Uma vez desenvolvida a visão de mundo, ela tende a permanecer fixa.

Quando a Lua está num signo mutável (Gêmeos, Virgem, Sagitário ou Peixes) são enfatizadas as respostas e reações mentais. Porém, há uma mutabilidade inerente; as experiências são reavaliadas e reintegradas em termos de "filosofia de vida", quase sempre derivadas de sistemas de crenças ou teorias influentes e escolhidas, que intrigam e têm ressonância pessoal. Este filtro mental condiciona a visão de mundo do indivíduo e geralmente tem relação com algum tipo de mistério. A dimensão conceitual e intelectual da vida é freqüentemente preferida à realidade. As teorias podem ser atraentes, assim como os jogos mentais, embora aderir à realidade de tais teorias possa distorcer a experiência real de vida.

A moral, a ética, o objetivismo científico, a religião, a superstição e o comportamento social tradicional são o gênero de crenças que podem governar os tipos de padrões repetitivos demonstrados por indivíduos mutáveis. É uma visão de mundo assumida, previamente desenvolvida no passado, que condiciona a experiência presente e o estilo de vida habitual do indivíduo.

A LUA EM ÁRIES (SIGNO CARDINAL)

A Lua não se coloca com facilidade no signo de Áries, e você vai descobrir que um estilo de vida tranqüilo não é de seu gosto e que você não consegue adaptar-se à complacência mundana e a padrões de comportamento rotineiros. Você prefere lançar-se na vida, seguindo impulsos espontâneos para ações que, você espera, o levem a experiências excitantes, fazendo-o sentir a vida fluindo em seu corpo. Você será ambicioso, buscando desafios e caminhos nos quais possa afirmar sua própria natureza singular e individualidade perante os outros. Seu objetivo é tornar-se o número um, elevando-se acima da multidão.

Há um espírito independente em você, e enquanto você puder disfarçar sentimentos intensos de insegurança pessoal, estará determinado a seguir o próprio caminho que escolheu, sem considerar se sua decisão foi certa ou errada.

Você tende a reagir contra os conselhos bem-intencionados dos outros, confiando em sua própria luz, às vezes até se inclinando a agir de maneira contrária, para se auto-afirmar. Finalmente, os amigos mais próximos e a família acabarão percebendo que este é o seu jeito, e vão simplesmente deixar que você continue fazendo o que pretendia, de qualquer forma.

Você tem certas tendências contraditórias, a maior parte das quais está relacionada com uma provável negação da natureza da Lua e um favorecimento das qualidades de Áries. Um exemplo disto é a instabilidade de seu humor, emoções e sentimentos e uma falta de consistência neste nível, que pode irromper em volatilidade emocional e em ações impulsivas e irrefletidas. À medida que as pressões internas vão se acumulando, você tende a agir com rapidez, como uma forma de sair do "aperto" da decisão, na esperança de que a ação seja um fator de resolução. Para você, é incomum demonstrar reflexão e planejamento ade-

111

quados, e você é freqüentemente surpreendido pelas conseqüências de suas ações. Isto pode se dever à ingenuidade egocêntrica ou à inocência ariana, que mesmo assim não impede que você fuja de repercussões negativas e dos lances errados no jogo da vida.

Você pode ser suscetível demais às reações dos outros, mas isto não o desvia da sua impetuosa trajetória; apenas o irrita e diminui a velocidade de sua carreira precipitada para a frente, em alguns momentos de dúvida. Então, você os ignora, porque alimentar tais pensamentos pode expor uma área de sua natureza (o reino lunar) que você prefere esquecer. Se realmente pressionado, você tenta se dominar através da autodeterminação e atitudes fixas, e pode haver ataques de fúria ocasionais se alguém apresentar um argumento viável contra sua própria decisão.

Para equilibrar este relacionamento planetário e suas próprias necessidades interiores não satisfeitas, podem ser requeridos alguns ajustes. Os sentimentos e as emoções devem ser reconhecidos e aceitos; a fuga apenas os força para dentro do inconsciente, causando intranqüilidade e exasperação. Como parte de sua necessidade de auto-afirmação, você precisa aprender que estes sentimentos são uma faceta vital de sua natureza e também requerem liberação e nutrição. Uma provável tentativa de auto-suficiência emocional apenas secará a fonte de vitalidade emocional e das respostas sentimentais à vida. Devido a essa dificuldade com suas necessidades lunares mais profundas, você pode demonstrar alguma resistência à intimidade nos relacionamentos; não a intimidade física ou mental, mas a comunhão emocional e a empatia que ocorrem através do amor mútuo.

Porém, é o movimentos nesta direção que abre as portas a uma maior realização e satisfação, desde que você se torne menos insistente e defensivo quanto à sua necessidade ariana de independência e liberdade. A auto-expressão é muito importante, mas você precisa respeitar seus sentimentos e necessidades emocionais e tomar medidas para satisfazê-las, em vez de querer responder apenas à ação e à novidade. É preciso uma ação mais profunda nos seus alicerces individuais. Quando for estabelecida a conexão com as raízes da Lua e uma corrente de experiências satisfatórias começar a se desenvolver através dos relacionamentos e da autonutrição, a necessidade de ação compulsiva diminuirá e dará lugar a um estado de equilíbrio.

A LUA EM TOURO (SIGNO FIXO)

A Lua está em exaltação no signo de Touro, e isto será demonstrado pela intensificação dos padrões taurinos e lunares de comportamento. O conceito de *raízes* será muito importante, e você vai ter necessidade de segurança e um estilo de vida rotineiro, previsível, para sentir bem-estar. A mudança é vista com franca intranqüilidade, e as reações contra ela serão fortes. Como você se inclina a confiar nos valores e padrões de comportamento estabelecidos, sua tendência será incorporar os costumes dominantes da sociedade e de seu grupo. Aqueles que buscam promover mudanças radicais neste padrão social estático são vistos como ameaças, e pelo fato de seu próprio senso de identidade estar tão sintonizado com esta consciência social coletiva, suas atitudes são tradicionalmente conservadoras e defensoras do *status quo*. Você detesta que seus hábitos sejam perturbados e resiste à necessidade de fazer mudanças. Na verdade, você acha muito difícil alterar seus padrões interiores.

Você tende a manter pontos de vista materialistas e pragmáticos, contando com os aspectos tangíveis da vida e avaliando as coisas através dessa perspectiva. Pode haver uma tendência a descartar certos estilos artísticos e intelectuais de expressão, por serem abstratos demais, e você se sente pouco à vontade com tipos de sentimentos mais sutis, intuitivos, por eles sugerirem e não fornecerem mensagens claras. A segurança financeira é considerada essencial para sua paz emocional, e você deve ter boa capacidade para lidar com finanças, para sustentar seus desejos de viver confortavelmente. O prazer da sensualidade e da luxúria pode torná-lo um pouco apático e preguiçoso, e é possível que você precise ser impulsionado pelos outros para novas atividades e projetos, apesar de que, uma vez reanimado para a ação, seu comprometimento e persistência devem lhe garantir sucesso.

Os relacionamentos íntimos são importantes para seu bem-estar profissional, e eles devem ser bem fundamentados, seguros e leais para que você se sinta satisfeito. Suas energias são aplicadas na construção de uma vida sólida: um lar confortável, segurança econômica, emprego estável, casamento, família e barreiras para manter afastadas as ameaças a esta estabilidade.

Na sua vida interior, há esta mesma tendência. Pode haver negação ou repressão de qualquer impulso ou sentimento que não possa ser facilmente classificado e adaptado ao seu padrão de vida. Também é provável que você tente garantir que suas emoções permaneçam sob controle; a volubilidade é considerada altamente ameaçadora, e você não quer que ninguém à sua volta demonstre constantes mudanças emocionais, mau humor e imprevisibilidade — pois isto o lembra que você não pode controlar tudo.

Subjacente a estas tendências, há a probabilidade de que você se sinta pessoalmente inseguro, duvidando de seu valor e de suas habilidades, com medo de perda e da incapacidade de adaptar-se na ausência de padrões familiares conhecidos. Estas defesas externas incluem o círculo familiar, dependência, comer demais, dinheiro e *status*. Ao mesmo tempo em que você livremente oferece apoio e afeição a sua família, você também pode tratá-la de maneira possessiva, e o importante papel que eles desempenham na construção de suas barreiras de segurança não devem ser subestimados.

113

Você precisa se tornar mais flexível tanto no sentido interior como no exterior. Sua segurança é realmente muito frágil e vulnerável, e está sujeita a ser ameaçada pelas vicissitudes da vida. Mais auto-suficiência e fé em si mesmo ajudaria. Você precisa ter mais confiança na força de sua própria individualidade e em sua habilidade para explorar talentos e recursos pessoais. Os padrões de comportamento não devem ser considerados invioláveis, e deve ser dada a eles maior flexibilidade, já que uma vida sem riscos é virtualmente impossível, e seja como for eles obstruiriam a possibilidade de crescimento. As tendências possessivas devem ser refreadas, assim como padrões de rigidez pessoal, que apenas inibem a vivência e a expressão. Lentamente, essas barreiras precisam ser desmanteladas, os sentimentos, aceitos e expressos, e a determinação para reconhecer a realidade de outras dimensões não-físicas da vida deve ser desenvolvida. O enfoque nas necessidades de segurança começa a reprimir suas respostas sentimentais e condiciona negativamente sua visão de mundo, com medos e ansiedades. Aprender a satisfazer suas necessidades mais profundas e relaxar com diversões liberará suas qualidades e características pessoais superiores, desenvolvendo seu potencial.

A Lua em Gêmeos (signo mutável)

Você sentirá necessidade de estímulo mental, comunicação verbal e tipos variados de relacionamentos. A satisfação de uma curiosidade alerta e o desejo de saber serão prioritários, e sua vida intelectual será uma seqüência de deslumbramentos em áreas do conhecimento que atraem seu interesse durante certo tempo. Embora você possa vir a conhecer superficialmente um grande número de assuntos, você não se tornará um especialista ou terá grande conhecimento em nenhum deles em particular. Mas a influência de Gêmeos concerne a acumulação, o que pode satisfazer parcialmente a necessidade lunar de aquisição. Você vai achar divertido demonstrar esse cabedal de conhecimentos, esperando que os outros fiquem impressionados e o respeitem mais.

O estímulo mental anima sua vida, apesar de que, com a inquietude de Gêmeos e a mutabilidade da Lua, seu interesse na maioria dos assuntos cresce e míngua, para ser redespertado pelo excitante conjunto de idéias que virá a seguir. De fato, palavras, idéias, estruturas conceituais do simbolismo podem ser especialmente atraentes, e nelas você pode quase vir a se perder. O perigo pode estar na armadilha do equívoco, devido a falta de enfoque em certos assuntos.

É provável que você favoreça a dimensão geminiana deste relacionamento astrológico, e haverá muitos benefícios, se você seguir esta tendência. O desenvolvimento mental através do treinamento e da prática pode ajudá-lo a responder a um ambiente altamente estimulante, e qualquer conhecimento adquirido sempre tem uma potencial aplicação no cotidiano. A análise racional pode ser usada na tomada de decisões, e uma qualidade de comunicação mais aprimorada pode ser obtida, quando o intelecto estiver em plena atividade.

Porém, há os aspectos mais negativos de Gêmeos, e é provável que, ao se enfatizarem as características deste signo, a influência da Lua tenha menos expressão e reconhecimento. Os atributos negativos de uma Lua desequilibrada em Gêmeos podem incluir falta de consistência mental, devido a uma tendência a se deixar levar por qualquer influência passageira que surja. As idéias e os projetos são abandonados subitamente porque outros mais excitantes aparecem no horizonte. Manter o interesse e concluir as coisas pode ser difícil, tanto intelectualmente como nos relacionamentos. Você insiste na liberdade para realizar mudanças e tende a aplicá-la buscando variedade em tudo, sendo, inclusive, inconstante com amantes e amigos. Você pode achar difícil manter um compromisso com qualquer idéia ou pessoa por muito tempo, e a inquietude e uma tendência a se entediar facilmente não ajudam a criar estabilidade.

A influência e as necessidades da Lua são provavelmente negadas até certo grau, e mesmo assim infiltram-se em sua vida, apesar das tentativas de bloqueá-las. Suas emoções são instáveis e representam um reino não integrado de sua natureza com o qual você prefere não ter que lidar com muita freqüência. Sua influência sutil quase sempre distorce sua capacidade de racionalização — mesmo que você não tome consciência disso — e ajuda a formar seus julgamentos, decisões e valores pessoais, mesmo que você a vista com disfarces aparentemente racionais. Comece a raspar a superfície de alguns de seus argumentos defensivos e você observará que há neles uma profunda coloração emocional e sentimental e que o que você está protegendo, na verdade, é seu padrão lunar.

Quando a Lua está em Gêmeos, você também pode tentar racionalizar seus sentimentos, reduzindo o nível do sentimento direto ou encobrindo as mensagens deste aspecto do seu ser — táticas de evitação. Ignorar as profundas necessidades instintivas e sentimentais pode levá-lo a um típico comportamento geminiano negativo e compulsivo; falar o tempo todo, absorver continuamente informações, num constante turbilhão de superficial atividade social e a dispersão e dissipação de energias pessoais.

Se isto estiver ocorrendo, pode ser que os padrões interiores estejam veiculando mensagens confusas quanto à validade de seus sentimentos e instintos, e uma falta de autoconfiança nas exigências e necessidades de sua natureza física e emocional. Sua mente torna-se excessivamente dominante e desarmônica com outros níveis de seu ser total. Para começar a refazer este equilíbrio, você precisa interromper essa variação de atividades e interesses, e começar, ao menos temporariamente, a centrar-se novamente e parar de deslocar sua identidade para interesses externos ou ambientes sociais. Os relacionamentos precisam ser transformados para que você fique livre para explorar e expressar o que sente. Você precisa se concentrar na qualidade da comunicação pessoal e numa comunhão mais profunda com um grupo mais seleto e íntimo de amigos e com a família. Em essência, você precisa evocar novamente a Lua em si mesmo, integrar seus sentimentos negados e permitir sua expressão. A atividade intelectual não deve ser usada como sucedâneo para os sentimentos pessoais. Você precisa reconhecer seus sentimentos instintivos reprimidos e necessidades emocionais, para fundir sua personalidade numa totalidade harmoniosa, em vez de acreditar que pode encontrar satisfação ignorando suas mensagens interiores. Estas necessidades também fazem parte de você e devem ser aceitas na consciência.

A Lua em Câncer (signo cardinal)

A Lua rege Câncer, e isto enfatizará o grau de intensidade e profundidade emocionais que você vai vivenciar. É provável que seu condicionamento nos primeiros anos da infância terá profunda influência sobre seus padrões de comportamento adulto. Haverá forte ligação com os pais e sua presente vida doméstica e familiar. Seus alicerces repousam nas profundezas emocionais, por isso você tem grande necessidade de sentir-se seguro e estável em tudo o que se relaciona com suas emoções e sentimentos. Os relacionamentos devem ser estáveis, leais e relativamente previsíveis, tanto na aparência como na realidade, porque você possui uma psique que reage nos níveis emocional e sentimental. Assim, se o parceiro está infeliz e descontente, mesmo que isto não seja comunicado abertamente, você o perceberá através de sensações mais sutis. A excessiva absorção do humor e dos sentimentos dos outros, tanto negativos quanto positivos, influenciarão seu próprio comportamento e bem-estar. Como isto provavelmente entrará em você através do estômago, plexo solar e coração, é recomendável que você se proteja fisicamente de todas as influências externas indesejáveis.

Como a maior parte de sua vida é condicionada por suas respostas sentimentais profundas e por padrões de comportamento da infância, você será beneficiado, se entendê-las melhor. Observe especialmente a influência de sua mãe sobre a formação de seus valores, atitudes e convicções. Examine qualquer lembrança de sofrimento emocional que você ainda remoa, e perceba as feridas emocionais que você carrega; note como você freqüentemente reage fortemente aos comentários pessoais, como você tende a imaginar "o que eles pensam/sentem" sobre você, e veja as flutuações de seu relacionamento com as pessoas. Observe como você tem a tendência de avaliar os outros através das emoções e da intuição; veja como suas atitudes, convicções e valores estão ligados a tendências emocionais; veja o poder emocional tomando as principais decisões por você, e como suas reações são geradas pelas emoções.

Você pode vivenciar a instabilidade emocional, que vai da negação das necessidades à possessividade emocional, dependência e sufocação dos parceiros e da família. Aceitar as necessidades da Lua em Câncer é vital, já que elas existirão por toda a sua vida. Apenas a compreensão de como elas funcionam em você limitará a natureza compulsiva e inconsciente de grande parte de sua atividade. Você será capaz de perceber com maior clareza os padrões ativados em você, mas escolha uma maneira de responder mais conscientemente, em vez de seguir estas reações automáticas dominantes.

Você precisa amar e ser amado, viver um nível profundo de contato com o parceiro ou a família. Este contato fortalecerá seu senso de segurança. Traços de dependência excessiva não devem ser alimentados pelo pensamento, pois poderão deixá-lo muito vulnerável ao comportamento instável dos outros e propenso demais à manipulação emocional. A tendência a retirar-se para uma concha interior deve ser modificada, para não restringir ao ambiente familiar seu raio de atividades sociais e o desenvolvimento do potencial pessoal. Você precisa ter fé em si mesmo para superar as situações desafiadoras e para progredir, em vez de se mover em círculos de hábitos repetitivos.

A LUA EM LEÃO (SIGNO FIXO)

Há um forte senso de individualidade com esta posição e, freqüentemente, uma natureza emocional autocontida que, apesar disso, é atraída à gratificação emocional de se expor ao foco de atenção, aprovação e aplauso. A atenção é um combustível emocional, e você tende a demonstrar uma petulância infantil se lhe for negada esta necessidade, a dramatizar seus sentimentos e a fazer demonstrações emocionais exageradas quando suas exigências de atenção são ignoradas pela família, amigos ou colegas. Seu ego e vaidade são facilmente feridos, por alta suscetibilidade à crítica, e você tende a ficar de mau humor e a remoer qualquer comentário negativo.

Provavelmente, há uma necessidade compulsiva de sucesso e atenção pública, que pode ter raízes na infância, especialmente no relacionamento com seus pais. Você procura afirmar uma convicção de que seu lugar é no centro do universo, como o Sol rodeado de planetas. Para alguns, você pode parecer confiante e convincente demais, ou mesmo convencido, mas isto é uma expressão de uma força interior intrínseca, e você é muitas vezes guiado por esta integridade interior, responsabilidade e senso de objetividade. O fato de Leão ser um signo fixo implica capacidade de concentrar a vontade, que deve ser expressa, uma vez determinada a direção. Sua vontade pode ser rígida e apenas se dobra por necessidade considerável, em vez de ser intrinsecamente flexível e conciliadora.

Você precisa de relacionamentos íntimos, já que tem uma profunda necessidade de amar e ser amado, e no relacionamento de amor há espaço para expressar e receber admiração e apreciação. Sua auto-determinação emocional, associada a um magnetismo pessoal, podem torná-lo atraente principalmente para pessoas que buscam um parceiro mais forte ou para aqueles de natureza igualmente independente. A teimosia pode causar atrito e conflito quando as vontades se chocam, especialmente se você tentar dominar o parceiro ou membros de sua família, e isso às vezes acontece, quando certo grau de imaturidade emocional é demonstrado. Porém, você quer realmente melhorar, e uma vez passado o momento e serenados os ânimos, você consegue identificar o botão emocional que foi apertado e resolve que "da próxima vez não vou reagir a isto". O tempo dirá.

Se a natureza da Lua for negada, podem ocorrer sinais de atividade compulsiva, especialmente auto-adulação, querer tomar conta do centro do palco, ego inflado e comportamento dominador com qualquer um que não consiga resistir. O "complexo de superioridade" é visto com freqüência em hierarquias sociais e profissionais. Isto ocorre quando a insegurança se oculta sob a superfície e a auto-estima precisa vir do *status* ou da atenção dos outros. Geralmente, há suscetibilidade à adulação e uma necessidade de aprovação social.

Há potencial para desenvolver uma abordagem construtiva e otimista das experiências de vida e das necessidades da personalidade. Talvez você precise criar formas de satisfazer suas próprias necessidades, em vez de ficar dependente dos outros, a apreciar e valorizar seus próprios talentos e qualidades e aceitar a totalidade de sua natureza. Trate de satisfazer suas próprias necessidades emocionais e sentimentais; se você o conseguir, isso diminuirá sua necessidade de compensação e de representar no centro do palco e você ficará menos vulnerável à reação da platéia.

A LUA EM VIRGEM (SIGNO MUTÁVEL)

Com a Lua em Virgem, você prefere desenvolver um estilo de vida ordenado, disciplinado e controlado interior e exteriormente, e você tenderá a seguir padrões de comportamento repetitivos que dão uma sensação de estabilidade na vida, mesmo que apenas através da previsibilidade. Enquanto você opta por querer racionalizar tal comportamento ou tentar justificá-lo recorrendo a dogmas religiosos, filosóficos ou morais, o impulso que está por trás dessa autodefesa é o medo do caos, com a liberação de forças emocionais incontroláveis. Você recusa a si mesmo plena liberdade de expressão, restringindo-se física, emocional e mentalmente ao que você considera socialmente aceitável.

Como parte desta auto-estruturação, você será atraído por teorias intelectuais e sistemas de pensamento que objetivam impor significado, ordem e coerência aos mistérios da vida. A ciência pode ser uma abordagem, assim como o desenvolvimento de uma perspectiva lógica, racional e objetiva. O maior perigo disto é você formar um conjunto de idéias excessivamente rígido, recusando-se a aceitar ou permitir qualquer visão de mundo diferente da sua.

É provável que você tenha uma tendência perfeccionista, freqüentemente associada a uma preferência pelo detalhe, aparência e minúcias nas coisas. Ao enfocar as partes, você muitas vezes perde a visão do todo; a análise pode ser fascinante, mas a revelação e o significado estão no ato da síntese.

Talvez você seja autocrítico e implacável demais, punindo-se por não conseguir satisfazer seus padrões de exatidão. Além disso, aplicar estes padrões às outras pessoas pode gerar atrito, já que nem todos considerarão suas prioridades e avaliações válidas. Seu perfeccionismo nem sempre é apropriado, e alguns acham sua atenção ao detalhe irritante e desnecessária. Como você é um trabalhador consciencioso e prático, poderá ser um chefe rigoroso, mas sua tendência ao trabalho obsessivo e à devoção ao dever podem também sufocar os relacionamentos com os colegas de trabalho. Tentar conter as energias da vida numa categorização e ordem eficientes pode despi-las de toda a vitalidade; previsíveis e controladas, sim, mas sem valor futuro.

É importante sentir-se útil, e você será um simples servo da vida, devido à sua natureza quieta, reservada e retraída. Com sua ética de trabalho, você pode achar difícil desembaraçar-se, e é possível que venha a se tornar obsessivamente ativo na tentativa de se sentir útil e de evitar encarar outros aspectos de sua vida. Pela mesma razão, você pode desenvolver uma obsessão com relação à saúde, alimentação e higiene.

Seu ponto fraco é o reino dos sentimentos e das emoções trancado no inteletualizado e apertado reduto mental, e você tende a usar sua mente como defesa contra seus sentimentos, muitas vezes negando sua validade e tentando ignorar seus movimentos interiores. Na pior das hipóteses, você pode se tornar uma personalidade quase estéril e seca como conseqüência da repressão prolongada. Em conseqüência da perda de contato com seus sentimentos, instintos e emoções, as características virginianas começam a apresentar suas qualidades negativas através de sua vida, afetando todos os relacionamentos e seu próprio estado de espírito.

Para evitar isto, você precisa aprender a aceitar a plenitude de sua natureza, sem insistir em enfatizar o controle mental e a negação de suas necessidades físicas e instintivas. Através da auto-aceitação, você será capaz de expandir sua tolerância e compreensão, tornando-se mais flexível e capaz de vivenciar plenamente sua natureza humana. Você poderá renunciar à sua rigidez de pensamento e visão de mundo, e um novo universo de potencialidades surgirá, a salvo de suas tentativas de limitação. O reconhecimento de seus sentimentos, emoções e instintos e o respeito às suas necessidades e mensagens lhe trará imensos dividendos pessoais. O reequilíbrio de sua natureza o conduzirá à totalidade, e as censuradas energias interiores voltarão a fluir livremente. Os estágios iniciais desta mudança podem ser dolorosos, e você talvez se sinta ameaçado por estar lentamente pondo abaixo as barreiras e queira reconstruí-las, mas se você persistir, poderá renascer e ser capaz de usar conscientemente as qualidades benéficas de Virgem em harmonia com as necessidades de autonutrição de sua Lua. Sua auto-estima terá um crescimento natural através do desenvolvimento pessoal, em vez de ser uma frágil construção protegida por uma série de defesas interiores contra a invasão do mundo e das emoções. Aprender a confiar em si mesmo e no mundo é o passo a ser dado em direção ao progresso.

A Lua em Libra (signo cardinal)

Com a Lua em Libra, grande parte de seu sentimento de valor próprio está ligado à aceitação social e os relacionamentos e sua autopercepção freqüentemente dependerão do que você acha que os outros pensam de você. Se as pessoas o criticam, ou você tem relacionamentos desarmônicos, sua saúde e vitalidade são afetadas, assim como sua auto-estima e confiança. Seu bem-estar emocional depende de você se sentir amado, querido, apreciado ou admirado pelos outros, principalmente pelos que estão mais próximos, tais como colegas e parceiros íntimos ou família. Você acha difícil nutrir a si mesmo e satisfazer suas próprias necessidades instintivas sem depender de outras pessoas.

O condicionamento social, valores culturais, atitudes de grupo e convicções têm uma profunda influência sobre você, especialmente as pessoas que têm ideais superiores, e muitas vezes é através destes valores que você avalia os outros. Porém, esta perspectiva de juízo também o coloca sob a pressão do julgamento alheio, pondo em risco sua auto-estima.

É provável que haja uma consciência de classe e *status* social, e você pode ser motivado pelo desejo de melhorar sua posição na sociedade, talvez ligando-se a determinado tipo de pessoas ou criando um estilo de vida elegante e sofisticado e um ambiente doméstico próspero. De várias maneiras, você tentará construir um estilo de vida que exclua aspectos que não combinem com seu padrão, tentando proteger sua sensibilidade de realidades mais duras. Você acha importante refletir a necessidade libriana de um ambiente doméstico harmonioso, com charme, elegância e beleza, e vai gostar de compartilhá-lo, oferecendo reuniões sociais agradáveis.

Sua necessidade de aprovação pode significar que você segue o caminho do grupo em vez de ouvir suas próprias diretrizes interiores ou necessidades pessoais, devido ao medo de ser esquecido ou alienado pelo grupo. Você tem necessidade de pertencer, e isto é projetado nos agrupamentos sociais, porém, sua necessidade mais profunda é possuir e refletir sua natureza plena. Ao tentar agradar aos outros e tornar-se indispensável, você pode estar coibindo áreas de sua própria natureza, especialmente as qualidades da Lua, que resultam em repressão emocional e negação de seus próprios instintos sentimentais.

Na tentativa de minimizar a desarmonia, Libra tende a evitar o conflito, interior ou exterior, especialmente nas penosas áreas do *self* e da vida, preferindo ignorá-las ou fugir delas. Este é o caso mais freqüente, em que a alternativa é encarar as realidades de um relacionamento que requer o confronto direto, a fim de resolver as diferenças em desenvolvimento e para que um nível mais profundo de comunicação desanuvie o ar. Como os relacionamentos são vitais para a natureza de Libra, você deve evitar sentir medo de ficar sozinho, pois se ele estiver presente a dependência também estará. Às vezes, você pode se satisfazer apenas em manter nos relacionamentos as aparências e uma harmonia superficial, em vez de assegurar uma harmonia mais profunda.

Embora as tendências librianas sejam as da mente, do intelecto e da objetividade, as necessidades da Lua não devem ser ignoradas. É essencial que você também as respeite para se tornar autoconfiante e seguro de seu próprio valor, a despeito do que os outros pensem de você. Suas necessidades lunares devem ser reconhecidas, aceitas, e toleradas em seu estilo de vida, porque ao respeitar suas próprias necessidades você será capaz de respeitar as dos outros. A dependência mútua não é tão forte quanto a auto-responsabilidade. Você precisa ouvir todas as suas mensagens interiores, encontrando sua própria trilha, em vez de apenas seguir o caminho superlotado das massas. Ser auto-afirmativo não significa perda de relacionamento; na verdade, pode trazer contatos mais profundos e satisfatórios, baseados no respeito mútuo quanto à singularidade individual. Siga o rumo indicado por seus sentimentos; não estabeleça a harmonia superficial como a melhor alternativa para a desarmonia; confie nas mensagens de sua Lua para guiá-lo a uma maior integração. Estas mensagens lhe darão um senso de bem-estar e harmonia que não depende de apoio externo. Só então a balança libriana estará em equilíbrio entre as realidades interior e exterior.

A LUA EM ESCORPIÃO (SIGNO FIXO)

A Lua está em sua fase declinante em Escorpião. Suas emoções serão intensas, poderosas e transitórias, e você tentará manter bem fechada a porta das paixões potencialmente fervilhantes, ao invés de permitir sua expressão desenfreada. Para você, parece ser essencial manter o controle emocional, já que você conhece sua vulnerabilidade neste nível. Você pode parecer bem senhor de si, mas os outros estão vendo apenas a máscara inescrutável de Escorpião, que raramente cai para revelar a intensidade emocional por trás do estrito controle.

Nos relacionamentos, você tende a procurar paixão e intensidade para um total envolvimento com o amante e levará muito a sério seus relacionamentos, tornando-se profundamente comprometido, embora tente resistir a render-se à intimidade plena; antes de dar-se conta, você foi fisgado. Apaixonar-se é como uma descida ao seu próprio submundo; quando ele vai bem, é fascinante e obsessivo, evocando grandes riquezas e prazeres, mas infligindo grande sofrimento quando fracassa, deixando seu coração (e mente, e alma) em poder do amante. Você pode conseguir resistir a uma experiência de tal intensidade, mas às custas de negar o envolvimento pleno na intimidade. No esforço de proteger ou esconder suas emoções vulneráveis, você inibe um contato mais satisfatório e íntimo.

Ciúmes, possessividade, obsessão e preocupação sexual poderão emanar das energias de Escorpião, e o impulso para descobrir as uniões será forte, principalmente nos níveis sexual e emocional, onde você poderá buscar a absorção no outro, ou absorver o parceiro sob sua própria dominação. Para você, ser rejeitado é doloroso, o que o leva a entrar num turbilhão e confusão emocionais e freqüentemente está planejando vingança, ruminando as feridas emocionais e mantendo ressentimentos, até que o tempo cure seus sentimentos traídos. Você pode reconhecer isto como uma tendência, mas daí a mudar ou redirecionar essas poderosas energias é outra questão. Devido à insegurança, você pode ter medo de perder os que ama, o que pode levá-lo a tentar controlá-los para garantir que permaneçam de algum modo ligados a você.

Se você reprimir seus verdadeiros sentimentos, esta energia poderá emergir como uma tendência a manipular, mandar e dominar, principalmente através do seu poder financeiro ou sexual, ou irromper num comportamento de vingança, despeito e malícia. Fortes necessidades e desejos não satisfeitos, vitalizados pelas emoções intensas, podem levar a um comportamento compulsivo no qual os instintos inconscientes começam a dirigir sua vida. Sejam quais forem seus desejos, lá também estarão suas emoções, ativando-os incessantemente; satisfazer estes desejos é uma forma de ganhar respeito emocional. Entretanto, satisfazê-los às custas dos outros não é a forma correta de proceder. Vontade-desejo-emoção são a fonte de sua motivação, e se você definir seus objetivos nada impedirá seu sucesso. Se este triângulo de energias não for plenamente ativado, você pode não conseguir agir com decisão e eficácia.

Você precisa entender sua dinâmica interior, aprender a aceitar e lidar com esta usina emocional volátil, para que, em vez de despender esforços na sua repressão, você aprenda a canalizá-los construtivamente para seu próprio desenvolvimento. Seus sentimentos são diretrizes interiores e devem ser considerados; em sua própria privacidade, você deve honrá-los e procurar satisfazer suas necessidades. Ignorá-los apenas inflama ainda mais as emoções, que podem chegar a se incendiar, provocando uma conflagração que acabará em explosão, causando danos a você, ao seu estilo de vida e aos que lhe estão próximos.

O caminho é descer às suas profundezas interiores, procurando descobrir a raiz mais profunda de sua própria identidade, onde você possa estabelecer confiança e alicerces seguros. Seu potencial é considerável, mas para revelá-lo você precisa passar por uma transformação, através da qual recursos e qualidades inatas possam ser desenvolvidos. A dor emocional pode ser o impulso para seu redirecionamento, e um componente essencial de sua mudança interior estará relacionado à posse e reintegração das emoções, sentimentos e instintos reprimidos. Trazê-los de volta ao nível da consciência é o primeiro passo para curá-los, através da expressão de suas mais profundas necessidades de autonutrição. Ao enfocar seu centro fundamental, você deve ser capaz de dirigir suas energias ardentes e não ficar à sua mercê. Então, você aprenderá a dominar estas energias, segurando as rédeas do conhecimento com um controle consciente, como o Carro do baralho do Tarô. Compreendendo-se, você conseguirá satisfazer suas próprias necessidades, em vez de ficar manipulando os outros para que eles façam isto por você ou, de outras maneiras, escorar-se emocionalmente nas pessoas.

Pode não ser fácil dar este passo, mas a tentativa oferecerá um potencial de grande riqueza e estabilidade interiores. Tomar as rédeas deste poder emocional pode ser a chave para realizar os sonhos de sua vida e, ao menos, garantir que você se sinta à vontade e satisfeito com sua própria natureza. A auto-aceitação propicia um relaxamento profundo qua ajuda o florescimento de relacionamentos mais satisfatórios. Você tem a chave de sua própria plenitude: inseri-la na fechadura de sua natureza e abrir esta porta interior pode vir a ser a ação mais importante de sua vida.

A LUA EM SAGITÁRIO (SIGNO MUTÁVEL)

Com a Lua em Sagitário, o impulso dominante é direcionado para a liberdade física, emocional, mental e espiritual. A necessidade de "libertarse *de*..." pode ser facilmente reconhecida, mas "libertar-se *para*..." pode ser estranha. Você tem um poderoso ímpeto expansionista, e sua necessidade de transcender barreiras e limites é insistente, apesar de que isto pode atuar contra as necessidades de comprometimento e perseverança, como uma tendência escapista que se apresenta sempre que as obrigações se tornam muito opressivas. Parte desse impulso expansionista é orientado para a exploração do potencial pessoal de qualquer modo que o favoreça. Você pode ter uma necessidade particular de deixar as opções em aberto, evitando decisões fixas por insistir na mobilidade e liberdade de escolha. Você pode resistir, em especial, aos laços de relacionamento.

É provável que a intelectualização e o idealismo sejam fortes, assim como atitudes otimistas e voltadas para o futuro. Você sentirá, de forma bem intensa, a necessidade de um sistema de convicções distinto, com aspirações elevadas. Este sistema de convicções não precisa ser convencional ou tradicional — apesar de que você pode ter absorvido parte dele nos seus primeiros condicionamentos sociais —, mas ele deve satisfazer sua natureza idealista. A maioria das convicções são ambivalentes na sua verdadeira aplicação à vida real, e, dado seu modo de encará-la, é provável que seja este o caso, podendo tais crenças ser expansivas e universalmente tolerantes ou estreitas e sectárias. Olhando através dos óculos cor-de-rosa de sua própria percepção, suas convicções sociais são fortemente influenciadas por fatores emocionais inconsistentes e, portanto, carecem de objetividade. Às vezes, uma credulidade ingênua pode deixá-lo na mão ou envolvê-lo em questões que talvez não sejam muito do seu interesse.

Você provavelmente será gregário, gostando especialmente de trocas intelectuais, e freqüentemente será, de várias formas, muito generoso com amigos e colegas. O companheirismo é importante para você, e até nos relacionamentos íntimos ele será vital. A compreensão da multiplicidade das diferenças individuais pode ser menos evidente e constituir um ponto cego em você. Talvez você não consiga reconhecer as necessidades individuais dos outros, do mesmo modo como não vê as suas. Você pode adquirir auto-estima exercendo influência social através de seu intelecto, talvez vestindo a toga de professor. O impulso expansionista pode levá-lo a explorar outros países; você pode reagir a ficar preso a uma localidade física e quando se sentir amarrado pode fugir para longe a fim de reafirmar sua independência.

Há uma forte autoconvicção, e você freqüentemente sentirá que tem sorte e irá testá-la, talvez apostando em relacionamentos, mudança de profissão, de casa ou especulações financeiras. Entretanto, você deve ter dificuldades para aceitar sua natureza emocional; é difícil e imprevisível adequá-la a uma estrutura de convicções, e quando ela está ativa tende a envolvê-lo em situações íntimas que ameaçam sua liberdade e flexibilidade. Você costuma considerar as obrigações e responsabilidade inimigas de sua liberdade, ouvindo o alarme disparar sempre que alguém cruza o limite invisível, temendo que as grades o aprisionem para sempre.

Assim, você tende a inibir e reprimir o envolvimento emocional ou, se você se surpreende em situações de relacionamento emocional, começa a procurar razões e meios de escapar. Se as barreiras interiores são continuamente erigidas contra o contato com estes sentimentos perturbadores, as qualidades sagitarianas superiores podem acabar se distorcendo. Você pode impor um sistema rígido de convicções a sua visão de mundo, procurando fugir fisicamente das situações, evitando comprometer-se com suas decisões e com as pessoas. Você pode evitar confrontos, fazendo como o avestruz — enterra a cabeça na areia e espera que o problema vá embora. Você pode evitar as questões emocionais com o frenesi da atividade externa e do estímulo mental. Você pode sonhar com planos a longo prazo, em vez de aplicar seus esforços para

124

atingi-los no presente; você pode evitar tomar decisões e adiar suas ações e absorver-se em fantasias idealistas em vez de aceitar a realidade menos glamourosa; ou pode amplificar seu intelecto às custas da repressão de seus sentimentos.

É necessário um equilíbrio reorientador entre as energias da Lua e de Sagitário, a fim de que as energias superiores de uma e outro se expressem e as necessidades de cada um sejam igualmente respeitadas. A independência e a auto-responsabilidade precisam ser cultivadas, para que você não use o sistema de crenças externo como um escudo para enfrentar o mundo real e sua própria natureza inexplorada. É necessário um certo grau de auto-reflexão para que você perceba e expresse sua natureza instintiva e emocional, ouvindo suas mensagens murmuradas e os movimentos sutis dos sentimentos que indicam suas verdadeiras necessidades e como você deve satisfazê-las. Estas mensagens lunares podem agir como inspiração, e o reconhecimento de sua validade e importância pode ser um passo vital para a auto-integração. Se você precisa contar com uma visão de mundo, tente formar uma que seja individualmente adequada a suas próprias necessidades, que incorpore a totalidade de seu ser e não reflita apenas uma parte dominante. Para você, a maturidade envolve o equilíbrio da liberdade pessoal, com as inevitáveis restrições e limitações do cotidiano; a exploração pode ocorrer em qualquer circunstância, já que a liberdade é um estado de espírito e independe do ambiente externo. É um reino interior de liberdade que oferecerá a você o sentido mais profundo de um santuário satisfatório.

A Lua em Capricórnio (signo cardinal)

A Lua está em detrimento em Capricórnio. A ênfase de sua necessidade interior está em obter a aprovação dos outros e em conquistar *status* e reconhecimento social. Isto pode se dar através da obtenção de influência e poder no mundo financeiro ou comunitário, e grande parte de sua auto-estima e autoconfiança virá deste relacionamento social. Como você tem uma insegurança inata e dúvidas quanto ao seu valor pessoal intrínseco, você precisa do reconhecimento e da aprovação dos colegas e da família para ajudá-lo a começar a amar-se e aceitar sua natureza como ela é.

A fonte destas dúvidas interiores pode estar numa perspectiva infantil de não se sentir amado; uma perspectiva que pode ter sido apurada ou indubitavelmente intensificada por uma tendência natural de amplificar os períodos em que você sentiu falta de contato amoroso com os pais. Pode ter havido uma diminuição da demonstração de afeto e carinho, e o nível sentimental do relacionamento pode não ter se desenvolvido suficientemente, ou talvez as emoções tenham sido firmemente mantidas sob controle. O resultado é o desconforto com este aspecto de sua natureza. Capricórnio tem tendência a negar ou reprimir as emoções.

É provável que haja falta de confiança e fé na vida, aliada a uma atitude reservada e cautelosa, em que a vida é observada de uma perspectiva séria, com a adoção de uma filosofia mais materialista, com ênfase no sucesso do mundo exterior. Você tentará escorar os sentimentos de insegurança ou inadequação com a conquista de poder social, reforçando seu ego através de posições de autoridade, prestígio e influência na vida dos outros. Você ambiciona o sucesso tanto pelo *status* como pela segurança financeira que podem ser alcançados, assim como em nome da autovalorização.

Você será um trabalhador incansável, talvez por ver-se a caminho de algum destino pessoal, que concentrará seus esforços ainda mais, já que você pode estar desejando dedicar-se a cumprir esta missão, mesmo que ela tenha uma tendência nitidamente pessoal. O trabalho é importante para você, e para se sentir satisfeito, você precisa ter a apreciação e o reconhecimento das pessoas. Seguir seu próprio caminho pode levar a atritos com os outros, principalmente se você se tornar muito egocêntrico em relação a seus propósitos ou começar a se exceder no exercício de cargos de responsabilidade. Pode ser que você não perceba os sentimentos dos outros, o que o leva a agir sem diplomacia. A manipulação e a intriga nem sempre trabalham a seu favor; você é suscetível aos comentários e às opiniões alheias, mas não consegue aplicar esta mesma sensibilidade aos que estão próximos a você.

Subjacente a estas tendências, há uma necessidade de sentir-se querido, porém você pode expressar esta necessidade de forma distorcida. Seus próprios sentimentos são freqüentemente negados e ignorados, já que o lembram de um aspecto de sua natureza que não está sob seu controle, uma área que é um reino desconhecido e que você acha ameaçador. Sentindo-se fraco e vulnerável, com medo da rejeição emocional, você prefere lidar com a tangibilidade do mundo material do que com o fluxo mutável das emoções interiores, tentando focalizar sua atenção na construção de uma sólida estrutura organizacional em torno de você como alicerce para atingir esses objetivos compensatórios.

Você precisa reconhecer estas necessidades mais profundas, desenvolver meios através dos quais possa nutrir a si mesmo, permitindo trocas emocionais igualmente mais profundas e liberando os sentimentos. Conter e reprimir estes sentimentos pode levar à depressão, sensação de inutilidade, negatividade e autocrítica. Você precisa correr o risco de abrir-se para o mundo, à medida que se empenha em entrar em contato com o senso mais profundo de autovalorização que existe sob suas tendências de personalidade. A segurança está dentro de você e não no *status* ou nas posses materiais. As pessoas o amarão não por aquilo que você possa ter alcançado; você será amado pelo que você é. Dedique-se a desenvolver seu próprio potencial, a integrar sua totalidade e a desenvolver seu próprio caminho para incluir nele a vitalidade e o calor do genuíno relacionamento humano.

A Lua em Aquário (signo fixo)

A Lua em Aquário indica que haverá uma forte consciência social influenciando-o e que muitas de suas necessidades pessoais estarão conectadas a grupos ou organizações sociais. Há uma atração para o envolvimento com grupos socialmente ativos, apesar de se tratar mais de grupos de pressão radicais do que organizações sociais estabelecidas, devido a sua natureza intrinsecamente rebelde. Você acha que a visão e os valores idealistas de tais grupos é muito atraente, tanto intelectual quanto emocionalmente, e como Aquário é o signo da consciência de grupo, você vai aderir, ao menos mentalmente, a estes grupos progressistas. Porém, como você se considera altamente individualista, realmente trabalhar em grupo pode não ser muito adequado a você, já que você está determinado a seguir sua própria abordagem iconoclasta. Você pode desfrutar da liberdade de permanecer à margem, como observador, ao invés de realmente envolver-se.

Socialmente, você gosta de construir uma ampla rede de amigos e conhecidos, onde há espaço para vários relacionamentos baseados na comunhão de interesses sociais e criativos. Agrada-lhe a variedade e o estímulo mental consciente, e freqüentemente sua casa torna-se um local de reunião de indivíduos que compartilham as mesmas idéias. A revolução pode ocorrer apenas em sua mente, mas você gosta de refletir sobre as mudanças do mundo e expressar suas novas percepções, mesmo que seja apenas para observar seu efeito sobre as pessoas. Porém, você pode dedicar-se a uma causa ou crença, e suas atitudes serão genuínas, mesmo que não tenham uma aplicação na prática.

Relacionar-se com a humanidade como um todo é mais fácil para você do que o relacionamento a dois, principalmente os contatos íntimos. Suas emoções não são especialmente bem integradas, e às vezes seu redemoinho social serve como desculpa para evitar seu medo de proximidade emocional. Você intelectualiza suas emoções em vez de experimentar diretamente seu poder e intensidade; o nível sentimental é desviado para a avaliação mental, pois se não for assim você poderá sentir-se ameaçado por sua ferocidade. Ao exigir liberdade emocional no relacionamento, você estará apenas tentando manter à distância suas emoções, o que pode manifestar-se em medo de comprometimento, mesmo que ele seja realmente necessário.

A Lua não está particularmente feliz em Aquário. As emoções, instintos e sentimentos da Lua tentam libertar-se da impessoalidade e do enfoque mental de Aquário, buscando uma aproximação maior e uma satisfação das necessidades não reconhecidas. As energias aquarianas podem estimular mudanças súbitas e radicais no estilo de vida, como forma de escapar das responsabilidades familiares ou da repressão emocional.

A Lua e Aquário devem entrar em maior harmonia se você começar a respeitar estas necessidades emocionais e instintivas, resistindo ao impulso de saltar para a liberdade. Sua solidariedade com as necessidades da humanidade são genuínas, comprometendo uma resposta de coração de sua parte; porém esta resposta também deve ser liberada em todos os aspectos de sua vida. Desenvolver seu próprio potencial significa trabalhar com toda a sua natureza e reconhecer suas emoções e sentimentos como parte vital da individualidade singular que você tanto valoriza em si mesmo. Ignorá-las é como amputar uma perna. Deixe suas emoções naturais fluírem mais facilmente, siga suas mensagens em vez de ficar atento apenas a seu intelecto e sistemas lógicos e filosóficos, do contrário, você poluirá e danificará o sistema ecológico pessoal de sua natureza; e como a água estagnada, ele se tornará envenenado e fétido, distorcendo suas avançadas idéias sociais e destruindo sua humanidade.

Permitir que a vitalidade emocional flua também intensificará sua percepção intuitiva e liberará sua criatividade natural. Isto lhe permitirá oferecer uma contribuição maior à sociedade, assim como vitalizará seus reinos interiores, melhorando a qualidade de seus relacionamentos íntimos.

A LUA EM PEIXES (SIGNO MUTÁVEL)

A Lua em Peixes indica que você pode ser um sonhador emocional, altamente sensível às marés de seus sentimentos e das pessoas à sua volta. Esta alta sensibilidade beira a habilidade psíquica, e você estará aberto a impressões da psique emocional coletiva, agindo quase como uma esponja psíquica, deixando vulnerável o nível inconsciente interior. Sem se dar conta, você freqüentemente reflete o humor e os sentimentos dos que lhe estão próximos, acreditando erroneamente que são seus próprios sentimentos. Você pode carregar o fardo emocional de muitos, o que pode pesar sobre seu próprio espírito. Alguns podem tirar vantagem de sua atitude de auto-sacrifício, tentando transformá-lo em vítima ou mártir de seus próprios fins. Assim, você precisa se proteger desta sua tendência inconsciente.

A vida real não é do seu gosto; pode ser muito dura e exigente, causando grande impacto em sua natureza sentimental maleável e desgastando-o através da constante agitação emocional. Pode haver uma tendência a buscar fuga na imaginação, nas fantasias e sonhos e no vício do álcool, drogas e atividade sexual. A exposição prolongada a seu mundo privado de sonhos pode deixá-lo ainda menos capaz de lidar com as exigências da existência humana, e muito tempo e esforço são despendidos em sonhar com um futuro melhor em vez de agir para obtê-lo.

Você terá fácil acesso ao seu inconsciente, o que pode causar certos problemas. Isto pode intensificar sua criatividade através de canais como a poesia, arte e música, mas deve ser cuidadosamente disciplinado e orientado. Se tais canais de expressão não estiverem disponíveis, podem ser desenvolvidos, e se você não conseguir direcionar estas energias, elas vão ficar circulando em sua própria natureza. Isto significa que elas poderão amplificar sua sensibilidade, emoções e sentimentos e provavelmente o tornarão psicologicamente mais vulnerável. O perigo é o desequilíbrio e o estímulo a algumas tendências piscianas mais negativas. Podem surgir sentimentos de culpa e perseguição, assim como uma tendência ao martírio, hipocondria ou perda do contato com a realidade do cotidiano, com a dominação do mundo dos sonhos. O inconsciente pode inundar sua personalidade, fazendo-a submergir, criando neuroses e psicoses em personalidades não integradas.

Porém, igualmente, há uma dimensão positiva que pode ser desenvolvida através de suas próprias escolhas. É provável que haja uma aptidão mediúnica, que pode ser desenvolvida através da moderna técnica de "canalização", através da qual os professores interiores podem ser contatados para orientação e apoio (embora seja necessário discriminar para garantir que as mensagens são genuínas e confiáveis). Seus sentimentos e emoções são expressos facilmente, há em você poucos bloqueios, e você está acostumado a seguir as mensagens destes impulsos interiores, mesmo excluindo a racionalidade, às vezes! Sua empatia natural pode ser desenvolvida com a ajuda prática e o apoio aos outros, através de aconselhamento, cura ou ensinamento. Seus ideais e sonhos de um mundo melhor podem tornar-se mais reais se você viabilizar suas visões e manifestar as realidades espirituais no nível físico. Cesse qualquer tendência de viver sucedâneos de sentimentos e experiências alheias e reabsorva suas projeções trazendo-as de volta a si mesmo, para que se siga uma maior integração, ao invés de permitir que ocorra uma desintegração por você se perder nos outros. Faça uma abordagem mais positiva, respeitando seus próprios sentimentos e deixe de achar que os sentimentos dos outros são mais importantes. Valorize sua contribuição empática aos relacionamentos e preze os sentimentos que a aproximação íntima propicia. Aprenda a satisfazer sua necessidade de servir aos outros, não através do auto-sacrifício, mas autorizando-os a aceitar suas próprias emoções e sentimentos, mostrando-lhes como você convive com eles e obtém os benefícios da resposta sentimental aos mistérios da vida.

Ao transcender sua tendência a proteger suas emoções, talvez através da timidez, você poderá aprender a tirar maior vantagem desta sensibilidade, tanto numa atitude construtiva em relação a sua própria dinâmica emocional quanto na consideração com os outros. Seu caminho através da vida está no aquoso reino dos sentimentos; aprender a navegar estas águas, às vezes tormentosas, pode ajudá-lo a guiar os outros através de seus próprios mares interiores.

CAPÍTULO 7

A Luz da Noite:
o Ciclo das Fases Lunares

O ciclo das fases lunares reflete o padrão mutável do relacionamento entre a Lua e o Sol e as modificações de aparência da Lua noturna vista a partir da Terra.

Muitos dos conceitos e dos ensinamentos astrológicos sobre a influência do ciclo de lunação se originam da percepção de um relacionamento entre o Sol e a Lua, em que a onda padrão oscilante de "luz-transmitida" à Terra pela Lua aumenta ou diminui, segundo o estágio atingido no ciclo. Este conceito introduz a idéia de fases de separação da "fonte de luz da vida", que retorna ao poder e à influência do Sol, e doutrinas religiosas paralelas e esotéricas evolutivas de uma queda do paraíso e perda da graça — descida involutiva e encarnatória e perda ou diminuição de luz — e depois uma lenta subida evolutiva de volta à fonte de luz espiritual.

O ciclo de lunação está ligado à substância material da personalidade humana e serve simbolicamente para demonstrar como o processo da vida solar opera em cada indivíduo e como a pessoa pode sintonizar-se com estes ritmos cíclicos e realizar seu propósito transpessoal mostrado pelo grau e pela posição da casa do Sol na sua carta natal. Em essência, é um padrão rítmico que indica a realidade do tipo solar e auxilia o alinhamento interior com o *self* espiritual. É por esta razão que ele tem sido aplicado em muitos tipos de rituais esotéricos e religiosos em diferentes culturas durante milhares de anos.

A Lua é vista como a mediadora da luz solar para a Terra, estabelecendo seu poder como um transformador porque a humanidade ainda não é capaz de absorver diretamente a energia do Sol. Este conceito é semelhante aos ensinamentos esotéricos da alma mediadora entre a personalidade e o espírito, ou as dez emanações descendentes do Sefirot do Deus-Luz à Terra, nos ensinamentos da Árvore da Vida da Cabala.

Devido a uma preferência humana e cultural pelo pensamento dualista, a polaridade do Sol e da Lua quase sempre resultou em antagonismo, como testemunhado pelo domínio de atitudes sociais e perspectivas ou matriarcais ou patriarcais através da história. Considerar que a díade gera confronto é um mal-entendido espiritual, no qual a forma física e a personalidade (a criação do princípio da Lua) são vistas como negativas em relação ao pólo positivo da alma/espírito/princípio solar, e não como complementares e num relacionamento inviolável de grande potencial evolutivo.

A abordagem humanista moderna reitera os ensinamentos esotéricos sobre o sagrado matrimônio entre o Sol e a Lua, o *mysterium coniunctio* dos alquimistas (ver capítulos 9 e 10), e tenta encorajar uma abordagem muito mais positiva sobre a polaridade Sol-Lua, visualizando-a como um relacionamento de união interna e externa, através do qual um indivíduo integrado pode alcançar um significado vitalizante.

Para chegar a este relacionamento e ao potencial para desenvolver criatividade e significado, deve-se adotar uma atitude positiva durante o período crescente, para que a ação desenvolvida para crescer ou libertar-se de restrições e limitações possa ter conseqüências benéficas na época da Lua Cheia. É nesta época que a Lua está mais receptiva às sementes da luz e inspiração solar, que são então liberadas através da reflexão de sua luz na Terra. Entretanto, se não se aproveitar a fase crescente, ou se a personalidade construir muros de negação e rejeição contra as influências lunares, a Lua Cheia parece estimular mais estresses, tensões e conflitos interiores.

A positividade durante a fase crescente deve intensificar as perspectivas de significado e propósito a serem mantidas durante a fase minguante. A luz da Lua Cheia pode revelar uma nova visão, o potencial de renovação e renascimento, e novo propósito, se a personalidade for mantida em reflexão concentrada. A fase minguante é a assimilação de novos impulsos e *insights*, formando as sementes que construirão o caminho futuro, antes de serem liberadas para a ação durante o período crescente seguinte.

PERSONALIDADE E TIPOS DE LUNAÇÃO

O conceito de tipos de personalidade de lunação surgiu do ciclo lunar quádruplo e da posterior divisão ao meio, criando um círculo composto de oito seções de 45 graus cada uma. Avaliar o ciclo lunar em termos de tendências de personalidade pode oferecer certos *insights*-chaves dos meios que os indivíduos provavelmente utilizarão para se expressar durante a vida, nos quais, pelo seu tipo de relacionamento solar-lunar, podemos observar como recebem, absorvem e transmitem a luz que está disponível para eles.

132

Personalidade da Lua Nova: a fase crescente

É a personalidade do indivíduo nascido na Lua Nova ou nos três dias e meio seguintes, com a Lua de 0 a 45 graus adiante do Sol.

O que caracteriza este tipo é o impulso com que ele age no mundo, o ímpeto de se envolver e deixar marcas. De certa forma, existe algo similar ao estado de consciência adolescente, caracterizada por egocentrismo, absorção interior subjetiva e ingenuidade inocente. Com freqüência, este tipo quase sempre age impulsivamente, sem uma avaliação realista, o que pode levar a dificuldades posteriores, mesmo se o impulso inicial foi bem motivado. A força propulsora da personalidade é impor aquela concepção pessoal no mundo, os desejos, necessidades, ideais, idéias e conceitos que são tidos como novas e válidas sementes para o progresso. A personalidade real pode apresentar certas contradições, especialmente ao confundir a projeção de aspectos não resolvidos da própria necessidade de auto-integração do indivíduo com a verdadeira realidade da tela do mundo onde ele tenta representar seu próprio drama. Ele está preocupado com seu próprio curso de vida, e toda percepção é reabsorvida de volta para este ponto de vista, e assim ele pode não reconhecer a realidade objetiva e as diferenças de outras pessoas e não conseguir compreender as complexidades do mundo. Sua maneira de avaliar e lidar com a vida é baseada principalmente em respostas de tendência emocional, quer ele tente disfarçar isto ou não.

Exemplos: Sigmund Freud, Karl Marx, Richard Nixon, Rainha Vitória, Osho Rajneesh.

Personalidade Crescente

É o indivíduo nascido com a Lua de 45 a 90 graus à frente do Sol. A principal característica deste tipo é o impulso de auto-afirmaçãp fundado na autoconfiança e novamente envolve a necessidade de deixar uma marca pessoal no mundo, de influenciar a direção coletiva de alguma forma. Porém, a tônica desta influência está na tendência a desafiar a ordem estabelecida, e a ação é dirigida a superar a velha inércia e tentar salvar "novas sementes". Esta sensação interior de ser o "ponta de lança" de algo que tenta emergir acrescenta um ímpeto extra para transcender obstáculos e pode exigir uma mudança de ênfase, do nível pessoal para o coletivo. Esta é uma transição crucial, e certas pessoas que nascem na Lua Crescente podem não conseguir se ajustar totalmente, regredindo para um estado de opressão por falta de oportunidade e por suas próprias dificuldades pessoais de ir além das estruturas pessoais e sociais estabelecidas, não conseguindo atingir seu potencial.

Personalidade Quarto Crescente

Este é o indivíduo nascido com a Lua de 90 a 135 graus adiante do Sol, de 7 a 10 dias e meio depois da Lua Nova.

Este tipo envolve vontade para a ação, associada a um senso de que o tempo está passando e ainda há muito o que fazer, um senso de urgência e uma necessidade de beber profundamente das ricas experiências da vida. É provável que haja habilidades para desenvolver atividades administrativas e organizacionais, assim como um potencial de liderança. A vontade poderosa e o senso de direção pessoal enfocarão maneiras de exaltar a personalidade individual nas esferas sociais ou criar estruturas/organizações sociais que satisfaçam às necessidades coletivas futuras. Pode haver um prazer pessoal em ver ruir a velha ordem e uma intensificação da crença no próprio poder quando começam a aparecer sinais disto. Há uma rejeição inata das formas existentes e o reconhecimento de que a mudança libertadora é vital, embora haja muitas maneiras possíveis de realizá-la. Pode haver uma resposta mais egocêntrica com este tipo, que se move em direção à negatividade e à crueldade social ao aplicar esta poderosa vontade numa escala coletiva. Os exemplos abaixo indicam uma grande variedade de formas através das quais este impulso pode se expressar.

Exemplos: Josef Stalin, Charles de Gaulle, Rainha Elizabeth II, Timothy Leary, John Lennon, Alice A. Bailey.

Personalidade Convexa

O indivíduo nasce quando a Lua está de 135 a 180 graus adiante do Sol, ou alguns dias antes da Lua Cheia.

A tendência à reflexão pessoal começa agora, e este tipo de personalidade é mais introspectivo e preocupado com o crescimento e expressão pessoais do que com a ação e a afirmação no mundo exterior. Apesar disto, o impulso de contribuição para a sociedade ainda é forte e, como os exemplos demonstram, pode manifestar-se de várias maneiras. O que caracteriza este tipo é o desenvolvimento de talentos da personalidade, e é provável que seja enfatizado o papel da mente e do intelecto, com sua capacidade de associação, análise e nova síntese. Freqüentemente há uma natureza investigadora, buscando compreensão e *insight*, a revelação que uma nova luz pode trazer e oportunidades de compartilhar isto com o mundo para benefício futuro. A vida é com freqüência muito dirigida e focalizada em objetivos individuais e específicos, e esta abordagem concentrada é uma chave para o sucesso. É a mente questionadora que pode abrir novas portas, permitindo vislumbres intuitivos do que pode ser atingido, ou o que virá através dos bem-vindos canais humanos.

Exemplos: Jacob Boehme (místico), Lord Byron, Isaac Newton, Louis Pasteur, príncipe Charles, Aleister Crowley.

Personalidade da Lua Cheia: a fase minguante

Este é o indivíduo que nasceu quando a Lua está 180-135 graus atrás do Sol, na Lua Cheia ou nos três dias e meio seguintes.

O desafio que este tipo enfrenta é a absorção da luz de maneira equilibrada e a descoberta de canais adequados através dos quais a luz possa ser liberada para a sociedade. Pode haver grande clareza da consciência e abertura da mente, com busca da plenitude pessoal. A auto-reflexão deste tipo pode ter uma luz que ilumina ou cega. Alguns podem simplesmente se retirar para o delírio da divisão interior, sendo incapazes de integrar a luz disponível. Para este indivíduo, a integração do *self* e do coletivo é a principal diretriz, e seu pensamento será condicionado por conceitos de perfeição individual e social. Dependerá muito de como o indivíduo integra estes conceitos, se ele consegue manter uma posição equilibrada, vendo-os desenvolver-se lentamente, acrescentando então sua contribuição para seu progresso, ou se, cego pela luz, ele rejeita qualquer coisa que não se adapte ao nível ideal, fragmentando sua própria natureza e distorcendo o potencial pleno do desenvolvimento social.

Exemplos: Rudolf Steiner, Krishnamurti, Goethe, Mary Baker Eddy (fundadora da Ciência Cristã), General Franco, Roberto Assagioli.

Personalidade Disseminadora

O indivíduo nasce quando a Lua está entre 135 e 90 graus atrás do Sol.

Como está implicado aqui o conceito de disseminação, o mais importante para este tipo de personalidade é a liberação e a propagação das "sementes", que estão normalmente relacionadas com idéias e *insights* que o tenham impressionado pessoal e profundamente e aos quais ele atribui um significado universal ou social. O processo mental desta personalidade é inicialmente de assimilação de idéias, atitudes, percepções, *insights*, revelações e conhecimentos, seguidos de um período de avaliação e síntese, num padrão novo e coerente, que resulta na semente da inovação que pode ser comunicada aos outros a fim de garantir seu crescimento futuro. Tais indivíduos são motivados pelo desejo de ensinar, de compartilhar sua visão de mundo com os outros, criando um grupo de afinidades através do qual eles podem trabalhar. Isto envolve um grau de popularização, para a apresentação de idéias desconhecidas a um público maior. Pode haver uma tendência a adotar um manto de cruzado, e se este impulso estiver operando fortemente numa personalidade não integrada ou num ego com fortes atitudes separatistas, pode surgir uma manifestação negativa, condicionada pelo fanatismo, a adesão obsessiva a uma causa ou evocações do nível emocional coletivo, do qual Hitler é um exemplo notório.

Exemplos: Adolf Hitler, Benjamin Disraeli, Otto von Bismarck, Richard Wagner, Meher Baba, Ram Dass (Richard Alpert), Winston Churchill, Da Free John.

Personalidade Quarto Minguante

Este é o indivíduo que nasceu quando a Lua Minguante está entre 90 e 45 graus atrás do Sol.

O que caracteriza este tipo é uma ênfase na integridade individual, fundamentada num comprometimento pessoal com um ideal, princípio ou filosofia pelos quais a pessoa se sente responsável, por se expressar e se comunicar com o mundo. Isto está freqüentemente associado ao progresso futuro. Uma pressão interior exige que o indivíduo incorpore este ideal e demonstre sua importância ao público. Para o indivíduo, isto envolve uma crise de consciência, anterior à tentativa de construir um novo sistema de pensamento ou novas estruturas organizacionais projetadas para refletir o ideal inspirador. Alguns riscos são assumidos, a fim de promover e reforçar o ideal, e é provável que haja confronto com as estruturas e sistemas de pensamento existentes. Com freqüência, a personalidade sente-se alienada das massas, dedicada a realizar um destino secreto a que se empenha em servir como pioneira. Pode haver uma tendência à seriedade e uma vulnerabilidade à crítica, e a personalidade pode parecer tão enfocada na sua senda de vida particular, que o desvio, a flexibilidade ou o comprometimento raramente serão permitidos. As pessoas nascidas nesta fase com freqüência têm uma responsabilidade coletiva de incorporar e liberar "futuras sementes" no drama histórico contínuo, e podem simbolizar, através de suas ações e palavras, as necessidades nascentes do coletivo para renovação e transformação, evocando o futuro latente ao se tornar um canal no presente.

Exemplos: Martin Luther, Mohandas Gandhi, George Washington, Lênin, Trótski, Henry Steel Olcott (co-fundador da Sociedade Teosófica), Annie Besant, Dion Fortune, Benito Mussolini, Albert Einstein, George Bernard Shaw, Carl Gustav Jung.

Personalidade Balsâmica

É o indivíduo nascido com a Lua de 45 a 0 graus atrás do Sol, até três dias e meio antes da Lua Nova.

A personalidade balsâmica continua o tema do tipo quarto minguante, e também é orientada para o futuro e menos ligada por quaisquer

136

laços às tradições passadas. Pode haver um distinto senso de "missão" neste tipo e um impulso a algum tipo de ação social, quase como se eles estivessem investidos de um poder maior do que eles próprios, ao qual precisam prestar gratidão e dar livre acesso para operar através deles. Isto evoca a dimensão transpessoal, com a comunicação de visões futuras no presente, criando caminhos a seguir e objetivos em que se inspirar. Ela está trabalhando para a eminente liberação de novas idéias-sementes na Lua Nova, e pode haver um elemento de sacrifício pessoal que permita que esta liberação ocorra. Alguns podem expressar isto como profetas do futuro, vendos as sombras do alvorecer do mundo vindouro.

Exemplos: Abraham Lincoln (emancipação dos escravos, direitos humanos), Thomas Paine (conceitos da democracia moderna), Cecil Rhodes (visão de um império africano imperialista), Dane Rudhyar (pioneiro da astrologia humanista e transpessoal), Bob Dylan (evocação musical de um espírito de juventude), Kahlil Gibran (poeta, visionário, autor de *O Profeta*).

A Influência da Lua Nova e da Lua Cheia

As pesquisas analíticas contemporâneas, realizadas no campo social e científico, demonstram que há efeitos perceptivos no ser humano, física e psicologicamente, sob influência do ciclo de lunação das Luas Nova e Cheia. Isto se relaciona com o fato de que nestes períodos os efeitos gravitacionais estão em sua maior potência, já que a Lua e o Sol se alinham em conjunção ou oposição. Num sentido paralelo à contração e à expansão das massas de terra, ou ao aumento e diminuição da quantidade de água oceânica nestes períodos, também nos abrimos e expandimos à recepção de luz solilunar, ou nos contraímos e liberamos sementes, quando ela diminui.

As pesquisas científicas demonstram que nossa química corporal e sistemas de fluidos internos são afetados pela influência da Lua, por exemplo, nas liberações químicas que melhoram a circulação ou na tendência do corpo a sangrar mais profundamente na Lua Cheia, um fenômeno observado por cirurgiões. Hoje reconhecemos que mudanças nas secreções químicas e glandulares do corpo são de grande influência para o bem-estar físico e mental dos indivíduos, e que a harmonia glandular e a atividade correta é essencial para perpetuar ou manter a saúde.

Como o campo magnético da Terra é afetado pela atração gravitacional do Sol-Lua nas Luas Nova e Cheia, há uma intensificação da eletricidade natural, e a atmosfera é carregada com mais íons positivos, o que também afeta o comportamento. Ataques epilépticos e dificuldades respiratórias causadas por acessos de asma podem aumentar, possivelmente devido a esta eletricidade adicional no corpo humano e à mudança na atmosfera. Pesquisadores do sono acreditam que a atividade onírica aumenta, já que respostas musculares inconscientes a esta estimulação mental interior são amplificadas. As mulheres que seguem um ritmo menstrual mais natural, não influenciadas pela química moderna dos contraceptivos, descobrem que seu ciclo ovulatório tende a sincronizar-se com as fases da Lua, e que as maiores chances de fertilidade podem ter correspondência com as principais posições da Lua em conjunção e oposição. As necessidades humanas de expressar os relacionamentos podem estimular o aumento da atividade sexual, e as tensões psicológicas também são exacerbadas nestes períodos. Os impulsos instintivos e inconscientes parecem estar mais próximos do nível mental e das emoções coletivas, e um resultado negativo disto é o aumento da violência, assassinatos, roubos, agressão física e doenças psicológicas relacionadas com o período da Lua Cheia. Sob a pressão dos alinhamentos do Sol e da Lua em conjunção ou oposição, as forças e as fraquezas da psique humana são demonstradas, e qualquer tensão existente tende a ser exacerbada, como as tensões nos relacionamentos que estão próximas da explosão emocional e da liberação de energias contidas.

Pode ser uma experiência interessante, para qualquer pessoa que tenha algum conhecimento astrológico, monitorar sua própria influência lunar, para se tornar conscientemente alinhado com a observação da atividade da Lua em seu corpo, emoções e mente durante seu movimento cíclico. Pode-se observar mau humor e reações emocionais que acabam incidindo em padrões repetitivos, e qualquer um que possua uma presença notável da Lua em sua carta natal deve considerar isto; esta pode ser uma chave valiosa para destrancar a dinâmica de sua própria psique interior. Aqueles que têm personalidade da Lua Cheia ou Nova, vários aspectos planetários da Lua, uma forte ênfase de Água ou Terra, ou um forte perfil de Câncer (Câncer em um ângulo, ou vários planetas em Câncer) podem ser especialmente vulneráveis à influência da Lua no seu estado psicológico, freqüentemente exibindo padrões pronunciados de fluxo e refluxo emocional.

A Lua Nova

O período da Lua Nova pode ser um ponto apropriado para se iniciar novas atividades, promover reorientações pessoais interiores, e tomar novas direções.

O desafio com que nos confrontamos na Lua Nova é a expressão da nossa natureza em atividade, principalmente um movimento para fora de nós mesmos em direção ao ambiente. Isto pode incluir o vislumbre do que desejamos manifestar em nossa vida, a perspectiva do caminho que vamos seguir, tomando decisões para mudar áreas insatisfatórias de nossa vida e empreender novos começos. É uma fase de renovação, e é esta energia que podemos utilizar para auxiliar nossas tentativas de mudança.

Esta energia de renovação refletida pela Lua Nova irá estimular a área denotada pela casa onde ela está colocada e especialmente qualquer planeta em aspecto, seja natal ou transitório. A energização da casa onde a Lua Nova está posicionada pode oferecer o potencial de renovação nesta esfera particular da vida, seja de estimulação de ações ou decisões esclarecidas, ou de conscientização do seu significado na vida individual. Com certeza, haverá uma expressão instintiva das necessidades pessoais, instintos e sentimentos na esfera da vida indicada pela posição da casa.

A ativação dos planetas natais pelos aspectos com a Lua Nova é muito importante, especialmente os contatos de conjunção, quadratura e oposição, quando as tendências, qualidades e potenciais dos planetas natais envolvidos são ativados em vitalidade renovada. Isto pode significar que o planeta é realçado na psique pessoal, movendo-se para o primeiro plano da consciência e tendo seu papel mais influente ao retransmitir mensagens à consciência ou ao tentar instigar mudanças necessárias, reequilibrando ou indicando novas direções, a fim de evocar seu próprio potencial. Tal atividade interior pode começar a aparecer alguns dias antes de se formar o aspecto exato, à medida que a Lua Nova em trânsito se aproxima da posição do planeta natal para formar o aspecto, e as energias começam a surgir e se intensificar através de sua fusão, antes de uma liberação mais plena através da psique.

Este redespertar de um planeta através da influência do poder solilunar e do ciclo de lunação é muito significativo. A conjunção permite que façamos uma conexão interior mais profunda com o planeta contatado, e isto liberará um novo impulso, que vai crescer e emergir lentamente na consciência. Observar os períodos destas conjunções nos permite usar esta energia planetária de forma benéfica. É uma fonte de energia profunda dentro de nós à qual podemos recorrer, e se o fizermos, teremos maior probabilidade de alcançar sucesso nos objetivos associados ao planeta em aspecto.

Com os aspectos de conjunção formados pelas lunações (Lua Nova ou Cheia), a ênfase é colocada na expressão ou vivência desta energia planetária em especial. Por exemplo, a conjunção com o Sol pode nos estimular a agir de uma forma mais determinada e individualista, a afirmar nossa natureza singular com maior eficácia, a visar a satisfação do potencial latente e a obter um perfil social mais elevado. A conjunção da lunação com a Lua natal pode levar-nos à decisão de sermos mais indulgentes conosco a gastar mais tempo e dinheiro em coisas que nos fazem sentir-nos bem, a exigir relacionamentos mais amorosos e profundos com os parceiros, enfim, a decidir parar de fazer coisas que não nos fazem bem. Uma conjunção com Júpiter pode nos levar a querer expandir nossas fronteiras, explorar e investigar a vida mais plenamente, obter o sentido do grande todo do qual somos uma parte.

Os aspectos do trígono e do sextil formados pelas lunações indicam uma qualidade frouxa e fluida nas energias planetárias envolvidas, um tempo de exprimir e experimentar os potenciais positivos do planeta, explorando as dádivas que ele nos oferece. A quadratura indica conflito e tensão interior, especialmente nos níveis mais profundos dos instintos e dos sentimentos, e revela a necessidade de ajustes internos enquanto oferece a oportunidade para uma renovação dos relacionamentos entre as energias solilunares e aquele planeta. A oposição pode enfatizar conflitos interpessoais, através de relacionamentos íntimos e sociais, talvez confrontando o indivíduo com as conseqüências de suas próprias atitudes interiores e projeções sombrias não resolvidas, refletindo isso de volta para ele.

O ponto essencial a ser lembrado na fase da Lua Nova é que o ciclo está sendo renovado; é uma oportunidade para mudar, modificar, redirecionar, de clarear as intenções pessoais em relação ao planeta, casa, e signo particularmente envolvidos. Parece haver uma continuidade nas decisões tomadas numa Lua Nova e postas em prática nas Luas Novas consecutivas, até que este impulso particular retome seu curso natural.

Lua Cheia

A Lua Cheia é o período de reflexão e receptividade em relação ao canal solilunar que se abre. Neste período, a Lua e o Sol estão numa oposição próxima do mesmo grau de oposição dos signos, e a luz refletida da Lua está no seu ponto máximo. A Lua parece igual ao Sol, e seu efeito gravitacional conjunto é maximizado.

Em práticas espirituais desenvolvidas recentemente, o trabalho com o ciclo da Lua Cheia foi popularizado (veja o Capítulo 9) em reconhecimento à sua capacidade de conduzir à consciência meditativa e reflexiva. Na Lua Cheia, a mente parece estar sintonizada mais naturalmente com o *insight* e a visão do que em outros períodos, permitindo que os murmúrios mais sutis e as mensagens interiores sejam ouvidos através da fusão temporária dos níveis conscientes e inconscientes de nosso ser. Há maior clareza de percepção disponível, uma sintonia e um acesso a reinos menos tangíveis da existência, e uma sensação intensificada de relacionamento tanto no *self* como na realidade exterior.

Porém, enquanto a semente da visão holística aí está para ser conectada, sua presença também estimula a consciência da separação e do espaço que existe entre nossa expressão presente e experiência e a realidade potencial da visão. Parte disto se deve ao fato de que a Lua Cheia é um aspecto de oposição, com o Sol e a Lua colocados em signos e casas opostos, e assim nos confrontamos com os problemas de uma situação dualista — a de resolver estresses causados por energias e esferas da vida discrepantes. O resultado é um estado de tensão exacerbado, com que muitas pessoas têm dificuldade de lidar, como é evidenciado nas estatísticas de crimes e doenças mentais. Na Lua Cheia, estas pessoas vivenciam mais agudamente suas divisões interiores e falta de integração, ativando suas neuroses, psicoses ou atitudes isolacionistas. Aqueles que são mais receptivos à energia holística da resolução podem, contrariamente, sentir uma necessidade maior de relacionamento e contato social neste período.

Para o indivíduo, há o potencial de aplicar a fase da Lua Cheia em sua própria dinâmica psicológica pessoal, de aumentar o auto-entendimento, tirando vantagem de sua natureza reflexiva. Por exemplo, a Lua Cheia, com o trânsito do Sol em Virgem, a Lua em Peixes, está sobreposta respectivamente na 7ª e na 1ª casas natais de um indivíduo. Isto pode ser explorado como um reflexo na conexão entre os relacionamentos com os outros, no mundo exterior e na expressão e identidade individuais. Tanto Virgem quanto Peixes podem estimular pensamentos de compaixão e préstimos universais. Assim, uma maneira de desenvolver o potencial individual e afirmar a natureza desta identidade única seria prestar serviços à comunidade maior. O mês seguinte, o Sol em Libra, a Lua em Áries na 8ª e 2ª casas, respectivamente, poderia sugerir um outro conjunto de temas pessoais relevantes a serem contemplados.

Ao desenvolver este tipo de abordagem pessoal do ciclo de lunação, o indivíduo conseguirá um *insight* do que é necessário para resolver as energias solilunares em oposição. Através destas técnicas, nós efetivamente nos reprogramamos para descobrir o ponto de equilíbrio entre o Sol e a Lua. Além disso, alcançamos maior compreensão de nosso relacionamento com as esferas da vida indicadas pelas casas envolvidas.

Esta é uma forma de se ter uma visão mais despojada de nossos padrões de pensamento e ação estabelecidos e de receber novos *insights* de como ajustar o que não está em harmonia. Através da exploração anual deste ciclo de lunação, passamos através de cada signo e casa, e isto nos oferece uma abordagem simples mas eficaz para refletirmos sobre o círculo de energias que opera em nós.

Como a Lua Nova, a Lua Cheia pode ativar quaisquer planetas com o qual forma um aspecto, sugerindo as questões-chaves que podem ser consideradas úteis, refletidas pelo planeta, casa e signo envolvidos. As conjunções são particularmente poderosas, oferecendo uma oportunidade para fazermos um contato mais profundo com esta influência planetária sobre nós, mas de uma perspectiva contemplativa, observando como atua e dirige nosso comportamento, reconhecendo se estamos reprimindo parte de sua natureza ou não conseguindo explorar seu verdadeiro potencial, vendo-nos através deste filtro planetário, observando como o integramos efetivamente em nossa vida e como o expressamos no mundo. Talvez isto sugira as necessidades do planeta que ainda não percebemos, ou como ele pode cooperar criativamente com outras áreas de nossa natureza. Podemos registrar o significado e o propósito oculto desenvolvendo lentamente nossos quadros planetários interiores, aproximando-nos da essência de nossa estrutura interior singular e da totalidade do ser. Ela enfoca os reflexos do planeta no mundo exterior, sejam eles sobre pessoas, atividades ou relacionamentos, e sugere que se pode torná-los mais harmoniosos, criativos, positivos e significativos, se assim quisermos. Ela pode mostrar como projetamos inconscientemente esta energia para o exterior, e talvez precisemos aprender a ser donos de nossas projeções através de uma clareza e reintegração interiores.

A Lua Cheia é um período de pausa; de olhar novamente para a luz maior; de receber a inspiração luminosa que é liberada; e para caminhar em direção a um contato maior com os outros, em vez de manter a separação. Podemos colher as conseqüências de ações anteriores ocorridas na Lua Nova ou decidir iniciar mudanças e ações na Lua Nova seguinte. Em essência, devemos nos voltar para o nosso interior, para que possamos receber maiores benefícios.

CAPÍTULO 8

A Cabeça do Dragão, a Cauda do Dragão, os Nódulos Lunares

Os Nódulos Lunares são considerados significativos na análise astrológica, apesar de que, pelo menos no Ocidente, se conhece menos sobre sua ação do que a dos planetas. Um ponto que deve ser mencionado é que, diferentemente dos planetas físicos, os Nódulos não têm uma realidade tangível ou objetiva e nem massa física. Os Nódulos são pontos ou posições no espaço que indicam a interseção de duas órbitas, a do Sol e da Terra, e a da Terra e da Lua.

Os Nódulos são vistos muitas vezes com cautela e mesmo com medo, porque representam a influência inexorável da fortuna e do destino. Crenças tradicionais mais antigas, especialmente na astrologia hindu, tendem a ver os Nódulos como significando efeitos negativos e maléficos, como liberadores periódicos de experiências cármicas ligadas aos Senhores da Lua e a presença viva de vidas anteriores nos ciclos de reencarnação. O Nódulo Norte é visto como um princípio ativo, associado a Marte, e o Nódulo Sul como o das restrições e limitações de Saturno. Os teosofistas também consideram os Nódulos indicadores de padrões cármicos, e a Astrologia contemporânea humanista e transpessoal desenvolveu um pouco mais estes conceitos, segundo os quais os Nódulos representam um caminho simbólico de desenvolvimento individual e evolução espiritual.

Em essência, os Nódulos simbolizam a fusão das influências solares e lunares, sendo "criados" pela interseção das órbitas do Sol, da Lua e da Terra, e indicam a interface na vida presente do indivíduo entre o passado (Lua, Nódulo Sul) e o futuro (Sol, Nódulo Norte). O eixo nodal é visto como indicador das atrações magnéticas do passado e do futuro e a luta individual para o progresso evolutivo, em vez de permitir a dominação de um movimento retroativo que repete padrões de vida bem trabalhados. A fortuna e o destino estão envolvidos, tanto na "herança" de padrões formadores da personalidade, como hereditariedade genética, raça, nacionalidade ou conceitos de reencarnação de vidas passadas, como na potencial expressão de traços latentes de personalidade, que podem ser explorados em benefício pessoal e da coletividade e que refletem a progressão indicada pelo Nódulo Norte.

Através da formação de um eixo, os Nódulos claramente operam numa relação de forças solares e lunares. Isto implica o potencial para integração e compreensão de duas influências interiores diferentes na psique. Os Nódulos são tão importantes quanto os planetas, através das posições na casa, signo e aspectos. São dois pólos de um processo que ocorre dentro da psique e, como os aspectos de oposição, podem ser interpretados como sugestões de que os significados das posições do eixo na casa/signo são complementares e que há o potencial para uma radical reestruturação e reintegração de suas influências. Esta relação entre duas esferas de experiência e significado pessoal deve ser trabalhada, a fim de que o potencial oculto seja liberado na realização, e que o passado faça nascer, com sucesso, um futuro padrão de desenvolvimento e não fique apenas estagnado.

Os Nódulos simbolizam o esforço e a luta entre as forças involutivas e evolutivas presentes em nosso universo dualista. Para o indivíduo, isto resulta no conflito entre as atrações da matéria e o magnetismo do espírito. Neste ponto da evolução, a matéria é mais poderosa, apesar de muitos estarem começando a repercutir e a responder a um maior magnetismo do espírito. Para aquele que busca o espírito, há uma atração alternada para ambos os pólos. Isto é refletido no processo contínuo de alinhamento e separação entre as energias solares espirituais e as forças lunares da personalidade dentro do indivíduo, um processo periódico de integração e desintegração na personalidade e nos ciclos de vida, numa tentativa de atingir uma unidade maior.

Através da relação com o passado, e das questões que surgem sobre como progredir em direção a um futuro destino, o indivíduo é confrontado com seus próprios padrões de personalidade, convicção, atitudes, valores e talentos. Estes formam os parâmetros de movimento na vida, representando limitações e visões cármicas enquanto também oferecem meios através dos quais se chega à compreensão da vida. A dimensão social e a responsabilidade coletiva também são enfatizadas, assim como é considerado o uso de habilidades naturais e adquiridas. As barreiras do isolamento são dissolvidas, e cada pessoa torna-se parte de um grupo mundial nascido sob os mesmos signos nodulares, grupo participante de um esforço coletivo para resolver as questões conflitantes de signos em oposição, tanto em benefício do próprio crescimento como para a evolução do mundo.

A posição do Nódulo Sul indica onde estamos refletindo inconscientemente padrões de vida familiares, onde há relaxamento e falta de atrito evolutivo. O Nódulo Norte indica as formas nas quais precisamos estender nosso potencial interior, buscando possibilidades e realizações desconhecidas através da tentativa consciente de desenvolver nossa natureza nos termos simbolizados por este Nódulo.

Quando a Lua em trânsito está se afastando do Nódulo Norte em direção ao Nódulo Sul, há o potencial para um relacionamento positivo e criativo com as energias espirituais. Tais períodos são adequados para atividades associadas a projetos de desenvolvimento evolutivo individual-coletivo, respondendo a diretrizes interiores. Isto pode incluir a formação de estruturas adequadas para conter e refletir o impulso espiritual, novas estruturas de organização, orgânicas ou psicológicas. O consumo da energia espiritual pode ser enfatizado e tornado mais eficaz. A ênfase poderá ser puramente pessoal ou ter uma intenção coletiva, e geralmente diz respeito ao giro interior da natureza receptiva lunar para fertilização pelas energias solares, e pode lidar com questões de necessidades pessoais e coletivas de sobrevivência ou de desenvolvimento, do relacionamento do indivíduo com o ambiente e a potencial aplicação da influência humana na vida planetária e no ambiente.

Quando a Lua se afasta do Nódulo Sul, dirigindo-se ao Nódulo Norte, a ênfase muda para a assimilação do impulso espiritual recebido no hemisfério norte, distanciando-se do espírito para enfocar questões pessoais, materiais e a liberação de força. Durante esta latitude Sul do ciclo, a função lunar pode estar relacionada com o envolvimento em grupos sociais dedicados a atividades políticas, sociais ou espirituais, numa tentativa de descobrir um maior significado para a vida através da associação externa. Porém, primordialmente, esta fase é dedicada a se trabalhar na psique o que foi absorvido durante o período de movimentação através do ciclo da latitude Norte, de adaptação ou experimentação interior e exterior, avaliando o que se pode aplicar e integrar construtivamente e o que positivamente não é possível assimilar e que, portanto, será rejeitado temporariamente, de alguma forma.

O Nódulo Norte

O Nódulo Norte tem sido chamado de *Rahu* e *Caput Draconis* — a Cabeça do Dragão nas tradições antigas — e é o pólo do eixo nodal ligado às energias progressistas, evolutivas e espirituais do universo, aquelas que nos dão diretrizes e indicações benéficas, em ressonância com nossas destinadas expressões futuras do *self*. Na terminologia junguiana, é o pólo da individuação, representando a perspectiva de *tornar-se* e o potencial de contínuo desenvolvimento interior. Este nódulo pode simbolizar um sonho pessoal daquilo que gostaríamos de nos tornar, um ideal a atingir que atrai nossa inspiração e esforços.

A posição do Nódulo Norte na casa e signo indica um caminho de alto desenvolvimento, invocando-nos ao longo de nossa vida para nos movermos sempre em direção ao crescimento expansivo, para nos alertar

145

sobre nosso potencial latente e exigir que nos esforcemos para liberar nossos dons inatos. O Nódulo Norte indica novas faculdades, qualidades e talentos que podemos revelar, o que, quando feito, vem somar-se a nossa alegria de viver e nossa contribuição ao todo, dando-nos sentido e promessa de satisfação. A chave para nosso desenvolvimento futuro está em nossas mãos; nós é que escolhemos se queremos ou não o alinhamento com energias espirituais, ou não fazer o esforço necessário a uma genuína transformação.

Nas tradições astrológicas, o Nódulo Norte sugere positividade, o espírito e um lugar ou ponto de proteção e providência divinas, onde o sucesso pessoal é obtido através do uso deliberado da vontade concentrada rumo à integração espiritual. O papel da Lua na formação do eixo nodal é visto como voltar-se para a luz espiritual do Sol e tornar-se um distribuidor reflexivo da verdadeira luz da vontade divina intencional. Este é o desafio enfrentado pelo indivíduo e simbolizado pelo papel do Nódulo Norte no horóscopo.

É como se o Nódulo Norte fosse uma voz do nosso *self* futuro, encorajando-nos a reconstruir a nós mesmos num novo padrão projetado para ser mais sensível às necessidades de evolução. Ele serve como uma porta para o nosso *self* futuro, guiando-nos na direção certa para a nossa evolução pessoal. Isto oferece um novo tipo de nutrição apropriado para a construção do próximo estágio de nosso desenvolvimento, para descobrir um propósito de vida renovado, novas atitudes, valores, princípios e ideais que reformam a personalidade existente e permitem que nos tornemos receptivos a uma consciência maior e visão, a da unidade subjacente e a integrada natureza holista da vida.

Ao abrir esta porta do Nódulo Norte, podemos absorver as energias que dão origem ao nosso *self* transformado. Através desta entrada, chegam experiências adequadas e satisfatórias que oferecem a possibilidade de crescimento. Ao sermos leais a uma parte emergente de nosso ser, tornamo-nos mais inteiros e integrados, evocando a conexão com a beneficência espiritual em nós mesmos que pode criar um bem-estar correspondente — físico, emocional e mental. Este é o caminho que torna possível a expressão de faculdades e habilidades que anteriormente estavam adormecidas, esperando a época em que a personalidade se mostra adequadamente reajustada e capaz de manifestar novos talentos. Isto pode ocorrer através de *insights* recebidos da visão holista, do despertar de qualidades psíquicas ou da maior eficiência na vida em geral. Neste contexto, o Nódulo Norte tem sido associado ao córtex cerebral humano, que é tido como aquele que governa as capacidades superiores ainda não desenvolvidas da psique e fisiologia humanas, inclusive os poderes do pensamento, imaginação, a interpretação e a compreensão da experiência, e a capacidade de autopercepção e reflexão, qualidades necessárias para que ocorra a individuação.

Entrar no Nódulo Norte é como receber o "ar fresco" vital para uma respiração saudável e uma purificação do ar viciado e estagnado que está continuamente perdendo sua vitalidade e capacidade de sustentar a vida — os padrões de hábitos repetitivos, inconscientes, que invariavelmente desenvolvemos ao longo do tempo. Para superarmos os padrões de comportamento existentes, que se tornaram restritivos e inibidores, o Nódulo Norte precisa ser ativado através de esforço e determinação. Suas mensagens nos são regularmente transmitidas de sua posição natal, através de aspectos natais e nos trânsitos, dando-nos a oportunidade de sintonizar nosso *self* futuro, ouvir os conselhos disponíveis e deixar entrar o material lunar da experiência e adaptação que torna possível uma renovação ou renascimento da personalidade.

Uma satisfação maior é obtida através do Nódulo Norte, mesmo que passemos por períodos em que lutamos para expressar nossa visão superior e estejamos muito conscientes de uma incapacidade momentânea de viver por um ideal. Nunca é fácil expressar habilidades e qualidades nascentes; falta de confiança, insegurança e as restrições do passado são barreiras difíceis de ultrapassar, especialmente se o velho estilo de vida parece entrar em colapso, assim que somos desalojados do ambiente familiar do nosso Nódulo Sul. Na maioria dos aspectos do cotidiano, enfrentamos a escolha entre caminhar em direção ao nosso Nódulo Norte, buscando expansão além das limitações existentes, tentando atualizar nossos dons e talentos, atingindo uma perspectiva mais ampla e universal de relacionamento conosco e com os outros; ou voltar atrás, retroceder ao nosso Nódulo Sul e permanecer no mundo familiar limitante e restritivo do estático *status quo*.

Ao atendermos ao chamado do Nódulo Norte, podemos nos dar conta de que muitos de nossos sonhos pessoais podem estar diretamente relacionados com a expressão das energias e atitudes do Nódulo Norte, e nossos sonhos de uma vida melhor podem ser atingidos através da mudança do estilo de vida e das atitudes interiores para refletir aquela positividade maior e a visão construtiva revelada pelo mistério da Cabeça do Dragão. Nossa capacidade de adaptação social e unidade com os outros pode ser intensificada por este novo espírito, e uma sensação mais ampla de satisfação deve ser vivida; as energias que têm o efeito de aprofundar a unidade e a totalidade são inteiramente satisfatórias para a psique, curando e purificando toda a personalidade. Responder ao Nódulo Norte oferece campo para a experimentação; aqui há espaço para atividades mais livres, das quais enormes benefícios podem começar a surgir. O esforço necessário também pode crescer, porém, é na casa do Nódulo Norte que a nova personalidade emergirá como uma fusão das personalidades, passada e futura. Há também a possibilidade de que ocorra ajuda através de indivíduos cujos planetas estejam em conjunção com o Nódulo Norte natal pessoal, de forma que os relacionamentos íntimos ou de negócios podem levar em conta esta indicação. Dentro de nossa própria natureza, o trânsito dos nódulos e as progressões lunares que formam aspecto com as posições natais dos nódulos também podem ser significativos ao indicar mudanças, ajuda ou obstáculos na ressonância ao Nódulo Norte.

O Nódulo Sul

O Nódulo Sul tem sido chamado de *Ketu, Cuada Draconis* — a Cauda do Dragão — e é geralmente associado com a porta para o passado. Representa a fuga e a resistência ao poder da luz solar espiritual, de modo que os poderes da energia vibratória da matéria exerçam o domínio na natureza humana separatista inferior. É o eixo polar do comportamento automático, diferenciado, da liberdade de escolha individuada, na qual fatores condicionantes prévios determinam as decisões de acordo com padrões habituais de reação.

O Nódulo Sul possui todas as sementes do passado, todos os padrões instintivos de comportamento que dominam as personalidades inconscientes, formando ações rígidas ou compulsivas e que freqüentemente derivam de tentativas de afastar ameaças à sobrevivência individual. O Nódulo Sul simboliza o acúmulo de experiências, atitudes, convicções, pensamentos e valores pessoais que formam o estilo de vida presente. Estes podem ter se originado de fontes paternas, durante a infância, da educação racial, social e religiosa, das primeiras experiências e percepções do mundo, ou supostamente de vidas passadas. É neste ponto que o indivíduo estabelece padrões de hábito através da repetição regular de ações, e é de fato por meio de tais experiências que se desenvolve nossa compreensão da infância.

A avaliação da posição do Nódulo Sul no signo e na casa, ou através dos aspectos planetários, pode indicar o que estava presente nos alicerces da personalidade ao nascer. É uma esfera de liberação destes conteúdos da personalidade, uma esfera de expressão natural que pode ser dedicada à exploração pessoal ou dirigida ao benefício do coletivo. O Nódulo Sul é a área da vida em que o indivíduo se expande com mais facilidade, liberando as sementes criativas naturais com relativamente pouco esforço.

O Nódulo Sul mostra duas faces: uma positiva e construtiva, que auxilia o futuro progresso do desenvolvimento do potencial do Nódulo Norte, e a outra, mais negativa e destrutiva.

A dimensão positiva envolve aquelas habilidades inatas que são facilmente expressadas, quase sem esforço consciente; dons que estão presentes sem necessidade de grande treinamento, que podem ser os maiores recursos do indivíduo. Uma criança prodígio como Mozart é um exemplo extremo disto, exibindo habilidades musicais sublimes e uma personalidade problemática. Estes dons hereditários podem ser usados com eficácia em benefício pessoal ou criativamente aplicados para regenerar a personalidade através do potencial do Nódulo Norte.

A dimensão mais negativa é com freqüência a mais poderosa e também aquela com a qual cada um tem que lutar durante a vida, a atração pelo hábito, a inércia, a insociabilidade e todos os caminhos conhecidos de menor resistência. Em alguns, isto pode se manifestar como uma evasão da vida, remexendo perpetuamente as brasas nas cinzas do passado, olhando para trás, revivendo experiências vividas e negando perspectivas presentes e futuras. A busca dos "anos dourados" será uma regressão ao princípio do Nódulo Sul, se significar a recusa a buscar quaisquer novos desenvolvimentos e for apenas um desejo de repetir um passado ideal ilusório.

Pode haver características da psique às quais o indivíduo resiste por não se adequarem a uma certa auto-imagem, reprimindo-as e projetando-as nos outros e no mundo. Não conseguir se adaptar a circunstâncias mutáveis é uma tendência negativa do Nódulo Sul, e as posições na casa e no signo indicam pontos prováveis para um "desfazer". A casa indica a esfera da atividade em que, através da repetição de ações e decisões inconscientes, o indivíduo pode repetir erros, sofrer as conseqüências e ficar preso. O signo revela os tipos de atividades que podem ser desenvolvidas de forma passiva, negativa ou inconsciente, criando dificuldades pessoais adicionais e restringindo oportunidades de desenvolvimento. Em tais casos, os recursos inatos permanecem sem expressão, sendo possivelmente dissipados ou distorcidos por falta de aplicação, tornando-se assim energias negativas que circulam em um indivíduo frustrado por si mesmo. Uma resposta incorreta ao Nódulo Sul envolve a persistência de seguir o caminho repetitivo, resistindo a perspectivas de crescimento e desenvolvimento e ficando preso pelas energias da inércia. Novas oportunidades não conseguem se desenvolver ou morrem ao nascer, e o contato com o Nódulo Norte diminui por falta de alinhamento.

Uma reação comum à atração do Nódulo Sul é voltar repetidamente a fontes conhecidas de prazer, esperando que elas a cada vez proporcionem satisfação. Isto é uma negação do crescimento; nossa herança precisa ser edificada. A Cauda do Dragão pode se tornar um ponto de fuga, um santuário onde se abrigar quando a vida se torna exigente demais e vem o medo de não conseguir agüentar. Se não houver excesso, este pode ser benéfico como um local de descanso para reunir e reintegrar os recursos pessoais e o equilíbrio. O Nódulo Sul pode ser um ponto de segurança e estabilidade, onde talvez ocorra a consolidação em uma personalidade assediada que pode estar passando por tempos difíceis. "Deixar-se levar ao sabor das ondas" é a tendência comum em tais fases. Pode ajudar a construir um alicerce sólido para a expansão individual e utilização das capacidades intrínsecas, especialmente ao se tentar usar as energias do Nódulo Sul em cooperação com os propósitos designados a ativar o potencial do Nódulo Norte.

Deve-se reconhecer que as raízes da Cauda do Dragão penetram profundamente na psique e que o Nódulo Sul tem sido associado às marcas instintivas no cérebro, aqueles instintos de sobrevivência que geralmente se manifestam como medo do progresso, contato com o desconhecido e aquelas preferências que favorecem o presente ou o passado em detrimento do futuro. Há mecanismos de defesa que podem ser ativados através do Nódulo Sul, e se estas linhas de demarcação inadvertidamente se cruzam, o senso de identidade é ameaçado. Talvez se possa ter acesso a vidas passadas através da sintonia com esta posição; e, quem sabe, inversamente, aquelas vidas futuras que aguardam manifestação no tempo e no espaço possam ser contatadas através da sintonia com o Nódulo Norte. Podemos demonstrar tendências a repetir erros, não conseguindo aprender através da experiência. A atividade inconsciente freqüentemente cria um comportamento compulsivo que bloqueia o aprendizado e a adaptação a novas experiências, o que finalmente resultará numa diminuição da vitalidade, perda de significado e desintegração. Devem ser encontradas novas formas de estabelecer um contato mais efetivo com os recursos interiores, para não ficarmos aprisionados no círculo de nosso próprio comportamento repetitivo inconsciente.

Porém, o Nódulo Sul também espalha as sementes de nosso próprio desfazer. Ele não permite que o indivíduo fique descansando confortavelmente em seu colo. Sua busca da ação perfeita e repetitiva estimula muitas vezes a consciência das falhas individuais e a imperfeição da expressão, já que o ideal raramente é alcançado, e a satisfação é retida até se atingir o apogeu. Esse é um estímulo para o progresso eventual de muitos, mesmo que possa haver dúvidas genuínas sobre sua capacidade de obter sucesso. Aqueles que ainda resistem atingem apenas a estagnação e a atrofia dos talentos inatos. É neste confronto com a necessidade de retrabalhar os padrões habituais de comportamento do Nódulo Sul que está a chave do progresso futuro e do alinhamento com o Nódulo Norte, assim que os dois pólos começam lentamente a se orientar para o relacionamento e o equilíbrio mútuos. Este é o objetivo a ser atingido.

COMO TRABALHAR COM O EIXO NODAL

É importante lembrar que estamos lidando com um eixo interior de polaridade que simboliza um processo de nossa natureza, o de nossa interface no presente, refletindo sobre o que passou e antecipando o que virá. O desafio é integrar os dois nódulos para que eles não atuem isoladamente um em relação ao outro. Em vez de tentarmos nos alinhar exclusivamente com uma das polaridades, precisamos descobrir um novo ponto de equilíbrio no sustentáculo do eixo. Atingir tal posição implica sermos capazes de responder igualmente a cada impulso nodular e de assimilar as energias mais novas do Nódulo Norte nos padrões do nosso Nódulo Sul. Provavelmente é impossível atingir tal ideal, mas seu conceito pode ser benéfico como indicador de uma direção que precisemos tomar.

Muitos preferem permanecer próximos ao Nódulo Sul, fazendo apenas tentativas de experimentar as energias do Nódulo Norte. Porém, devemos perceber que nosso padrão do Nódulo Sul presente já foi nosso potencial do Nódulo Norte. A cooperação e o relacionamento consciente entre os Nódulos são recomendáveis, se quisermos crescer e incorporar os propósitos do Nódulo Norte. Nossa perspectiva deve estar comprometida com a aplicação das habilidades do Nódulo Sul como trampolim para o alinhamento com o desenvolvimento do Nódulo Norte; precisamos observar nosso Nódulo Sul, para ver como poderemos liberar um novo potencial através deste fundamento, considerando que o processo tenha um desdobramento contínuo. Um modo de fazer isto é elevar o nível de nossa consciência para a próxima espiral. Se tivermos um forte padrão de possessividade material que emana da 2ª casa, poderemos, então, retrabalhá-lo em atitudes e valores associados à "administração" de recursos e posses, aprendendo a compartilhar mais e de várias formas, aniquilando e transcendendo o padrão de posse e aquisição individual ou uma exploração de recursos puramente pessoal. De muitas maneiras, os conceitos do movimento Nova Era envolvem este processo de superação dos padrões existentes e a criação de outros mais abrangentes; este é um passo adiante a partir do Nódulo Sul para atuar na sociedade em direção a um conceito do Nódulo Norte de um "novo mundo" emergindo para a Era de Aquário.

Pode não ser fácil tomar esta direção ao longo do eixo nodular. Somos instados a transformar a matéria-prima de nós mesmos em um novo padrão humano. É muito provável que ocorram mudanças radicais no estilo de vida, se algum progresso foi feito, embora seja muito tentador olhar para trás, para o mundo familiar e seguro que podemos estar deixando temporariamente.

OS NÓDULOS E A CARTA NATAL

Ao analisar as posições dos Nódulos podemos encontrar uma chave poderosa para a readaptação da dinâmica psicológica interior de nossa vida. As duas casas ligadas pelo eixo nodal indicam aquelas esferas da vida onde há potencial para integração das energias solilunares dentro da psicologia individual. As casas nodais são mais específicas individualmente do que as posições do signo, e é através delas que expressamos de modo particular as energias nodais distintas. As duas casas nos estimulam a reconhecer o conflito interior entre os padrões de hábito inconscientes da Lua, nossos mecanismos de condicionamento e segurança, o medo do desconhecido e as conseqüentes auto-restrição e inibição e as questões solares de autodeterminação e tomada de decisão consciente, mediando o impulso interior de inspiração espiritual. Os signos nos quais os nódulos estão colocados indicam como expressamos naturalmente nossas energias nodais. Isto ficará mais óbvio em termos do Nódulo Sul, já que é provável que o Nódulo Norte ainda esteja relativamente sem expressão, já que o alinhamento precisa de uma futura abertura. Além disso, observar os regentes planetários dos signos nodais e as casas em que se encontram pode oferecer outras esferas da vida através das quais os Nódulos podem ser canalizados ou ativados. Estes recursos podem ser secundários, mas é possível que propiciem indicações sobre que planetas podem ser usados tanto para transformar o Nódulo Sul como para despertar o Nódulo Norte. Observe se eles formam aspecto com os Nódulos. A casa onde se encontra o Nódulo Norte é particularmente importante, já que diz respeito ao esforço pessoal que está sendo feito.

NÓDULOS E ASPECTOS PLANETÁRIOS

Qualquer aspecto formado com o Nódulo Sul tende a indicar que aquelas qualidades planetárias são tão enfatizadas pela repetição habitual, que pode haver poderosas influências condicionantes originadas no passado ou padrões e tendências pessoais (estes são freqüentemente atribuídos a vidas passadas e ao carma). As conjunções com o Nódulo Sul podem implicar talentos e qualidades muito acentuados dos planetas, que podem, entretanto, atuar também compulsiva e inconscientemente, sendo difíceis de assimilar e integrar com sucesso na estrutura da vida. Um planeta em conjunção com o Nódulo Sul pode parecer um aspecto independente da psique, agindo como uma subpersonalidade quando ativado por situações externas. Tais planetas devem ser observados mais detalhadamente, já que atuam num nível profundo da personalidade, freqüentemente tendo um efeito muito maior do que pode ser reconhecido conscientemente. Eles condicionarão nossa visão de mundo e influenciarão nossos padrões habituais de personalidade, mas sem que estejamos plenamente conscientes disto. Nosso relacionamento com estes planetas deve ser retrabalhado, e a observação de seu papel no restante da carta pode nos fornecer elementos úteis para mostrar-nos como estamos nos restringindo de várias formas.

Qualquer aspecto planetário com o Nódulo Norte tende a indicar que estas qualidades planetárias devem ser experimentadas e desenvolvidas mais plenamente, já que podem ser qualidades e faculdades que ainda não foram trabalhadas. As conjunções com o Nódulo Norte podem significar que é através da influência do planeta que podemos nos alinhar com as energias que fluem através do Nódulo Norte, aquelas que podem revelar nossa missão na vida e a direção evolutiva. Um estudo do signo e casa desta conjunção vai indicar o tipo de expressão positiva de que o indivíduo precisa para progredir. O planeta em conjunção pode fornecer um canal de sintonia com as mensagens do Nódulo Norte, apesar de também influenciar nossa interpretação de tais mensagens. Há ainda a dificuldade de integrar estas energias, de estabelecer cooperação entre os dois pólos do eixo nodal e de aprender a expressá-las. Se um planeta transpessoal estiver alinhado com o Nódulo Norte, pode ser especialmente benéfico trabalhar com ele, uma vez superada qualquer dificuldade inicial.

Os aspectos como o sextil e os trígonos apóiam tentativas pessoais de resolver as polaridades de casas e signos em oposição e podem ser trabalhados desta forma. É possível que eles não sejam especialmente fortes, mas o trígono pode fornecer a imagem do modelo triangular que será utilizado com sucesso na integração e resolução das energias envolvidas. As quadraturas indicam atritos consideráveis com respeito ao relacionamento daquele planeta com o Nódulo, tendo como prováveis respostas frustração e restrições interiores. Este é o ponto do meio e pode refletir a imagem de sustentáculo sugerida anteriormente, que, através de estresses e tensões, nos encoraja a resolver o conflito em vez de fugir dele. Liberar as energias deste planeta pode ser muito energizante e oferecer um meio para se transcender a polaridade do eixo nodular. Muitas vezes, as quadraturas são um estímulo ao crescimento interior, e qualquer planeta em quadratura com os Nódulos pode ser altamente significativo para o indivíduo. As oposições com freqüência projetam no mundo exterior e nas pessoas questões interiores controversas, como uma exteriorização da Sombra psicológica. Se o Nódulo Norte estiver envolvido, é possível que estas projeções nas pessoas possam indicar ideais, mensagens, qualidades que se espera que você mesmo incorpore; se elas envolverem o Nódulo Sul, então estas podem ser projeções nas pessoas que você precisa ver como incorporadas em si mesmo, das quais você deve se reapossar, para então transformar em novos padrões, a fim de seguir em frente.

Se a Lua natal formar aspectos com o Nódulo Norte, isto significa que para o desenvolvimento é necessário uma maior assimilação e integração das qualidades lunares. Pode haver necessidade de expressar as qualidades e faculdades lunares ou contatar o feminino interior, o tom sentimental da vida será enfatizado, e um psiquismo lunar baseado na receptividade, acentuado. Se os aspectos são desarmônicos, isto pode indicar que o inconsciente resiste às mensagens do Nódulo Norte e que é necessária uma adaptação. Se a Lua formar aspecto com o Nódulo Sul, poderemos ter um comportamento exagerado formado por padrões de hábitos inconscientes, em que as tendências inatas nos dominam, fazendo-nos agir repetitivamente, sem a clareza da consciência. Nossas qualidades lunares estão desenvolvidas e sintonizadas demais com as resistências do Nódulo Sul, e uma transformação dos padrões psicológicos é necessária para crescimento futuro. Podemos ser atraídos por agrupamentos coletivos devido a uma sensação de segurança e estabilidade, preferindo não romper com o comportamento e as atitudes sociais tradicionais. Nossa auto-identificação pode ser com grupos sociais de massa instituídos, tais como uma igreja ou uma organização política.

Os Nódulos Através dos Signos

Nódulo Norte em Áries, Nódulo Sul em Libra

A principal questão que você enfrenta é o desenvolvimento de uma identidade diferente da sua própria, que não confia em relacionamentos dependentes, derivada das percepções dos outros sobre você ou fundada em suas atitudes dominadoras, crenças e valores. A falta de uma identidade sólida pode levá-lo à indecisão e à confusão, especialmente quando desafiado por importantes decisões na vida, e freqüentemente você prefere deixar que os outros decidam por você. Como os relacionamentos parecem ser tão vitais ao seu senso de segurança e estabilidade, você tenta agradar às pessoas das quais depende; porém, se isto for mal aplicado devido à falta de autoconhecimento, você pode começar a perder de vista suas próprias necessidades, desejos e objetivos. Ao alimentar e nutrir os outros, você pode se esquecer de tomar o devido cuidado com suas próprias necessidades.

Você precisa ser cauteloso com a tendência a ser ingênuo e impressionável. Você deve superar isto e ter maior responsabilidade na avaliação de sua própria situação e opções, senão aquela tendência inicial continuará a interferir em decisões importantes. Em momentos críticos, a autodivisão trará apenas confusão adicional e dor, e em vez de querer viajar em todas ou nenhuma das direções à sua disposição, você precisa ser mais determinado e decidido. Você deve tomar a direção indicada por sua intuição, seguindo aquela diretriz interior. Através de sua fé na intuição você pode desenvolver seu potencial de uma forma singular, ser leal com sua própria natureza e, ao fazê-lo, ensinar a si mesmo a respeitar toda a sua individualidade. Por ser excessivamente sensível às necessidades dos outros e por tender a confundi-las com seus próprios desejos insatisfeitos, você pode se tornar suscetível à perda de energias vitais, o que talvez o leve a uma depressão ocasional. É essencial para você reconhecer e afirmar suas próprias exigências e ser o responsável por sua satisfação, já que são importantes para a autonutrição, o crescimento e a integração. Este é o crucial e primeiro passo rumo a sua expressão e libertação. Enquanto o conceito de servir aos outros pode permanecer como uma força inspiradora e motivadora, sua prioridade deve ser você mesmo, a fim de alcançar a integração de todo o seu ser em vez de fragmentar-se através da dependência de um relacionamento. Uma vez que o consiga, você será capaz de servir a partir de uma perspectiva mais efetiva. Quando você atinge um estado de harmonia interior, as energias que fluem de você também expressarão esta qualidade, embora muitas pessoas possam achar tais energias incômodas, devido ao seu próprio estado de desarmonia.

Sua nova abordagem deve ser de tal maneira afirmativa que também respeite a natureza do relacionamento, ligando o *self* e os outros para harmonia e benefício mútuos. As ações devem ser avaliadas em termos de nutrição, de modo que você seja fiel a si mesmo e também coopere com os outros. Se você reconhecer sua própria natureza interior, seus relacionamentos poderão se encaminhar para contatos mais profundos, a fim de que todas as parcerias sejam enriquecidas através da intensificação da compreensão mútua. Muitas vezes, a energia de Libra é revelada, quando você tenta equilibrar pessoas, idéias e situações, mediando condições opostas, tomando uma posição central no esforço para criar harmonia. O novo equilíbrio indicado é o do *self* e dos outros, envolvendo um equilíbrio interior em suas atitudes, tornando-se independente e afirmando sua individualidade, ao mesmo tempo em que expressa uma interdependência com o relacionamento. Isto pode ser atingido através da transformação de suas tendências à dependência.

Nódulo Norte em Touro, Nódulo Sul em Escorpião

Você tentará construir um novo conjunto de valores pessoais para alicerçar firmemente sua vida. Uma das dificuldades que você deverá enfrentar é a influência da energia de Escorpião, que, como parte da transformação, servirá para abalar qualquer alicerce que não seja capaz de resistir a sua pressão. Isto pode ser visto positivamente, uma vez que uma estrutura inadequada não seria segura para você, em nenhuma hipótese. Por experimentar esta ação subversiva, é possível que você desenvolva uma reação defensiva contra as tentativas de determinar seu estilo de vida e valores pessoais; entretanto, você deverá ser bem sucedido na construção de uma estrutura sólida e se beneficiará do esforço de consegui-lo.

Haverá em você uma tendência a buscar prazer pessoal nos tipos de relacionamentos que contenham as sementes da alegria e da dor desde o início; suas opções determinam que sementes poderão dar frutos. Pode ser que na juventude suas opções tenham sido menos adequadas, e se ainda o são, talvez você deva observar mais de perto a razão disto. Pode ser simplesmente porque você entra de olhos fechados, tanto em sua natureza e necessidades, como na natureza do provável parceiro. As sementes da destruição poderão estar presentes, e se elas emergirem em meio à confusão sua energia escorpiana se expressará novamente. Se você continuar ignorando este aspecto de sua natureza, mais oportunidades serão criadas para que a energia de Escorpião corroa suas ações e direções, à medida que busca impulsioná-lo rumo a um maior crescimento e compreensão. Aprenda a ver esta energia como um sábio amigo que o ajuda (apesar de ser um pouco rude às vezes) e então você será capaz de usar sua força para atingir seus novos objetivos.

É provável que você viva crises periódicas (pontos críticos/decisivos) em sua vida, estimulados por esta revolução interior incubada, e o conflito é inevitável, especialmente em relacionamentos familiares mais próximos e íntimos. Nem sempre você é moderado, desconfiando dos outros, o que também pode levar a atrito. Isto pode surgir a partir de tendências a conspirar e manipular, que podem ser automaticamente projetadas inconscientemente nos outros, e você vê ou imagina que eles fazem o mesmo com você. Muitos de seus problemas têm origem em você mesmo, e você fará trocas com outros, nas quais, através de suas próprias ações, você os *força* a reagir de modo a confirmar sua percepção prévia sobre eles, refletindo seus próprios preconceitos. Quando observar este fenômeno, você poderá começar a mudar, à medida que aprende a ver o lado interior mais oculto de sua natureza em ação.

Devido à sua intensidade interior, você poderá experimentar fortes sentimentos de raiva e frustração quando as coisas não saem como você quer, e a tendência pode ser dar vazão a estas frustrações naqueles que estão mais próximos de você. Como foi observado, esta pode ser uma energia com a qual é difícil lidar corretamente, e um de seus principais usos é resolver conflitos e dilemas internos. Talvez, aprendendo a confiar mais na vida e nos outros, distinguindo entre necessidades e desejos, você descubra que está cercado por tudo de que você realmente precisa, mas ainda não se deu conta disto. Você está buscando estabilidade, e pode, por suas próprias opções e reações, começar a acalmar seu turbilhão ou estimulá-lo através de uma atividade renovada.

Nódulo Norte em Gêmeos, Nódulo Sul em Sagitário

Os temas principais aqui incluem a busca de liberdade e a necessidade de conhecimento, compreensão, significado e propósito na vida. Freqüentemente você se sentirá desconfortável em sociedade, já que seu impulso para a liberdade é tão poderoso que você reagirá fortemente contra qualquer tentativa de restringi-lo ou limitá-lo, e boa parte de sua energia será dedicada a manter esta independência, especialmente se você se sentir ameaçado. Isto pode levar a problemas relacionados com assuntos de compromisso ou relacionamento, e este impulso interior deve ser reconhecido por você e por qualquer pessoa que esteja intimamente envolvida com você. Pode haver tendência a justificar suas ações evasivas através de uma atitude hipócrita, que pode destruir seus relacionamentos sociais, a não ser que você opte por cooperar com os outros.

Este padrão de ingenuidade egoísta precisa ser modificado, e você poderá perceber que a maioria das tendências que você não aprecia nos outros são na verdade reflexos de padrões seus que você não conseguiu aceitar e compreender. É necessário um processo de maior busca de autoquestionamento, já que sua expressão de liberdade pode ser obtida apenas às custas da liberdade dos outros, resultando numa restrição futura para eles. É isto o que você quer? E isto é uma negação do impulso de liberdade presente em todos? Talvez seja necessário fazer uma reavaliação do efeito de suas ações sobre os outros.

Pode ser necessário um enfoque maior em sua vida, já que, ao diversificar seus interesses e esforços em demasia, você não consegue completar as coisas ou as acaba mal. Talvez seja preciso visualizar mais claramente seu propósito e aquela tendência a apressar a finalização das coisas para se sentir livre novamente pode impedir um produto satisfatório. Uma lição que você deve aprender é que através da busca frenética de liberdade, você na verdade cria uma reação oposta, que culmina numa situação em que haverá menos liberdade e opções disponíveis. Olhe sua vida, veja se isto tem ocorrido e observe se seus resultados têm sido diferentes da sua intenção inicial.

É no desenvolvimento de sua mente que pode surgir uma liberdade maior, através do estudo, conhecimento, compreensão e da emergência de uma filosofia e propósito de vida. O impulso sagitariano na direção da liberdade precisa ser transformado numa busca mental, e isto pode ser desenvolvido mais tarde na vida, quando você perceber que sua educação dos primeiros anos de vida foi inadequada às suas necessidades. Assim que sua energia se torne mais interiorizada, é provável que você desenvolva uma afinidade maior com as expressões culturais do intelecto, especialmente com a linguagem. Esta questão pode ser sobre como o acúmulo de conhecimento e informações está sendo usado e se você é capaz de aplicá-los no cotidiano.

O próximo passo é incorporá-lo a um sistema pessoal de convicções, e quando você começar a desenvolver um senso de significado e propósito na vida, estas convicções serão testadas no fogo da experiência. A perspectiva gera direção e serve como um centro unificador para o indivíduo, satisfazendo tanto as necessidades de Sagitário como oferecendo um foco para o malabarismo geminiano de fatos e informações. O estímulo mental se tornará mais importante para você, assim como o aprendizado e a comunicação de suas descobertas. Através deles, poderão se formar novos caminhos para um relacionamento social, nos quais sua interação será mais objetiva e menos egoisticamente evasiva. Se você conseguir uma perspectiva mais elevada para sua personalidade e sua vida, suas atitudes vão se transformar, e você verá que pode estabelecer relacionamentos mais profundos. A liberdade é o objetivo de todos nós, a liberdade de sermos nós mesmos; você não deve negar seu impulso em direção a este estado, mas ele precisa ser conscienciosamente moderado por *insights* para que os resultados idealmente positivos sejam criados para todos, já que o desafio é ser tanto socialmente construtivo quanto individualmente livre.

Nódulo Norte em Câncer, Nódulo Sul em Capricórnio

Aqui o desafio envolve o confronto com a rigidez da influência de Capricórnio sobre sua personalidade, especialmente em suas expectativas de ter o respeito dos outros e seus sentimentos secretos de ser importante e superior. Grande parte de seu senso de identidade é associado aos seus relacionamentos e prestígio sociais, e pode ser que a maioria de suas atitudes e ações sejam coloridas pela esperança de que elas melhorem sua posição social; isto se torna um importante fator determinante nas suas escolhas. É provável também que a natureza de seus conhecimentos e relacionamentos sociais seja similarmente influenciada por esta necessidade de *status* social.

É a imagem social e a "máscara" que devem ser mantidas, e você acha qualquer perda de dignidade ou respeito público extremamente traumático. De várias formas, há uma insegurança de identidade oculta, uma necessidade do reconhecimento dos outros para ajudá-lo a definir sua própria identidade e sentir-se bem consigo mesmo. Se a atenção e o respeito alheios lhe forem tirados, você imediatamente se esvaziará. Você gosta de se sentir querido e importante, e pode assumir responsabilidades grandes demais para você e depois cambalear sob o peso da carga, tornando-se um mártir e esperando a admiração e simpatia dos outros. Você encara o fracasso como uma maldição e odeia admitir qualquer defeito pessoal, já que isto diminui seu auto-respeito; a intolerância com o fracasso influi no restante de suas atitudes, e pode faltar uma noção de falibilidade humana nos seus padrões assumidos, embora talvez você nem sempre os tenha.

Ao manter esta imagem pessoal que você mesmo se impõe, pode haver uma tendência a fugir de situações passíveis de fracasso ou inadequação, o que pode levar até a doenças psicossomáticas resultantes de conflitos e pressões internas. Você prefere impor controle e administração à vida e àqueles à sua volta, e isto pode às vezes criar tensão familiar, se isto se tornar muito opressivo. Sua visão de mundo tende a ser fixa e pré-concebida, e você avalia os outros através destes filtros de opinião, atitudes, crenças, valores e padrões impostos. Muitos não conseguem atingir seu ideal purista e hipócrita, o que talvez o satisfaça secretamente e agrade àquela tendência a uma pretensa superioridade.

Porém, a questão é: esta perspectiva de vida o satisfaz ou você está envolvido numa luta contínua para mantê-la intacta como um apoio e proteção para uma personalidade menos segura de si? Você sabe que não gosta que ninguém investigue sua vida pessoal além das fronteiras que você estabelece, e que você se mostra altamente sensível a qualquer crítica, preferindo normalmente retirar-se para dentro de sua concha blindada em vez de engajar-se num confronto aberto e honesto. Estas barreiras realmente o ajudam ou o aprisionam, restringindo sua avaliação e apreço à vida dentro de uma rígida estrutura de personalidade?

O Nódulo Norte em Câncer oferece uma saída para o impasse. As atitudes de uma pretensa superioridade sempre têm como resultado a diminuição do contato com a vida e a restrição nos relacionamentos e, geralmente, acabam nas desilusões de um ego inflado, especialmente se houver poder sobre os outros. Você precisa se libertar destas barreiras que você mesmo impõe entre você e outros, aprender a dar mais, reconhecendo e ajudando a satisfazer as necessidades alheias em vez de apenas estar pronto para receber a aprovação e admiração dos outros. Os aspectos femininos de sua natureza devem ser expressados mais plenamente; você deve oferecer apoio, ser receptivo, valorizar o relacionamento e a comunicação, ser sensível aos conflitos da humanidade, em vez de se contentar em ficar postado em seu pedestal. Quando você puder aceitar, compreender e expressar sua natureza emocional mais fluida e honestamente, poderá ocorrer uma maior integração pessoal, e a rigidez das tendências capricornianas mal aplicadas poderá se dissolver. Admitir que até você pode estar errado às vezes é um passo adiante. Você precisa que as águas da emoção o transformem e curem, para que sua vida se torne mais rica e tranqüila, livre da obsessiva necessidade de controlar, administrar e manipular, e assim você poderá valorizar mais as pessoas e os sentimentos. Se você conseguir fazer esta mudança, obterá grandes benefícios e terá a oportunidade de perceber e relacionar-se com a vida sob uma luz nova e mais satisfatória.

Nódulo Norte em Leão, Nódulo Sul em Aquário

Para seu desenvolvimento e crescimento pessoais, você precisará tornar-se mais auto-expressivo e objetivo na aplicação de sua vontade, para que suas energias sejam direcionadas a um propósito. Isto pode ser um grande desafio para você, já que talvez haja uma tendência a dissipar energias em várias direções a um só tempo, em parte devido a esta falta de objetividade e planejamento. Talvez você precise perceber que os pensamentos, ações, valores e atitudes presentes têm suas conseqüências em experiências futuras. A solução para isto é entender que o que fazemos hoje cria o amanhã e que um futuro favorável depende das escolhas e decisões que tomarmos agora. Nós construímos o edifício do futuro sobre as fundações do presente. Se hoje nossas escolhas são mal direcionadas, mais tarde teremos que enfrentar as inevitáveis conseqüências e um provável sofrimento.

Para atingir esta nova e clara direção na vida, você provavelmente terá que deixar de lado o consenso da consciência de massa da sociedade indicada pelo Nódulo Sul em Aquário. Isto não significa tornar-se excêntrico ou socialmente alienado: ao contrário, é um passo para tornar-se mais autoconfiante e independente, tendo maior responsabilidade por suas próprias opções e direção na vida. Os ganhos positivos disto podem incluir um senso de identidade, autoconhecimento e compreensão mais estáveis e o surgimento de uma genuína e profunda autoconfiança. Ao superar dúvidas desnecessárias quanto a si mesmo, você poderá perceber que quando determinar sua direção na vida haverá relativamente poucos obstáculos para impedir seu progresso ou desviá-lo de uma possível realização. Pedir conselho aos outros pode ser imprudente e enfraquecer sua própria determinação ou levá-lo na direção errada; em vez disto, você precisa buscar um aconselhamento interior. Quando esta direção na vida ficar clara, você descobrirá que o significado e o propósito estão presentes e que para realizar esta tarefa você terá de comprometer nela sua força de vontade.

Porém, não é este caminho egocêntrico que você procura; é o que combina uma maior auto-expressão independente com a percepção do relacionamento social e da interdependência. Seu crescimento beneficiará tanto os outros como você mesmo. A partir de sua nova perspectiva, você poderá se sentir livre de muitas das preocupações comuns da sociedade. Construir uma estrutura de valores pessoais é importante, e você tentará permanecer fiel aos princípios de direção de vida que oferecem um firme alicerce interior.

Será através da casa do Nódulo Norte que se enfocará e expressará a nova direção criativa, e à medida que sua nova visão de mundo comece a se desenvolver, você se sentirá inspirado para compartilhar suas crenças mais amplamente. Seu senso de comunhão com a sociedade se aprofundará à medida que seus sentimentos de responsabilidade e cooperação se expandirem. Este idealismo humanista e espírito altruísta brilharão mais e você tentará voltar-se para este ideal, pois assim sua direção se tornará uma contribuição para o mundo. A questão aqui é o crescimento individual e em grupo, e ela pode estar concentrada em temas de justiça e igualdade social. Uma vez atingido o foco, você pode assumir um papel de líder com alguma capacidade, tentando estimular uma mudança benéfica em práticas e pensamentos tradicionais estabelecidos. Isto pode gerar reações diversas, especialmente porque certas atitudes podem ser um pouco avançadas e portanto difíceis de absorver pela maioria das pessoas. Mas é essencial que você mantenha o espírito independente, para que sua passagem para um estado de criatividade positiva e ampliada indique uma transformação que a sociedade também pode efetuar. Quanto a você mesmo, dirigir sua energia de modo a estar de acordo com sua verdadeira natureza lhe trará profunda satisfação. Uma energia jovial sempre está presente quando alguém se aproxima de seu próprio ser, e este espírito jovial e indomado pode ser seu; mas você não deve se esquecer jamais da existência e necessidades dos outros, porque seu caminho se forma através da vivência de seus ideais humanitários.

Nódulo Norte em Virgem, Nódulo Sul em Peixes

Um dos maiores desafios que se apresentam a você é o de conectar sua natureza interior, com suas percepções emocionalmente sensíveis, ao mundo exterior, de uma maneira criativamente positiva que estabeleça uma ponte entre o espiritual e o físico. A tendência pisciana à dependência pode emergir na forma de confiar nos outros para definir sua direção na vida, que talvez tenha sua origem nos primeiros condicionamentos sociais e familiares, o que também influenciará a própria percepção de sua natureza e identidade.

O ponto fraco é sua natureza emocional, e você será altamente compassivo, sentindo fortemente o sofrimento e a dor do mundo através de uma empatia com a angústia alheia. Isto leva a uma tentativa de minimizar a dor dos outros, que será demonstrada em esforços para ser diplomático e delicado, quase sempre sem dizer — mesmo que o reconheça internamente — o que você realmente sente e pensa. Você tenta moldar-se para evitar ofender os outros, mas ao fazê-lo pode danificar sua integridade interior e confundir-se, ao ignorar as forças de seus próprios sentimentos e reações. Uma combinação de sensibilidade solidária e evasão interior/exterior pode começar a exaurir e a distorcer suas energias e a solidez de sua identidade, deixando-o mais vulnerável ao abuso por parte de índoles inescrupulosas.

Estas emoções dominarão seus julgamentos e decisões, e você poderá precisar de maior clareza quanto a suas verdadeiras necessidades, desejos e pensamentos. Dizer "não" aos outros é muitas vezes problemático, e sua resolução é facilmente abalada quando as pessoas apelam para suas emoções vulneráveis e o convencem a mudar de opinião.

Pode haver uma tendência ao escapismo, ao devaneio e a fantasias, com o retraimento para um mundo interior perfeito e ideal. Este é o conflito entre as ilusões e a realidade exterior, a interação do sonho de perfeição virginiano com o sonho de idealismo pisciano. Uma má aplicação disto pode levá-lo a uma armadilha em que sua capacidade de lidar com o mundo fica prejudicada. Você precisa afirmar mais sua própria realidade ao se confrontar com os outros, reconhecer que sua própria individualidade é igualmente importante e ter uma atitude menos passiva e de auto-sacrifício. Você pode oferecer uma grande contribuição à sociedade quando começar a trabalhar com suas forças, que podem se derivar de uma visão idealista aplicada no cotidiano para beneficiar os outros e elevar a qualidade do mundo. Um conceito de prestação de serviço pode se desenvolver, incluindo uma compreensão de como servir, quando servir, como receber dos outros e como reconhecer aqueles que você pode beneficiar.

Você pode demonstrar um alto grau de idealismo, mas até conseguir ter autoconfiança, você poderá limitar a manifestação destes ideais ou mesmo desistir de fazer esforço nesse sentido. Porém, são as lições aprendidas nestas lutas que podem favorecê-lo; a desilusão é freqüentemente o professor mais eficaz. O desafio é você continuar, apesar da dor e da luta, mantendo aquele sonho de paz e amor governando o mundo. Você deve viver suas próprias crenças, princípios e visão idealista do mundo exterior; eles não terão validade se continuarem a ser sonhos, e precisam ser testados no fogo da experiência diária. É necessário trazer para terra sua sensibilidade, espiritualidade e visão de mundo ideal; mesmo pequeno, é um passo adiante. Ao encarar o conflito entre a ilusão e a realidade, você sempre buscará uma melhor situação para você e os outros; será muito esclarecedor quando você perceber por que as pessoas tendem a sofrer tanto, e isto também será a chave para entender seu próprio sofrimento. Quanto maior consciência você puder ter de sua própria natureza, menor será a necessidade de depender dos outros; quanto mais testar a aplicabilidade de suas convicções na vida real, maior será sua compreensão de como seus ideais podem ser desenvolvidos de forma prática. Você pode descobrir que aplicar sua imaginação — talvez através de técnicas de visualização criativa — é especialmente benéfica para curar a si mesmo e se transformar, assim como para aquele impulso virginiano de servir à comunidade através do trabalho de uma maneira correspondente àquela visão pisciana de plenitude para todos.

Nódulo Norte em Libra, Nódulo Sul em Áries

Isto indica que você pode aprender mais com as lições de cooperação dos relacionamentos e quanto pode dar para satisfazer as necessidades dos outros. Você pode ficar menos preocupado com suas próprias necessidades e senso de identidade e se concentrar numa maneira que possa tornar todos os seus relacionamentos mais significativos e harmônicos através da cooperação consciente, em vez de expressar uma atitude egocêntrica.

É provável que você tenha um impulso competitivo, querendo sempre ser o primeiro, mas este poderoso individualismo e espírito de pioneirismo não é destinado a beneficiá-lo, mas a permitir que você dê mais de si mesmo aos outros. Há muito na vida esperando que você pare e constate sua presença, e você pode realmente se beneficiar se despender tempo para ouvir o que as pessoas podem lhe revelar sobre outros aspectos da vida, os quais, por sua avidez e impetuosidade, você nunca registrou ou valorizou. É inútil seguir em frente se você na verdade não sabe por que ou que objetivo está buscando. Você precisa parar e reavaliar sua direção e objetivos para orientar sua energia para propósitos claramente definidos.

Sua energia pode ser vivida muitas vezes com inquietude e impaciência, e você observará que muda de opinião com freqüência e acha difícil permanecer coerente com qualquer curso de ação, investigando cada nova possibilidade que surja, mas praticamente sem saber exatamente o que está buscando. Toda direção que você escolhe parece ser insatisfatória, um beco sem saída, um destino que oferece pouco descanso ou estabilidade. O que você deve perceber é que você não pode ser uma ilha, que precisa das outras pessoas. Enquanto não aprender a compartilhar e dar, tudo o que você obtém parecerá sem efeito, porque não é apenas para você. De fato, você poderá passar por fases em que a vida parece estar contra você, com muitos confrontos dolorosos que abalam seu ego. Pode parecer que você não está conseguindo realizar seus desejos, e é frustrante ver os outros à sua volta aparentemente progredindo e satisfazendo seus anseios e necessidades. Mesmo começando a se esforçar, seus objetivos parecem se afastar ainda mais. Pode ser necessário modificar seu modo de ver, para que seus esforços não sejam mais dedicados exclusivamente à obtenção de benefícios pessoais mas também tenham em vista os outros. Em vez de sentir inveja, você deve ficar satisfeito por eles; enquanto não basear verdadeiramente sua vida na cooperação e participação e de certa forma virá-la do avesso, você se sentirá frustrado quanto à satisfação de seus próprios desejos. Você provavelmente reagirá contra esta lição, mas ela será de sua própria e livre escolha e a expressão de uma natureza contrária.

Nos relacionamentos sociais, você muitas vezes estará numa posição central de "juiz" e terá que aprender a ajudar os outros a resolver seus problemas sem tomar partido. Assim, você aprenderá e encorajará a aplicação da cooperação como uma energia de boa vontade e harmonia. Você também poderá aprender muito com o casamento, com o potencial conflito entre os parceiros e as oportunidades de cooperação criativa, e ele pode representar o dilema de sua vida. É provável que você já tenha registrado o fato de que seus relacionamentos podem ser mais satisfatórios e significativos e não giram apenas em torno de suas necessidades. Seu intenso auto-respeito deve se expandir para incluir todos os outros, e quando você vir e aceitar que a vida pode ser muito melhor se compartilhada com os outros, ela será mais harmoniosa e satisfatória.

Nódulo Norte em Escorpião, Nódulo Sul em Touro

Isto indica que, para superar os padrões restritivos e resistentes simbolizados pela posição de Touro na casa, pode ser necessário empreender certas mudanças radicais de atitude. Provavelmente estes padrões estão relacionados com as tendências possessivas de Touro e com as posses materiais, que são consideradas uma grande ajuda para propiciar estabilidade e segurança na vida. O desejo de prazer, conforto e alegria no lar pode aprofundar os padrões materialistas, de tal forma que suas necessidades envolvem posses e uma correspondente diminuição do real desfrute das coisas que você não possui. Podem surgir questões confli-

163

tantes, a partir deste impulso de posse, sobre coisas materiais, pessoas ou questões familiares; os relacionamentos podem ser prejudicados, se esta tendência tornar-se excessiva ou se não puder ser modificada conscientemente. As pessoas raramente gostam de se sentir possuídas por alguém, e a vivência familiar é uma esfera onde este papel autoritário e ditatorial é facilmente aplicado e do qual se abusa, especialmente pela manipulação emocional ou forçando as circunstâncias para se favorecer.

Pode ser difícil não cair num estilo de vida de hábitos repetitivos, especialmente quando você criou algo assim, protegido dos caprichos da mudança e da ruptura. Esta é a placidez taurina, uma apreciação ruminativa de estabilidade e segurança. Porém, mesmo este caminho de posses começará a pesar, restringindo a liberdade, e finalmente a insidiosa energia de transformação de Escorpião começará a abalar alicerces. Se grande parte de seu senso de identidade foi deslocado para posses externas, então esta área pode se tornar vulnerável, exigindo mudança.

Você pode levar tempo e ser mais lento que a maioria para absorver as atitudes sociais e tradicionais estabelecidas para sua perspectiva de vida. Agindo em seu próprio ritmo e aprendendo de maneira própria, você constrói alicerces sólidos nos quais você confia para ter segurança e que funcionam como uma barreira resistente contra influências externas e mudanças. Mesmo assim, você precisa formar um novo centro de identidade pessoal, baseada nos valores mais elevados de uma posição menos egocêntrica. A partir do mundo exterior é necessário reorientar-se para a posse e o entendimento de seu próprio ser interior. Isto se torna uma nova afirmação de auto-estima, valor e poder, mas não do tipo explorador, e é baseada mais na segurança interior do que no apoio, padrões de hábitos e posses externos. Os talentos pessoais e recursos materiais são aplicados numa ação prática e construtiva, conscientemente dirigidas à construção de um novo estilo de vida.

É necessário compreender a tensão entre a resistência à mudança de Touro e o impulso à transformação de Escorpião. Você pode achar que, até certo ponto, as energias de Escorpião abalam seus esforços para criar estabilidade, frustrando-os de alguma forma ou fazendo-o ficar descontente com suas realizações. Isto o encorajará a transformar estes padrões de comportamento em formas menos restritivas e mais abertas. Tais experiências podem ser difíceis, levando-o a "queimar as pontes atrás de si", ao liberar os laços do passado e tornando-o receptivo às experiências futuras. A dependência dos padrões interiores repetitivos de pensamento e ação ou posses externas pode ser dissolvida pela transformação de Escorpião. Não é uma experiência negativa, apesar de sua reação ao seu impacto, mas sim destina-se a torná-lo capaz de assumir sua nova liberdade. O grau de liberação dos padrões de vida atuais dependerá de sua resistência; quanto mais você resistir, mais terá que "pagar" pela transformação. O que está a sua espera é um tipo de renas-

164

cimento, e isso pode ser inevitável. O velho deve ser substituído pelo novo, e é aconselhável que você acolha de boa vontade esta crise transformadora quando ela chegar, pois ela é benéfica para você, mesmo que no início você não queira encará-la sob este prisma.

Nódulo Norte em Sagitário, Nódulo Sul em Gêmeos

Sua energia geminiana tende a torná-lo inquieto, empenhado no estímulo e diversidade de interesses e experiências, e encoraja a um estilo de vida ativo. Quando você se sente restringido de alguma forma, seja no trabalho, nos relacionamentos ou nas atitudes, pensamentos e emoções, você começa a se sentir extremamente incomodado e vai buscar um jeito de mudar a situação. Sua mente é alerta e muito receptiva à multiplicidade de impressões e informações absorvidas do cotidiano e de outras pessoas. Porém, devido a estas rápidas mudanças do foco de atenção, você pode achar difícil manter a concentração.

A mutabilidade é um dado forte em sua personalidade, resultando em indecisão e mudanças sistemáticas de opinião e emoções. Esta natureza mutável é demonstrada pelo modo como sua personalidade parece variar de acordo com a companhia. Avaliar escolhas é um desafio, já que você percebe as virtudes da oposição que há nas decisões e ações, reconhecendo que de cada perspectiva, cada ação apresenta uma posição válida. Isto inibe sua capacidade de tomar decisões, já que você teme assumir uma posição que desvalorize a outra. As decisões pessoais são difíceis de determinar, e quando você está numa situação de avaliar os pontos de vista dos outros, você muitas vezes toma o caminho mais fácil, que é concordar com o que é expresso de forma mais firme e persuasiva. O perigo disto é que você pode perder de vista suas próprias convicções, valores e sentimentos.

Você acha difícil discriminar e tenta resistir a se comprometer, porque você tende a mudar de opinião com muita freqüência. Ao recusar-se a fazer escolhas responsáveis, você tenta agradar a todos ou repete as atitudes de quem estiver com você, mudando novamente, como um camaleão, quando está com outros. Isto talvez facilite a aceitação social, mas pode ser prejudicial ao seu próprio potencial e natureza mais profunda. O Nódulo Norte em Sagitário indica que você precisa desenvolver uma filosofia de vida mais pessoal e unificada que atue como alicerce para sua vida, uma convicção ou propósito que ofereça significado e clareza individuais, em vez de agir de acordo com os ventos da superficialidade, diversidade e mutabilidade.

Isto se torna a questão da direção, e é provável que você já tenha passado dos vinte e cinco anos quando começar a aceitar a necessidade de uma direção de vida mais objetiva e passar a buscá-la. As indicações podem vir de uma pessoa mais velha e influente. Um passo importante é modificar sua natureza reflexiva, ser mais capaz de determinar suas próprias atitudes e sentimentos, quer eles agradem ou não aos outros. Ficar com todos ou não concordar com ninguém não leva a nada; você deve encontrar sua própria luz. Mudar este padrão pode não ser fácil, mas você se beneficiará do progresso em direção a si mesmo. A alegria será liberada à medida que você se sentir livre para expressar sua própria natureza, sendo natural e verdadeiro sem qualquer impulso de agradar aos outros. Experimente estes passos para se liberar do passado e para entrar no presente e no futuro como você mesmo, porque você promete muito e tem muito a oferecer. Pelo menos, você se dará conta de que mesmo que uma moeda tenha dois lados, ela é uma só moeda, e mesmo que a vida tenha uma multiplicidade de faces, ela é uma única vida.

Nódulo Norte em Capricórnio, Nódulo Sul em Câncer

O Nódulo Sul em Câncer sugere que você será atraído pelo passado, buscando suas raízes, revivendo velhas experiências e lembranças, e retendo hábitos e respostas emocionais infantis e escapistas. Provavelmente há um certo grau de imaturidade que pode se manifestar como uma resistência a encarar a vida como um todo, preferindo vê-la através do filtro seletivo que elimina tudo o que for indesejável ou doloroso. A maturidade envolve contemplar o todo e não deixar de enfrentar aquelas partes que você finge que não existem. Este é o desafio com que você se defronta, o crescimento em direção a uma maior maturidade e responsabilidade.

Você pode sentir-se dependente dos outros e manter laços sentimentais com pessoas ou bens que despertam nostalgia, tentando preservar todos os relacionamentos para que durem para sempre ou mesmo que não mudem. Muitas vezes, esta dependência se manifesta na confiança que você deposita nos outros para resolver seus próprios problemas, em vez de assumir pessoalmente a responsabilidade. Uma forma extrema disto pode ser a geração de uma doença psicossomática, a fim de receber atenção e apoio. Seus sentimentos são altamente sensibilizados e tornam-se vulneráveis se os relacionamentos fracassam; sua reação natural é apegar-se, esperando que as coisas melhorem. Você tem necessidade dos sentimentos de ser amado e cuidado, e você raramente gasta tempo analisando a natureza de qualquer relacionamento ou o motivo do fracasso. Seu interesse é a satisfação pessoal e a plenitude da nutrição emocional. O caminho da autodescoberta pode parecer estéril demais para atraí-lo. A idéia de mudar a si mesmo para melhorar as chances de relacionamentos bem-sucedidos a princípio não o atrai.

O passado exerce sobre você uma forte influência, e você pode se comprazer em ficar sonhando com os "anos dourados". Devido a esta atração pelo passado, é possível que você venha a se envolver em atividades que mantenham o passado no presente. Isto poderá levá-lo a desenvolver atitudes e modos de vida tradicionais, apoiando velhas fórmulas e resistindo a pontos de vista mais modernos. Você poderá evitar as obrigações do presente, já que elas implicam a responsabilidade de criar o futuro. Apenas você pode encarar seu próprio futuro, e é através de uma opção consciente no presente que você poderá construir o futuro escolhido. Ao evitar esta ação hoje, você deixará seu amanhã dependente de circunstâncias que estão além de seu controle e perderá qualquer senso de significado e direção na vida.

O caminho é a autonutrição, responsabilizando-se por suas próprias opções e ações, aceitando a necessidade de maturidade. Aprenda a olhar mais adiante, abandone o acúmulo de lembranças, sentimentos e necessidades infantis que você usa como um refúgio e meios de se apoiar interiormente. Um novo destino o espera através do amadurecimento, e é o medo do desconhecido que você tenta evitar; por isso, você pode, inconscientemente, criar para si situações difíceis, mas que ainda acabarão conduzindo-o à maturidade, porém às custas de sofrimento. Este não deve ser um destino negativo, e na verdade contém as sementes de um grande potencial e benefícios para você, uma vez que você o enfrente abertamente e reconheça o novo caminho. Você descobrirá uma nova força interior, emoções estabilizadas e auto-suficiência ao ingressar nesta nova fase de crescimento, e a vida parecerá menos ameaçadora e muito mais rica se você abrir seus olhos à diversidade e complexidade do mundo moderno.

Nódulo Norte em Aquário, Nódulo Sul em Leão

Seu desafio é afastar-se da preocupação egocêntrica e se dirigir a uma maior conexão e contribuição para a sociedade. Como você tem uma tendência a se sentir o centro do universo, esta mudança potencial de atitude pode trazer dificuldades. Você precisa transformar esta perspectiva egocêntrica, desfazendo qualquer atrito de pretensa superioridade e qualquer crença na inviolabilidade de suas próprias idéias e opiniões. O Leão no Nódulo Sul gosta do reconhecimento ou atenção sociais, e você pode querer aparecer acompanhado de pessoas que tenham alguma fama pública ou local, já que isto pode acentuar sua convicção de ser alguém especial. Você pode tentar aplicar sua determinação apenas para satisfazer seus desejos e ambições por autogratificação e vantagem pessoal, e a casa onde o Nódulo Sul está posicionado denotará a esfera particular do desejo e do empenho pessoal. Porém, alimentar seu orgulho e precisar manter sua dignidade pode restringi-lo, atrapalhando a experiência de um sentimento mais profundo de interdependência com a vida.

A auto-afirmação será natural, mas você descobrirá que, por ser muito dominador, você acaba criando alguns problemas nos relacionamentos íntimos, e a menos que sua agressividade seja similar à de um

167

parceiro igualmente forte, alguém que você aprenda a respeitar, haverá uma inerente fonte de conflitos. Estes poderão provir de tentativas de impor sua vontade, sendo possível até ocorrer uma fragmentação progressiva da individualidade do parceiro sob o ímpeto de sua energia, o que pode forçá-lo a se submeter passivamente a você ou a abandoná-lo para se reintegrar. Voce pode não expressar de forma deliberadamente consciente esta energia dominadora, mas ela talvez seja "recebida" pelo parceiro através da atmosfera psicológica, de forma puramente subjetiva. Preste bem atenção à sua influência e observe também quando sua vontade é contrariada pelos outros ou pelas circunstâncias, e veja que sua reação raramente é elegante na derrota — você provavelmente tenderá a ficar ressentido, perguntando-se por que sua força de vontade não funcionou.

Você precisa descobrir os valores essenciais da vida, a fim de não gastar energia em direções infrutíferas e começar a aplicá-la em coisas que ofereçam maior significado pessoal e também beneficiem os outros. Às vezes você pode perder-se em busca de sonhos românticos, mas deve ser prioritário determinar o que é importante. Quando você definir o que é pessoalmente importante, este *insight* pode servir de guia. Porém, para atingir este estágio, você poderá se confrontar com experiências que revelem as conseqüências de opções, objetivos, valores e direções insatisfatórios.

O conflito fundamental ocorrerá entre os desejos pessoais e a contribuição potencial que você pode dar à criação de uma sociedade mais zelosa e humanitária. Esta é a força de atração de Aquário, pedindo que você se engaje nesta tarefa mundial, empregando seus talentos, dons e energias para beneficiar os outros, em vez de usá-los apenas em benefício próprio. Quando você conseguir libertar-se de tudo o que for pessoalmente sem importância e limitante e redirecionar suas atitudes, você estará livre para explorar novos horizontes. Esta é a verdadeira direção através da qual você poderá satisfazer a necessidade de sentir-se "especial", já que sua natureza está talhada para explorar as desconhecidas terras do futuro. A imagem de "pioneiro" é adequada e indica seu caminho na vida. Você precisa encontrar a causa interior que o impede de seguir a energia de Aquário, pois isto lhe dará mais significado à vida do que a busca de seus desejos. Esta causa refletirá a visão de uma nova sociedade, baseada na fraternidade universal, e você talvez deseje contribuir para isto de forma ampla ou restrita. A tarefa principal é compartilhar o trabalho em grupo. Aquário promete uma aventura especial, que será um desafio a sua força de vontade e a sua convicção de ser especial, e será capaz de satisfazer seus impulsos ambiciosos, fazendo pleno uso de seu potencial e recursos — além do mais, será também uma experiência pessoal única.

168

Nódulo Norte em Peixes, Nódulo Sul em Virgem

A casa em que o Nódulo Sul em Virgem está posicionado será uma área especialmente sujeita a refletir sua tendência para a rigidez individual e a repetição de padrões de hábitos e atitudes fixas. Esta rigidez diante de uma vida e de um mundo mutantes está começando a lhe parecer limitante e restritiva agora, embora seja um conjunto automático de reações ativado no cotidiano; você reconhece que suas respostas nem sempre são espontâneas ou livres, mas habituais e previsíveis. O problema é que você não sabe como se libertar destes padrões interiores da personalidade, talvez tenha medo de ficar livre e não saber como enfrentar a vida sem suas barreiras protetoras, já que você as usa para sentir-se seguro. Com o Nódulo Norte em Peixes apontando para a frente, você pode descobrir que uma série de conflitos e experiências abalam sua preferência por estrutura e ordem ou revelam suas inadequações. Por circunstâncias mutáveis, sua rigidez de reação pode se mostrar incapaz de agüentar os desafios, fazendo-o despertar lentamente para a necessidade de uma mudança radical em sua autopercepção, atitudes, valores e convicções.

Às vezes você sente que o mundo pode ser um lugar ameaçador, e freqüentemente você tem sentimentos ambíguos sobre as pessoas. Parte disto vem de uma insegurança de identidade e do medo de expor-se. Por isto você tenta se proteger, criando barreiras de cautela e distância entre você e os outros, afastando-se das experiências. Ao criar estas barreiras e manter os padrões de hábitos restritivos, você também pode criar estados doentios e problemas de saúde associados com o centro de seu corpo. Se você não conseguir confiar na vida, poderá exacerbar formas de tensão e estresses relacionados com necessidades de cautela e ordem rígidas, causando uma doença física real ou males psicossomáticos. Isto pode criar um círculo vicioso, aumentando sua convicção de que o mundo não é um lugar saudável para se viver, até que você se conscientize de que é provável que suas próprias atitudes estejam contribuindo para seu estado de saúde deficiente.

Você precisa aceitar mais a totalidade de sua natureza, de forma a evitar que qualquer tendência à repressão crie conflitos interiores e tensões adicionais. Uma área vulnerável poderá envolver a relação de suas emoções com sua expressão sexual. Esta pode ser influenciada por sua visão moral e atitudes de dominação nos relacionamentos e na sexualidade. Você pode se sentir incomodado com suas reações sentimentais e talvez se incline a evitar a intimidade emocional, recusando-se interiormente a se envolver nos relacionamentos, porque tem medo de sofrer. Se isto ocorrer, o autoquestionamento e a modificação dos padrões de hábitos podem ser muito benéficos.

Suas tendências virginianas à análise mental e separação podem começar a se tornar limitantes, conferindo uma seriedade excessiva a sua visão de mundo e diminuindo seu senso de medida e humor. Esta abordagem analítica, dissecadora, pode trabalhar contra você, já que você observa as peças do quebra-cabeça e não consegue ver a figura inteira. Se você se envolver demais com as peças separadas, pode também perder a perspectiva da serenidade mental, uma vez que sua reordenação não tem fim.

É através da sintonia com o Nódulo em Peixes que as lições de confiança e fé na vida podem ser aprendidas. Este padrão interminável de separação e classificação da vida em múltiplos fragmentos e a tentativa de ordená-los em uma vida fracionada deve ser transcendido. A vida é um todo, e você e o mundo são interdependentes; não há separação real, e esta compreensão lhe trará paz de espírito. O estímulo para este movimento pode ser a dissolução de seus planos de uma vida ordenada. Você precisa buscar uma abordagem unificadora para a vida, que junte os pedaços em vez de enfatizá-los. Para esta proposta radical de mudança você deverá estar preparado para liberar as tendências virginianas passadas e habituais a fim de poder abraçar a experiência pisciana da mente unificada com o mundo.

OS NÓDULOS ATRAVÉS DAS CASAS

Nódulo Norte na 1ª Casa, Nódulo Sul na 7ª Casa

Isto indica que sua principal área de desenvolvimento pessoal envolve questões de identidade e relacionamento. O Nódulo Sul na 7ª casa sugere que você tem tendência a depender dos outros, e ao fazer isto você submerge sua própria identidade neste processo, talvez por submissão à vontade, desejos e necessidades dos outros. Talvez lhe falte auto-estima, já que muitas vezes sua auto-imagem é refletida na percepção e avaliação dos outros sobre você. Obviamente, isto pode ser mal interpretado e tende a criar um retrato distorcido do *self*, especialmente se você permitir que as opiniões alheias influenciem seu comportamento. Porém, sua necessidade de relacionamento terá um papel muito importante em sua vida, e é provável que você dedique grande parte de seu tempo e atenção para satisfazê-la.

É provável que você precise se tornar menos dependente dos outros e construa seu próprio senso de identidade em vez de confiar nos outros para defini-lo por você. Através da autocompreensão, você poderá viver com sua própria luz, mas até chegar a isto a probabilidade é que você continue fortemente influenciado pela vontade e desejos dos outros. Por causa de seu desejo de agradar, você tem negado e reprimido aspectos de sua própria identidade, suas necessidades e desejos, e pela tendência ao auto-sacrifício pode ter perdido contato com sua identidade mais profunda.

Apesar de você estar certo ao acreditar nas virtudes da cooperação e da harmonia nos relacionamentos, ser muito submisso a outras personalidades mais determinadas pode ser prejudicial. Há outras maneiras de se relacionar que são mais benéficas para todos os envolvidos. Seu desafio é descobrir este caminho alternativo. Você deve começar a afirmar sua própria natureza, necessidades e desejos, com muita esperança de que será capaz de fazê-lo de forma harmoniosa. Você pode constatar que, devido à confiança que você antes depositava nos outros para decidir suas ações, ao começar a se auto-afirmar você vai entrar em conflito com aqueles que o consideravam até então. Estas pessoas podem achar difícil lidar com sua nova identidade, que está surgindo em resposta à energia do Nódulo Norte na 1ª casa. Tais dificuldades devem ser enfrentadas e os relacionamentos, reequilibrados e ajustados. Voltar a uma atitude submissa ou passiva será prejudicial.

Idealmente, você equilibrará o crescimento para expressar sua identidade plena com uma abertura à riqueza e à complexidade oferecida pelos relacionamentos. Inicialmente, isto pode trazer desafios aos relacionamentos, e às vezes seu estilo de afirmação pode ser prejudicial. Pode ser necessário usar de moderação, especialmente se você tentar incorporar subitamente seu "novo eu" de um dia para o outro. Você deve perceber como está tratando os outros, ao sair da passividade e se tornar mais ativo nos relacionamentos, e será necessário agir com equilíbrio ao desenvolver sua personalidade e tentar harmonizar suas necessidades com as dos parceiros. Para alguns, a transição pode incluir a dissolução de velhos padrões de relacionamento e a formação de outros, mais adequados à nova fase da vida. O crescimento não acontecerá de uma hora para outra, mas lentamente e com um esforço considerável. Tenha fé: suas batalhas serão válidas no final.

Nódulo Norte na 2ª Casa, Nódulo Sul na 8ª Casa

O Nódulo Sul na 8ª casa tende a criar um padrão interior que está relacionado com a defesa dos segredos pessoais, que podem estar associados a sentimentos indefinidos de culpa e insegurança pessoal. Uma abordagem de sua necessidade de autodefesa provavelmente são as teias enganadoras em volta de si mesmo, talvez devidas ao medo de deixar que alguém se aproxime de você. Esta insegurança irá influenciar seus relacionamentos, e pode haver medo da desaprovação social em relação a suas atitudes e personalidade, quando estas se revelarem. Geralmente, estes medos são infundados, porém, criam tensão e pressão interiores, afetando sua comunicação, fazendo-o, quase sempre, fugir de contatos mais abertos e íntimos.

Você pode se inclinar a boicotar coisas, já que provavelmente não possui valores pessoais firmes, o que tem um efeito negativo sobre seu senso de identidade. Você tende a desafiar as estruturas de valor das outras pessoas, abalando-as, deslocando-as de seus alicerces seguros. Por não ter valores definidos, você não consegue avaliar seu papel na criação de estabilidade na vida dos outros. Com freqüência, mesmo de forma não deliberada, você pode exercer uma influência destrutiva sobre os outros.

Você poderá se sentir não aceito socialmente, apesar de seu próprio isolamento peculiar ser o que mais contribui para isto, assim como suas profundas inseguranças. Porém, simultaneamente, você deseja também participar daquela sociedade que sua outra parte está rejeitando. Pode haver sofrimento a partir dos sentimentos relacionados com o medo da rejeição social, e para evitá-los você foge do envolvimento social mais profundo. O perigo é que estes sentimentos podem criar um círculo vicioso, levando-o a desejar destruir deliberadamente as pessoas e a sociedade, para puni-los por sua própria falta de adaptação e integração pessoal. Sentimentos de que você merece mais do que recebe, aliados ao reconhecimento de que você não consegue fazer o esforço devido, criam contradições que geram sofrimento, discórdia interior e insatisfação.

A sexualidade pode ter grande importância em sua vida, e você devotará muita atenção a sua expressão. Porém, pode ser necessário uma mudança de atitude, especialmente se você usar o sexo como meio de obter poder sobre os outros ou de liberar energias agressivas. Através da experiência sexual mais profunda e honesta, você pode descobrir um novo caminho para intensificar a harmonia com os outros, e boa parte de sua confusão e negatividade nos relacionamentos poderá se transformar.

É essencial que você se alinhe com a energia do Nódulo Norte na 2ª casa, aprendendo a desenvolver e construir as bases de seus próprios valores e visão de mundo, baseado no que é pessoalmente importante para você. Você precisa olhar para si mesmo honestamente, definir seus valores e procurar aplicá-los no cotidiano. Quando você aprender a respeitá-los e exaltá-los, você vai parar de minar os valores dos outros, respeitando-os também. Assim que você começar a ter êxito em recriar a si próprio, os relacionamentos também se tornarão mais satisfatórios. Você descobrirá uma nova afinidade com a sociedade e, por aceitá-la, grande parte da auto-rejeição e da dor dilacerante será dissolvida. Você poderá se beneficiar muito se fizer mudanças autodirigidas. A natureza humana é muito mais flexível e passível de mudanças do que se imagina. Decidir mudar oferecerá um *insight* considerável de sua própria natureza, e você poderá ser muito útil ajudando os outros a realizar uma transformação positiva em sua vida.

Nódulo Norte na 3ª Casa, Nódulo Sul na 9ª Casa

Uma de suas principais tendências é o impulso à liberdade, seja a liberdade física e a necessidade de viajar, seja a liberdade mental de explorar, investigar e satisfazer sua curiosidade. Você provavelmente sentirá esta tendência como uma inquietude e estará perpetuamente empenhado em livrar-se de todas as restrições. Porém, falta uma direção sólida ou um propósito; será difícil para você racionalizar a necessidade de fugir e de mudar que tanto o agita, e os outros também podem achar suas tentativas de explicação pouco satisfatórias. Você precisa entender este padrão interior e decidir controlar e dirigir este impulso, senão ele poderá causar danos à estabilidade de qualquer estilo de vida, relacionamento ou emprego. O principal enfoque do aprendizado será na esfera dos relacionamentos, e pode faltar uma verdadeira compreensão das pessoas e habilidade para interagir com elas. Mesmo que você se envolva nos relacionamentos, você conserva uma tendência a desejar a liberdade; é muito importante para você e para os outros a maneira como isto é expresso. Muitas vezes você sente que os relacionamentos se tornam limitantes depois de um tempo, mas como sua necessidade de liberdade é muitas vezes expressa de forma egoísta, você pode achar que a disciplina para manter um relacionamento e conviver com aquele sentimento pode começar a ajudá-lo a compreender a si mesmo. Você talvez sinta receio de perder esta liberdade, mas ao modificá-lo você poderá obter outros benefícios. Um bom relacionamento é inestimável, permitindo que ambos os parceiros gozem a vida e desenvolvam seus próprios caminhos. E este pode ser o desfrute que você vai perder, ao optar pela liberdade a qualquer custo, porque é inevitável que sua vivência de uma liberdade egoísta não seja plenamente satisfatória.

Sua simpatia e flexibilidade colaboram para criar uma variedade de relacionamento, e esta pode ser uma fonte de experiência que o ajude a obter maior compreensão sobre os outros. Porém, aliado a sua busca de liberdade, isto também pode encorajá-lo a fazer coisas sem muito planejamento. Render-se a este impulso pode complicar sua vida, deixando muitas questões sem solução e causando sofrimento e confusão. Seu bem-estar futuro será afetado, se você cair na tentação de mudar sem assumir obrigações ou responsabilidades.

Mentalmente, você absorverá o conhecimento com facilidade, recebendo uma grande variedade de informações de todas as fontes, seja do estudo formal, que poderá ser de grande valor, seja de pessoas ou de lugares. Tais informações podem ser valiosas para os outros, e você poderá obter satisfação ao compartilhá-las com aqueles que necessitam delas, ao mesmo tempo em que desempenha uma função útil. Você pode ser atraído pela carreira de professor, porém do tipo que mais dissemina do que avalia e interpreta, devido à sua dificuldade para unir partes de informações em um todo coerente. A tomada de decisões ou os julgamentos podem não ser seu ponto forte, já que você sempre espera por mais informações, as quais podem influenciar suas escolhas; com freqüência, as circunstâncias decidirão por você.

A lição essencial é compreender sua necessidade de liberdade; aprenda a expressá-la de forma correta nos relacionamentos sociais, e sua vida será enriquecida e guiada por uma harmonia maior. Se não conseguir

173

aplicar este impulso corretamente por causa de uma expressão egoísta, sua liberdade levará você e as outras pessoas a um grande sofrimento.

Nódulo Norte na 4ª Casa, Nódulo Sul na 10ª Casa

Sua personalidade consciente tende a ser dominada pela preocupação com sua própria importância, autoridade e capacidade de realização. Você sentirá que é socialmente mais importante do que a maioria dos que estão à sua volta, e que estes devem reverenciá-lo e respeitá-lo apropriadamente. Traduzido em ação, isto significa que você pode achar que certas tarefas não estão a sua altura. Você exibirá uma aura de indiferença nobre que pode distanciá-lo dos outros. Que precisão têm estes sentimentos de auto-importância? São eles apenas um reflexo da decepção consigo mesmo que surge dos padrões do Nódulo Sul na 10ª casa? Em certa medida, estes sentimentos surgem da necessidade de estar no controle, e a posição ideal para conseguir isto é a de líder ou de autoridade; você não gosta de ser liderado pelos outros ou de se submeter a sua autoridade, principalmente porque isto pode significar que sua percepção interior sobre o comando é meramente ilusória.

Você precisa enfrentar esta questão de autoridade. Muitas vezes, você assume o papel de protetor, atraindo pessoas que, por passividade ou fraqueza pessoal, precisam apoiar-se em alguém, e este papel vai se adequar à sua atração pelo domínio e a liderança. Através do papel de autoridade, com freqüência você consegue esconder aspectos de sua verdadeira natureza, apesar de que este papel não oferece desafios para ajudá-lo a crescer e amadurecer. O exercício da autoridade implica maior responsabilidade, e você precisa estar convencido de que tem capacidade para obter sucesso neste papel.

Parte de sua necessidade deriva de uma insegurança pessoal mais profunda, que pode ter sido formada na infância, talvez porque seus pais tenham procurado inculcar em você a crença de que algum dia você seria um líder ou chegaria a uma posição de autoridade. Se estas expectativas não se materializarem na vida adulta, pode desenvolver-se uma insatisfação crescente, já que a vida não consegue corresponder às esperanças e aos sonhos absorvidos dos pais.

Pode haver problemas com a própria família que você constituiu, relacionados com uma opção entre as obrigações familiares e seu trabalho, especialmente se você ascender a uma posição de responsabilidade e direção. Você tenderá a organizar coisas pelos outros, porém, ao fazê-lo, sobrará menos tempo e energia para integrar sua própria natureza através da autocompreensão. Isto poderá ser mais evidente na expressão de sua natureza emocional, uma área com a qual você tende a se sentir incomodado e tenta evitar. Você pode ter dificuldades para enfrentar problemas emocionais e se inclina a esperar que eles simplesmente desapareçam. Você lamenta não poder organizá-los!

Sua principal área de crescimento pode ocorrer quando você admitir plenamente que tem emoções e quando buscar compreendê-las e expressá-las naturalmente, em vez de reprimi-las. Você será mais valorizado pelos outros e por sua família se, ao longo do tempo, permitir que suas emoções fluam mais facilmente, em vez de continuar representando. Suas conquistas podem ser consideráveis, especialmente através do trabalho e da carreira, mas você deve se empenhar em atingi-las por elas próprias e não pelo "aplauso do público", já que isto servirá apenas para reforçar seu papel. Você precisa estabelecer raízes novas e mais profundas em sua própria natureza, e ser menos dependente dos outros para dar sentido a sua vida.

Nódulo Norte na 5ª Casa, Nódulo Sul na 11ª Casa

A questão que você deve enfrentar com este posicionamento é a exploração da criatividade e da imaginação, a descoberta do potencial de uma mente sonhadora e como isto pode ser aplicado na vida. Liberar e expressar a criatividade latente enriquecerá sua própria vida e a dos outros. Sua mente e a vida subjetiva o fascinarão e com freqüência você estará preocupado com seu interior. Sonhar acordado é com você, e uma energia considerável será dirigida ao estímulo imaginativo, destinado a resolver e elaborar seus sonhos mais inventivos. Sua vida interior pode desenvolver-se em uma tapeçaria de imaginação, sonhos, desejos e fantasias.

Porém, esta habilidade é uma faca de dois gumes. Pode enriquecer a vida, acrescentando uma dimensão extra entrelaçada com a realidade física, ou pode se tornar uma força condicionante, distorcendo a realidade através da tentativa de governar e dirigir sua vida, tentando forçá-lo a representar os papéis daquela fantasia. Você deve tomar cuidado para se assegurar de que vai continuar sendo o mestre e não o escravo deste processo criativo, que pode se tornar poderosamente obsessivo. Você pode tender a evitar viver plenamente no presente, perdendo-se em sonhos de um futuro ideal ou numa realidade alternativa, compensatória, onde você consegue o que lhe é negado no mundo material do aqui e agora. Você pode permitir que isto aconteça porque sua realidade presente não corresponde a suas projeções, e torna-se muito doloroso enfrentar a realidade que seus sonhos não conseguem materializar. Você prefere se associar a amigos, parceiros e grupos que intensificam sua tendência ao sonho, cujas atitudes são basicamente de apoio a você, ou cujos interesses oferecem material para sua imaginação. Muitas vezes, você poderá ficar tentado a repelir e rejeitar aqueles que quiseram confrontá-lo com sua realidade. Finalmente, o abismo entre seus sonhos e a realidade se projetará num confronto aberto, o que será um desafio direto ao seu desenvolvimento.

Quando estiver diante deste abismo, você não poderá evitar o confronto. Você deseja que não haja abismo, porque ele limita sua imaginação. Ao buscar ao seu redor um meio de seguir em frente, você poderá ser atraído pela exploração da psicologia ou do oculto para obter uma compreensão mais profunda da natureza da mente. Você busca meios de descobrir o poder e a habilidade de criar seu próprio futuro segundo seus sonhos preferidos. Através do estudo, da observação e da experimentação de sua própria mente e imaginação, você pode se conscientizar de que é através de sonhos, pensamentos e imaginação que a vida se desdobra — estas são as raízes de todas as escolhas e decisões — se a vontade e a determinação forem suficientemente potentes para manifestar seu desejo. Este é o conceito subjacente à técnica de visualização criativa, um poderoso método de transformação de si mesmo e do estilo de vida.

Você notará que é difícil se manifestar de forma suficientemente pura, e que muitos sonhos são egoístas demais e, portanto, acabam se distorcendo no processo de se tornarem reais. Você precisa compreender isto como um processo de "desejar criativamente", e a forma mais eficaz é através da vivência dos resultados do desejo na vida real. Então, você começa a aprender a controlar e dirigir esta habilidade a fim de criar situações em relação às quais você deseja assumir responsabilidade. Idealmente, você descobrirá que seus sonhos e sua imaginação devem beneficiar tanto os outros quanto você; você verá que os sonhos egoístas não oferecem enriquecimento ou satisfação duradoura. Basicamente, o processo criativo consiste na capacidade de manifestar os pensamentos — uma importante habilidade psicológica e mágica. E isto requer um considerável autoconhecimento, uma vez que é um poder que pode ser perigoso se for mal utilizado; a única garantia eficaz é aplicá-lo apenas para o bem dos outros.

Nódulo Norte na 6ª Casa, Nódulo Sul na 12ª Casa

Isto indica que pode haver um deslize para as profundezas da mente e mais além atravessa o perímetro da mente inconsciente, deixando para trás o pensamento lógico e racional e abrindo as fontes irracionais e imaginativas. Você tende a ser orientado para o interior, muitas vezes exibindo um ar distraído ao criar situações nas quais pode evitar o envolvimento total com o mundo real. Pode ser uma forma de escapismo, uma fuga da responsabilidade e do dever; de uma maneira mais positiva e criativa isto poderia dar acesso à meditação, à contemplação e uma expressão do espírito artístico. Seus efeitos dependem da aplicação individual. Muitas vezes, você pode achar que a vida é um sonho, mas isto depende de como você pode separar efetivamente suas viagens interiores da realidade externa.

Esta absorção em sua própria mente afeta seu cotidiano. Você pode não ser bastante eficiente e organizado no trabalho ou nas tarefas domésticas e, através de um desvio de interesses para os reinos interiores, você tende a deixar trabalhos inacabados, desculpando-se com a falta de tempo. Você talvez venha a se beneficiar de uma estrutura organizacional que necessite de maior autodisciplina, pois assim você poderá aprender as vantagens de um planejamento cuidadoso e da concentração da vontade.

Pode haver uma variedade de medos interiores e preocupações indistintas que o afligem, preocupando sua mente e fazendo você ter pena de si mesmo. Ao assumir maior responsabilidade sobre você próprio, tornando-se mais positivo e desenvolvendo confiança na vida, você poderá banir esses medos e sentir-se confiante e livre o bastante para encarar o mundo real. Você é bem capaz de fazer isto, mas pode ser impedido pelo hábito estabelecido de fuga, e você prefere retirar-se para o mundo interior privado, especialmente quando, em seus relacionamentos, você acredita que seu amor não é notado e nem apreciado.

Você sentirá necessidade de ajudar os outros, mas poderá ser reticente para sair de sua concha protetora. Sua utilidade depende de quão além de seus próprios padrões restritivos você pode ir. Seu futuro envolve o anseio de abarcar a vida, aceitando sua própria natureza e construindo pontes de comunicação com os outros.

Poderá haver uma fase de doença — afetando você ou alguém próximo — que servirá para ensiná-lo que muitas doenças são psicossomáticas, sendo causadas por estados internos de desarmonia nos pensamentos, atitudes e valores. Isto pode se dar através de bloqueios emocionais que geram efeitos colaterais físicos, tensões e estresses. Se você conseguir perceber a causa por trás dos sintomas e fizer um esforço deliberado para transformar e resolver o problema, poderão ocorrer curas admiráveis. A partir daí, você talvez seja atraído pelo trabalho de cura em geral e poderá ter, de fato, habilidades curativas latentes. Ao conectar suas habilidades de observação e empatia com seu próprio desenvolvimento pessoal, acrescentando a isto uma perspectiva mais positiva, você poderá se transformar em alguém que cura, principalmente no campo da medicina complementar. Uma vez que você tenha conseguido lidar com seus próprios problemas, você deverá vivenciar um maior senso de propósito e satisfação à medida que você compartilha com os outros.

Nódulo Norte na 7ª Casa, Nódulo Sul na 1ª Casa

Você terá tendência a afirmar sua independência e a singular individualidade, o que pode tornar-se prejudicial para o sucesso em seus relacionamentos íntimos e cooperação em geral com os outros. A preocupação consigo mesmo é enfatizada pelo Nódulo Sul na 1ª casa, e este interesse pelas suas próprias necessidades muitas vezes o torna inconsciente das reações dos outros. Você insiste em viver sua vida do seu próprio jeito e não presta atenção nos conselhos mais sábios dos outros. Você sente uma forte necessidade de independência, e quando parece que alguém conseguiu ultrapassar essa linha demarcatória interior e exige seu comprometimento, você sente que sua independência está ameaçada. A tendência é reagir contra tais inibições afirmando sua própria individualidade, geralmente retirando-se do relacionamento. Isto pode indicar divórcio, separação ou relacionamentos caracterizados por um considerável distanciamento entre os parceiros.

Você talvez precise se conscientizar do egoísmo que freqüentemente expressa, olhar para si honestamente e começar a descobrir como dar aos outros em vez de apenas tomar para si. Pode haver uma falta de harmonia entre você e o mundo, e os relacionamentos carecem de energia para fluir livremente; isto pode levar ao aparecimento de algum tipo de doença, física ou emocional, talvez manifestando-se como doença psicossomática, que pode ser usada para obter simpatia e abrir seu próprio caminho.

Através de sua afirmação individual, você será principalmente um solitário, acreditando na sua própria auto-suficiência e raramente aceitará qualquer sugestão de que você falhou em alguma coisa. Provavelmente, você preferirá sentir-se no centro dos acontecimentos, tendo um importante papel de supervisão, e se você chegar a isto, vai se sentir seguro. Entretanto, a questão é que, ao ocupar tal posição, você será exigido a aprender a ter mais consideração com os outros e a satisfazer as necessidades das outras pessoas e também as suas próprias.

Seu desafio é aprender a dar aos outros sem pensar em ganho pessoal. Fundamentalmente, você é uma pessoa forte e confiante, mas que tende a tomar mais do que compartilhar; aprenda a dar aos que precisam, e sua vida será enriquecida e seus relacionamentos, renovados. De fato, você descobrirá que tem muitos valores a compartilhar com os outros — e, é claro, eles com você. É provável que você descubra que quando do está agindo de forma egoísta os resultados de suas ações não são satisfatórios ou causam sofrimento a você e aos outros. A maneira criativa e positiva de transcender esta tendência é arriscar-se a compartilhar e dar mais livremente. Sua perspectiva precisa se ampliar além de si mesmo, e seu crescimento e felicidade futuros dependem de você se abrir aos outros e de experimentar a alegria que pode haver em relacionamentos verdadeiros.

Nódulo Norte na 8ª Casa, Nódulo Sul na 2ª Casa

Você pode achar difícil mudar os caminhos estabelecidos, mesmo reconhecendo que eles levam a uma direção errada. Você tende a continuar, apesar disto, principalmente porque é o único caminho que você vê, e você tentará convencer os outros de que o seu caminho é o certo. Geralmente é porque isto oferece o potencial para você perceber o que é que o está conduzindo, encorajando-o a mudar, especialmente quando resultados negativos começam a ocorrer.

Você encontra um sucedâneo para um propósito e satisfação verdadeiros na aquisição de bens materiais; você tende a avaliar-se segundo suas posses. Esta sua natureza de desejos geralmente prefere a quantidade à qualidade, mas não fica satisfeita por muito tempo. Ela deve ser transformada, a fim de que você obtenha uma satisfação real e duradoura na vida.

Você tende ao extremismo na maioria das coisas e muitas vezes invalida qualquer progresso feito, queimando pontes atrás de si, impedindo qualquer chance de voltar ao passado e a antigos hábitos, garantindo o comprometimento com a direção escolhida. Potencialmente, esta ação pode levar a resultados positivos, mas estes não surgem por si mesmos e, além do mais, requerem um esforço consciente. Você precisa de algum tipo de transformação interior, mas pode ter dificuldade em gerar energia suficiente para estimular a mudança. Além disso, há sempre o elemento de um possível caos em todo o seu comportamento, que emana de uma energia mal aplicada da 8.ª casa (ligação com Escorpião), a qual pode abalar muitas de suas intenções.

Os relacionamentos são importantes para você, apesar de sua tendência a buscar *status* social através deles. Existe a possibilidade de alguma confusão a respeito de assuntos/identidade/atividades sexuais, e talvez você não se sinta sempre à vontade com as insistentes exigências e necessidades da natureza física, o que pode levar a uma resistência interior, estimulando o atrito e o conflito. Você pode se sentir cauteloso quanto à sua natureza sexual, a qual lhe dá uma imagem do *self* que você não aceita totalmente ou não integra facilmente na sua consciência e no seu cotidiano. Você tende a manter este aspecto de si mesmo separado e à distância, e, no entanto, ele é parte essencial do ser humano e uma forte necessidade que de alguma forma deve ser satisfeita.

Se você buscar valores mais transformadores, isto levará à moderação de qualquer padrão de comportamento excessivo de fundo inconsciente. Você precisa se abrir mais aos valores dos outros para que os seus próprios sejam menos restritivos, tornando-o mais tolerante e compreensivo. Você precisa reexaminar sua atitude quanto às posses, compreendendo que elas existem principalmente para serem usufruídas, não aumentam o verdadeiro valor da pessoa e em si não satisfazem nem preenchem. Deve ser dada mais ênfase à qualidade, tanto das pessoas quanto dos bens. Você vai descobrir que deixou escapar muitas coisas que você considerava significativas, mesmo que elas não lhe tenham dado paz interior ou felicidade, e algumas circunstâncias podem exigir que você se dispa do passado para aprender novos valores e atitudes. Se isto ocorrer, veja-o como um potencial para uma renovação positiva, já que é uma oportunidade de mudar a si mesmo, para que a vida possa ser enriquecida por uma abordagem mais moderada e equilibrada, em vez de ser dirigida por tendências compulsivas e inconscientes.

Nódulo Norte na 9ª Casa, Nódulo Sul na 3ª Casa

Aqui a ênfase recai na comunicação, nos relacionamentos e no desenvolvimento da mente, especialmente em termos de aquisição de informações. Os relacionamentos podem se tornar uma parte de conflito e confusão; você pode se sentir pouco à vontade com eles, preferindo livrar-se das complicações. Como seu enfoque é basicamente mental, você se sente desconfortável nos níveis emocional e físico, e pode haver certa apreensão com respeito ao sexo. Isto pode ocorrer porque você é menos preocupado com o físico do que outras pessoas, por isso a expressão física do relacionamento é menos pronunciada e as necessidades sexuais não geram suas principais motivações ou desejos. Você aprenderá a aceitar o sexo como parte natural da vida, mas num contexto que valoriza mais outros aspectos da vida.

Você gosta de ficar sozinho, perseguindo seus interesses sem ser distraído pelos outros. Porém, há um impulso de buscar continuamente a comunicação e o relacionamento com os outros. Equilibrar estas tendências pode às vezes causar conflitos. Freqüentemente, as pessoas com problemas emocionais buscam apoio em você, considerando que sua perspectiva mental imparcial e tranqüila ajuda-as a obter um ponto de vista mais racional para lidarem com suas agitadas emoções. Você gosta deste papel e tenta ser útil, esperando que seu apoio e conselhos possam ser usados de forma positiva. Você é muito cuidadoso ao dá-los e tenta garantir que eles não sejam mal interpretados.

Às vezes, sua tendência a ser diplomático e neutro tem efeitos negativos sobre você. Sua tentativa de não ser desafiador pode fazê-lo perder de vista seus próprios pensamentos e sentimentos. Se isto ocorrer, é melhor tornar-se mais partidário e leal a si mesmo, garantindo uma clareza maior. Isto pode se tornar um problema se sua vida social construir uma panorâmica teia de relacionamentos e contatos, e é inevitável que você incomode alguém inadvertidamente de vez em quando. Isto estimula o conflito nos relacionamentos e faz que você confronte suas próprias dúvidas interiores. Se sua diplomacia o envolveu em algum grau de desonestidade, você perceberá a futilidade de tentar interferir com a comunicação genuína.

Mantenha o controle consciente de sua vida, do contrário você poderá viver fases em que parece que sua velocidade aumenta e você corre sem sair do lugar. Isto pode se dar através de uma reviravolta social ou mental, e você se sente cada vez mais incomodado, o que pode levar a sintomas de doenças e problemas para tomar decisões. Nem sempre você é competente nesta questão, já que prefere reunir todos os fatos e detalhes possíveis antes de decidir, e a dificuldade é que você tende a acreditar que há mais fatos a acumular, por isso adia a decisão. O uso da intuição pode ajudá-lo neste particular.

Para você, o mundo é um tesouro de conhecimentos e informações, e você quer acumular o máximo possível destas riquezas. Sua necessidade de compreender será uma preocupação por toda a vida e seu interesse abarca muitos campos do conhecimento humano. Sua mente nunca descansa em sua busca de peças do quebra-cabeça humano. Ao menos você explorará o mundo em viagens mentais, apesar de que a viagem física também o atrai muito e amplia sua perspectiva. Pode ser que você obtenha sucesso ao deixar sua terra natal ou através de contatos fora do seu país de origem.

Você precisa concentrar sua coleta de informações para começar a criar uma síntese que possa dar indicações sobre algo importante em relação à condição humana e à natureza da vida. Se você conseguir fazer isto, dará um significado a mais a sua vida e à dos outros, à medida que começar a se concentrar mais em idéias abrangentes e menos em fatos fragmentados; e quando sua visão se aprofundar, sua capacidade de comunicação será mais eficiente.

Nódulo Norte na 10ª Casa, Nódulo Sul na 4ª Casa

O Nódulo Sul na 4ª casa indica que as raízes pessoais, alicerces e vida familiar terão um papel muito influente em sua vida, possivelmente exigindo grande parte de seu tempo, atenção e energia para satisfazer as exigências e obrigações familiares. Você pode sentir que os deveres familiares são restritivos, que inibem sua liberdade e opções de expressão, ou que satisfazer as necessidades econômicas da família é uma carga muito pesada. Ressentimentos podem se acumular se você começar a acreditar que seus esforços não são reconhecidos. Seu papel de servir à família provavelmente será crucial, talvez por você ser o único assalariado e mantenedor do lar.

Grande parte de sua identidade está ligada às raízes e bases familiares. Isto pode ter origem na influência dominante das atitudes dos pais, que condicionaram seus valores adultos e ainda persistem guiando sua vida e decisões. Tais atitudes podem incluir estruturas de crenças sociais ou religiosas fortemente estabelecidas e que foram firmemente implantadas em sua perspectiva consciente. Será difícil para você afastar-se destas atitudes, mesmo que você queira.

Na sua infância e mesmo na vida adulta, há a possibilidade de que a unidade familiar não seja completa no sentido tradicional da união de dois adultos. Talvez tenha ocorrido a morte precoce de um dos pais e você teve que assumir mais responsabilidades muito cedo, ou na vida adulta um parceiro pode não ter sido capaz de assumir o papel de pai/mãe plenamente, deixando-o com responsabilidades adicionais. Encarar as exigências de ser pai ou mãe será uma tarefa desafiadora, já que você poderá lutar para assumir ambos os papéis adultos na família. Porém, emocionalmente, você está profundamente preso aos seus laços familiares, mesmo que você reaja contra sua natureza às vezes opressiva. A família tende a estabilizar sua vida, definindo seu estilo de vida cotidiano. Ela também absorve a maior parte de sua energia, mas você não consegue imaginar a vida sem ela — exceto como um vazio solitário.

A área de conflito situa-se entre os desejos egoístas e os generosos, entre suas próprias necessidades e as dos membros da família. Geralmente, você encolhe os ombros, respira fundo e segue em frente, aplicando a autodisciplina. A lição que você aprende ao passar por estes períodos penosos e difíceis é servir aos outros, o que requer certo grau de auto-sacrifício. Você tenta nutrir aqueles com quem você está em contato íntimo, ajudando-os a crescer, mas esta experiência o leva a uma expressão mais plena desta influência benéfica na sociedade ou comunidade na qual você vive. Ao realizar estes difíceis deveres familiares, você aprende a tornar-se mais competente, decidido e seguro.

Você emergirá de suas provações como um pilar de força em quem os outros podem se apoiar. Aceitar conscientemente este papel de auto-sacrifício aprofundará suas habilidades, com a expansão de sua maturidade emocional e aceitação da responsabilidade. É provável que, através de vários caminhos, sua influência se estenda além dos parâmetros familiares para atingir uma comunidade maior, talvez através da inspiração ou mesmo das realizações de seus filhos. Este pode não parecer um caminho fascinante e talvez seja muito trabalhoso; porém, ao aprender a transcender a natureza do desejo pessoal em benefício dos outros, você obtém a chave da transformação positiva, que será cada vez mais aparente, especialmente mais tarde.

Nódulo Norte na 11ª Casa, Nódulo Sul na 5ª Casa

Do Nódulo Sul na 5ª casa vem a alegria dos prazeres da vida, da criatividade, dos casos amorosos e um estilo de expressão egocêntrico. Sua imaginação criativa freqüentemente tece muitas teias coloridas ao redor de sua verdadeira realidade. O mundo que você cria é um palco onde os atores representam os papéis que escolheram, buscando sonhos e aventuras particulares e seguindo a natureza de seus desejos. Sem dúvida, há uma certa precisão nesta percepção de vida, e certamente eleva a existência humana acima da perspectiva mais mundana, inspirando-a com um fascínio e fantasias que podem estimular e enriquecer. Porém, o perigo está em usar isto como fuga da realidade e das responsabilidades, em que você prefere viver sua vida como um personagem principal de um drama heróico e romântico.

Você deseja ser reconhecido e notado pelos outros, destacar-se da multidão, e isto ajuda a criar sua atração por aquela posição no palco em frente à platéia. Ser anônimo não é seu papel preferido, e você detesta ser ignorado. Os casos amorosos são um de seus pratos prediletos, baseados na necessidade de ser amado pelos outros, e estes casos fornecem um palco adequado a sua *performance*, além do público do qual você pode depender, pelo menos temporariamente. Freqüentemente estes interlúdios românticos impedem que você estabeleça uma direção na vida, já que os desvios dos prazeres do amor são mais sedutores. Você tende a grandes gestos, especialmente o sacrifício pelo amor, que deve ser notado pelo parceiro, e a tornar qualquer relacionamento, pelo menos na sua cabeça, um grande drama de paixões. Você pode apaixonar-se com facilidade, porém, freqüentemente, o impacto é apenas superficial, e você consegue evitar as profundezas transformadoras do amor. Em última análise, você sacrifica pouco, se é que o faz.

Você tem um espírito vivo e infantil, porém ingênua e quase inocentemente egocêntrico, que deseja companhia constante e um elenco de apoio para divertir. Grande parte de sua vida consciente é gasta em sonhos criativos, imaginativos e românticos, que são projetados no mundo e nas pessoas. De várias formas, estes sonhos servem de barreira defensiva. Porém, é sua aptidão para o sonho que pode lhe dar maior desenvolvimento pessoal e oportunidade de obter *insight* e compreensão do significado real e da influência dos "sonhos" na vida. Os sonhos pessoais podem aumentar a criatividade e realizar seus desejos, porém, se você tentar usar sua vontade para forçar os acontecimentos contra as marés da vida, o fracasso é mais provável. Os sonhos também podem trazer mensagens do interior, tentando guiá-lo à compreensão das razões de suas atitudes e experiências. Se você puder registrar estas impressões, poderá ajustar sua direção e aplicação da vontade, harmonizando-a com a direção indicada. Registrar as impressões dos sonhos ou intuições pode ser um importante passo a ser dado, já que o direcionamento surge de dentro, apesar de muitos não conseguirem ouvir suficientemente esta silenciosa voz interior.

Enquanto você não começar a reorientar seu enfoque egocêntrico, tenderá a sentir um descontentamento e achará que está perdendo algo vital na vida, embora procure colorir grande parte de sua vida com tons brilhantes. Ao tentar livrar-se dos laços pessoais, você apenas estará criando outros. Seu senso de ego e orgulho pode criar problemas, através da excessiva preocupação consigo mesmo, especialmente nos relacionamentos, e sua necessidade de querer mais o impede de apreciar o que você já tem. Você precisa ter maior percepção dos outros, vendo-os não apenas como elenco de apoio mas reconhecendo que suas necessidades, desejos e sonhos são tão importantes quanto os seus. Esta visão romântica da vida deve ser modificada, para que a realidade não se perca,apesar de que a visão infantil pode ser renovadora para pontos de vista esgotados. A nova direção envolve a aplicação de sua imaginação criativa de sonhar com um mundo melhor, não só para você, mas para todos.

As amizades e o envolvimento em grupo podem ser importantes para expandir sua vida, e o possível comprometimento e dedicação a alguma visão idealista podem ser a chave que lhe permitirá ultrapassar o enfoque egocêntrico e realizar um papel mais importante, que melhore tanto a qualidade de sua vida quanto a dos outros. Ao aprender a associar sua criatividade com as necessidades sociais, você descobrirá o poderoso mistério do sonho criativo. Ele gerou todo o universo, e apesar do pouco uso que fazemos dele temos o poder de transformar nossa própria vida e o mundo.

Nódulo Norte na 12ª Casa, Nódulo Sul na 6ª Casa

Do Nódulo Sul na 6ª casa, o reino do trabalho influenciará seu senso de bem-estar, e isto significa que você se sentirá restringido e limitado, o que gera insatisfação e resistência. Isto pode surgir pelo fato de você ter que ganhar a vida de modos que não lhe interessam ou que não utilizam seus dons e talentos, restringindo as oportunidades de desenvolvimento pessoal. Você pode achar que seu emprego é aborrecido, estéril e que oferece pouca satisfação, e estas frustrações podem obscurecer outras áreas de sua vida. Você pode precisar investir mais esforço e atenção para mudar seu ambiente de trabalho, se for este o caso, talvez indo em busca de uma carreira diferente ou mudando suas prioridades na vida; procure seguir uma alternativa positiva e criativa.

Você prefere ver o mundo ordenado e ajustar seu próprio estilo de vida segundo esta ordem, sem conseguir compreender por que grande parte de sua vida parece caótica, ilógica ou desnecessária nem por que as pessoas tendem a sofrer em grande parte em conseqüência de suas próprias atitudes e opções. Às vezes, você se sente superior neste aspecto, apesar de que, se sua vida na esfera profissional não é satisfatória, você também está gerando seu próprio sofrimento em vez de modificá-lo.

É possível que haja pressões interiores em formação, devido à repressão da raiva e do ressentimento, e às vezes você pode sentir que a vida não está conseguindo recompensá-lo por seu esforço. Tente evitar que isto ocorra, caso contrário você poderá ter problemas de saúde causados pelo bloqueio de energia emocional, o que talvez resulte em doença física ou psicológica.

Você se sentirá incomodado se tiver que impressionar pessoas, e estar presente em qualquer situação em que isto seja necessário tenderá a gerar sentimentos de "estar se vendendo". Será muito importante para você entrar em acordo com seu *self* interior, porque é olhando para dentro que você descobrirá suas respostas. Você precisa aprender a discriminar o que para você é verdadeiramente importante, significativo e duradouro, e o que é temporário. Definir suas prioridades pode ser muito revelador, e este é um passo importante na direção em que você está se desenvolvendo para fazer seu estilo de vida se harmonizar com sua natureza essencial. Tal passo pode levar a mudanças radicais. Em vez de reagir contra certos aspectos da vida com os quais você discorda, uma racionalização de suas energias permitirá que você entenda que sua própria natureza pode levá-lo a construir uma vida adequada a você, que faça emergir qualidades e habilidades que você sabia existir mas que não conseguiam se expressar. Se você atingir este estágio, o senso de satisfação pessoal será grande. A chave para isto está na sua própria natureza, já que é provável que o mundo não lhe oferecerá oportunidades facilmente, e você terá que tomar uma direção independente.

Se possível, você deve evitar a fragmentação da vida, tentando vê-la e vivê-la como uma unidade, deslocando-se livremente com os ventos da mudança. Desde que isto possa ser feito com um correspondente crescimento de sua compaixão e compreensão pelos outros, há um considerável potencial para que você perceba um maior significado e propósito na vida. Pode ser necessário substituir os valores assumidos por outros mais adequados, e você tem condições para ser bem sucedido, se ousar aplicar sua vontade na construção do que foi revelado pelo exame interior de suas prioridades. Olhar para fora e sentir-se insatisfeito não é a resposta, e isto leva a mais ressentimento. Voltar-se para dentro e mudar pode revelar uma nova direção a seguir.

CAPÍTULO 9

À Luz da Lua Mágica

Com o ressurgimento da antiga sabedoria do Oriente e dos ensinamentos ocidentais mágicos, pagãos e herméticos através dos esforços da organização do Alvorecer Dourado, de Madame Blavatsky e outros pioneiros, o poder arcaico da Deusa começou a emergir da escuridão do inconsciente coletivo. O princípio feminino da Lua iniciou sua lenta e estável marcha de volta à luz, pronta para sentar-se uma vez mais no trono duplo da Rainha do Céu e Rainha Negra do Submundo.

Sigmund Freud respondeu aos tremores subterrâneos e lançou sua luz psicológica na escuridão interior. O que ele encontrou escondido lá tornou-se a base da psicologia moderna; ao abrir o alçapão sobre a fronteira do consciente, ele descobriu novos reinos interiores: os níveis inconscientes da mente. Em suas investigações, ele abriu uma caixa de Pandora humana, desenterrando a complexidade da natureza humana e perfurando o rico veio de associações e fundamentos simbolizados pela deusa Lua interior.

Suas análises indicaram que as primeiras experiências da infância e os relacionamentos com os pais influenciaram o desenvolvimento da personalidade, e que os instintos, a sexualidade e os acontecimentos passados foram os principais fatores a influenciar nosso comportamento. Ele usou o termo "Id" para descrever os aspectos coletivos e inconscientes da mente, que se acumulam em torno de impulsos herdados, instintivos do indivíduo, principalmente as lembranças e fantasias da infância. Ele definiu o complexo de Édipo como relacionado à atração sexual, na infância, pelo pai (ou a mãe), e uma reação negativa contra a mãe (ou o pai).

Sua visão do inconsciente era a de um nível primal da psique, motivado por necessidades instintivas, compulsões caóticas e impulsos sexuais. A imagem da mãe possessiva, devoradora, está presente na teoria freudiana, e é uma imagem arquetípica na mitologia, na maioria das religiões e das tradições mágicas. Freud estava explorando as raízes inconscientes do indivíduo e investigando o reino lunar interior, áreas associadas com hereditariedade, ancestralidade e vida instintiva coletiva. O caminho que ele estava percorrendo era a descida a um submundo em busca dos complexos interiores que constituem vários padrões inconscientes de comportamento, que são tanto herdados quanto desenvolvidos em resposta a experiências na infância.

A partir do trabalho pioneiro de Freud, a investigação da natureza humana tomou vários rumos no aprofundamento de nossa compreensão. De várias formas, a psicologia moderna tem apenas redescoberto segredos da psique já conhecidos das escolas de mistérios esotéricos e do interior de santuários de religiões mundiais. O trabalho de Carl Gustav Jung, em especial, tem tido imenso significado na psicologia contemporânea e igualmente tem iluminado nossos *insights* quanto às raízes arquetípicas da mitologia, de lendas e vários caminhos esotéricos. Seus estudos do simbolismo e sua relevância para a transformação interior, a potencial união de partes díspares da psique, assim como sua percepção sobre a necessidade de um significado para a vida, resultaram numa grande contribuição ao desenvolvimento do pensamento do movimento Nova Era. As esferas da astrologia e da alquimia se beneficiaram da abordagem de Jung ao explorar o inconsciente. Grande parte da astrologia psicológica e humanista está em débito com seus *insights*. Jung percebeu que, ocultos no simbolismo da alquimia, no pensamento gnóstico e nos mitos religiosos do Egito, da Grécia, do Cristianismo e do Oriente, havia profundos ensinamentos espirituais e *insights* quanto à natureza do ser humano e que, subjacente a estes mitos, estavam as luminosas presenças de seres arquetípicos que foram reconhecidos pelos antigos como deuses e deusas. A Magna Déa, a Deusa Terra e a Deusa Lua lançaram sua luz prateada sobre muitas culturas antigas, e Jung viu que o homem moderno precisava reintegrar o feminino novamente à sua natureza e civilização para evitar o desequilíbrio social. Ele propôs que uma abordagem para resolver esta carência fosse o contato e a integração da *anima* interior, um dos aspectos do princípio feminino.

Nos últimos trinta anos, as técnicas psicológicas e as escolas filosóficas se diversificaram muito e começaram a se espalhar pela sociedade. Muitos indivíduos basicamente equilibrados e bem socializados utilizam e se beneficiam hoje de técnicas psicológicas, enquanto antigamente tais técnicas eram usadas apenas por profissionais que tratavam de pessoas com perturbações clínicas. Os indivíduos do primeiro grupo estavam em busca de uma maior autocompreensão, significado e propósito na vida, tendo expandido o conceito de autoterapia em novas direções. Tem havido uma proliferação de meios, incluindo a Gestalt, encontro, psicossíntese, análise transacional, psicodrama, terapia primal e renascimento. Esta mudança no tipo de pessoas que querem explorar sua própria psique tem sido estimulada muitas vezes por uma necessidade de lidar com o poder de suas próprias respostas emocionais e sentimentais à vida. Talvez por terem vivido relacionamentos fracassados, conflitos com os pais, supersensibilidade ao ambiente ou falta de um significado satisfatório em sua vida, estas pessoas começaram a reconhecer que poderiam se beneficiar da autocompreensão.

Para muitos, o maior desafio é entrar em acordo com suas profundezas emocionais, enfrentar sentimentos reprimidos, aprender a liberar energias bloqueadas e trazer à luz sua escuridão interior para ser reconhecida, curada e dispersada, espreitando o *self* inconsciente e abrindo caminho para a efetivação da integração consciente. As pessoas estão reconhecendo que desde a primeira infância é possível desenvolver uma tendência a enterrar e esconder emoções sofridas, a conter a raiva e as frustrações e a restringir-se ao comportamento socialmente aceitável. Na vida adulta, nosso alvo de expressão tem sido limitado, e aspectos de nossa natureza são inconscientemente reprimidos devido ao medo de punição e rejeição. De fato, nossas oportunidades de amar, de livre escolha e criatividade têm sido diminuídas ou distorcidas. Tornou-se difícil compartilhar abertamente nossos sentimentos e emoções profundas. Temos problemas até em admiti-los para nós mesmos. Isto resulta numa falta de comunicação real nos relacionamentos e problemas para encontrar um estilo de vida satisfatório. As pessoas percebem que em algum ponto perderam contato com a vitalidade essencial de sua vida.

Tais questões estão relacionadas com os conceitos da Lua astrológica e representam uma resposta natural e coletiva aos movimentos do arquétipo psicológico. Elas incorporam uma necessidade pessoal de lidar com as emoções e os instintos, compreendendo o modo como vivenciamos nossas respostas sentimentais à vida. Ao participar da autoterapia ou de oficinas de potencial humano, as pessoas descobriram que ao obter uma nova perspectiva de sua natureza emocional — talvez mediante liberação catártica de energias reprimidas ou da reestruturação de seus padrões habituais de resposta, valores ou condicionamentos ocultos da infância — poderiam criar um renovado senso de vitalidade e *self*, quase como uma experiência de renascimento. Os teóricos da terapia primal acreditam que, revivendo os verdadeiros traumas do nascimento, uma mudança individual radical pode ser estimulada.

Paralelamente a este movimento psicológico, as velhas tradições também estão ressurgindo, com a renovação do interesse pelo paganismo, bruxaria, xamanismo, alquimia, os Mistérios Ocidentais, os caminhos do Graal e o renascimento celta. A dimensão mágica e esotérica da Deusa Lua está sendo ativada no mundo, resultando também na reafirmação do movimento feminista e no crescente enfoque nas antigas culturas matriarcais e de adoração à Deusa. À luz da Lua mágica, a promessa é de ciclos de renovação e transformação através da sintonia com o poder do divino feminino; este parece ser um antídoto atraente contra o desequilíbrio das atitudes patriarcais e de domínio masculino. A partir do momento em que os raios prateados da Deusa começaram a iluminar os reinos interiores do inconsciente coletivo, a consciência também se voltou para a exploração social e o mau uso do planeta. Começou a se formar uma visão ecológica, e a idéia da espiritualidade verde veio a público. Está surgindo lentamente a consciência de que, se criarmos um deserto interior por falta de entendimento e integração, também criaremos coletivamente um desastre ecológico e um deserto no planeta. A Deusa voltou com suas imagens da Lua, do Graal, e do Caldeirão de Inspiração Transformadora para que as utilizemos no grande trabalho, o *magnun opus*. É apropriado que nossa primeira vista do planeta Terra tenha sido a partir da Lua; é um lembrete de nossas raízes e de nosso lar, uma imagem de um ecossistema planetário.

WICCA

A bruxaria contemporânea — ou Wicca — é o renascimento da mais antiga tradição originada do paganismo e da adoração da natureza e da fertilidade, em que a Deusa Lua é a divindade principal e a afirmação do princípio feminino está à frente do simbolismo religioso. Na maioria dos países cristãos, a bruxaria ainda costuma ser vista como quase satânica em essência, um caminho malicioso, perigoso e sinistro. A palavra bruxaria evoca uma reação negativa automática em muitas pessoas, mas isto vem da ignorância, da falta de compreensão e de uma eficaz propaganda cristã. A cristandade patriarcal tem se inclinado a negar o poder do feminino há séculos, e não há perspectiva de que vá mudar sua tática de associar continuamente os cultos lunares com rituais sinistros e maléficos. Mesmo a palavra "sinistro" deriva do nome do Deus Lua Sinn, da Babilônia. Isto é uma caricatura da interpretação e uma deliberada distorção dos antigos fundamentos espirituais de Wicca, e é designada apenas para manter a supremacia do simbolismo patriarcal Pai-Filho e as atitudes desta cultura.

O ressurgimento de Wicca ocorreu em parte pelo interesse do movimento internacional de mulheres, que começou a rever as imagens e os papéis das mulheres através da história. Para muitas mulheres, a conscientização do antigo poder espiritual da Grande Mãe e da Deusa Universal foi uma revelação. Houve oportunidade de reconexão com uma fonte de poder feminino, que tanto deu mundos à luz quanto os sustentou. Descobrir o simbolismo reprimido da Lua deu-lhes a chave da aceitação e da compreensão de sua própria feminilidade e a oportunidade de afirmá-la com confiança. A crença na existência anterior de culturas matriarcais mais pacíficas e em maior harmonia com a natureza sugeriu um modelo sócio-político que pôde ser revelado pelo poder e qualidades femininas.

Através da restauração da imagem da Deusa e do modelo assumido do estado matriarcal, as mulheres são inspiradas a ver em si mesmas a mesma essência divina dos homens, diferindo deles não no *status* espiritual, mas porque seu padrão de aspiração é o do princípio Feminino da Divindade e não do Masculino. Um novo relacionamento interior com seu corpo feminino foi desenvolvido; elas começaram a ver-se não como um veículo para satisfazer as necessidades masculinas, mas como uma porta sagrada para os mistérios da vida e da morte. Seu flutuante ciclo menstrual interior, emocional e físico, também é considerado natural e sagrado, e o poder de sua natureza emocional e sentimental é visto cada vez mais como algo a ser respeitado, aceito e expresso como uma purificadora liberação de energias.

Como a Deusa, as mulheres possuem o poder da criação e da nutrição, assim como a natureza destrutiva e devoradora, que é desatada a fim de liberar. Ao perceber que sua natureza é uma com a Deusa Universal, a mulher pode tornar-se uma sacerdotisa mediadora, reconhecendo sua própria força, a potência de seu corpo, emoções, mente e imaginação e transcender os parâmetros sociais de comportamento; ela pode afirmar sua necessidade de tornar-se completa em sua própria feminilidade.

A Deusa de Wicca é imanente a toda criação; tudo é percebido como sagrado e honrado como a incorporação da Deusa ou da Mãe Natureza. É uma afirmação da vida universal presente em cada forma, abraçando sem preferência, indiscriminada na sua abundância compartilhada por todos. Wicca é primordialmente a religião da ecologia e da harmonia natural entre os reinos exteriores da natureza da Terra e também entre os níveis interiores de cada indivíduo. Nisto, ela provê um modelo de papel mais saudável para o anseio espiritual do que uma religião que considera Deus transcendente e acima da natureza e acha que o planeta foi criado apenas para benefício do homem, para explorá-lo como quiser.

Apesar de a Deusa ressurgente atrair mais as mulheres, seu caminho também é importante para os homens, já que indica o rumo para vivenciar e integrar seu próprio feminino interior, aceitando conscientemente a validade de sua sensibilidade e de seus sentimentos e permitindo que uma qualidade psíquica e intuitiva se expresse através deles. É crescente o número de homens atraídos pelos caminhos pagãos e de Wicca. Para eles, a Deusa Lua serve como uma imagem da *anima* que acena, intimando-os a fazer a viagem interior a seu submundo transformador.

Para acrescentar sensibilidade aos ciclos rítmicos da vida universal, Wicca celebra um ciclo óctuplo de festivais ritualizados, conhecidos como Sabás, conectando os ciclos interior e exterior e se baseando nos solstícios, equinócios e dias de mudança de Lua que invocam a Deusa e seu consorte, o deus chifrudo. Esse festivais são chamados de: Yule (solstício de inverno), Brígida/Candelária (fevereiro), Páscoa (equinócio de primavera), Beltain (Véspera de maio), Litha (solstício de verão), Lughnasad (1º de agosto), Mabon (equinócio de outono) e Samhaim (dia das bruxas, 31 de outubro), o Ano Novo de Wicca. Além disso, as fases lunares também são reconhecidas como períodos de oferenda, quando a receptividade às energias mais sutis é maior.

Estas são épocas adequadas à bruxaria e à magia, e todos os rituais são essencialmente ritos mágicos, designados a redespertar as deusas e deuses interiores da Lua, a abrir portas a realidades espirituais secretas e ocultas e a ampliar os poderes psíquicos e intuitivos que estão latentes na mente humana. O termo "*wicce/wicca*" deriva de uma palavra anglo-saxônica que significa moldar e curvar, um objetivo da magia — sentir, receber e moldar as forças que geram criação e conscientizar-se das realidades alternativas que coexistem em nossa própria consciência, além do limite da mente lógica e racional. A crença Wicca é que a visão da Lua e de sua luz transmite forças que, apesar de invisíveis ao olho humano, podem ser percebidas e vividas através do ritual interior e da meditação imaginativa. A magia da Lua é muitas vezes vivida em termos de intuição, visões interiores, cristalomancia e adivinhações, encantamentos e disfarces. Como uma "guardiã dos sonhos", a Lua tem um papel na criação dos sonhos. Algumas pessoas têm sonhos mais evocativos, coloridos e interessantes perto do período da Lua Cheia, ou sonhos que parecem ser tentativas de veicular significados simbólicos ou conselhos.

Uma concepção de Wicca sobre a relação entre a mente inconsciente e a consciente considera que o inconsciente tem uma experiência direta do exterior, através da conscientização holística do hemisfério direito do cérebro. A percepção consciente disto, entretanto, é filtrada pelas atividades de classificação, análise, abstração e diferenciação verbal do hemisfério esquerdo. O inconsciente se comunica através de sensações, emoções, sentimentos, impulsos sensitivos, intuições, sonhos e visões, simbolismos e reações psicossomáticas. Estes equiparam-se a aspectos das interpretações da Lua astrológica, principalmente no conflito com a repressão individual. Wicca considera que o progresso se dá através da união das atividades do hemisfério esquerdo e direito do cérebro — ou seja, através da integração dos dois tipos distintos de consciência. Em um cenário arquetípico, a fusão dos princípios masculino e feminino evoca as imagens dos pilares branco e preto da Árvore da Vida e o caminho do equilíbrio desce através de Yesod, ou as imagens da cópula Shiva-Shakti do hinduísmo, e a união da Deusa com o deus chifrudo. O resultado da interpenetração do consciente e do inconsciente é o mágico andrógino, cuja fusão das energias negativas e positivas abrem os portões da eternidade.

A Lua crescente torna-se um período de começos em Wicca, um período de semente, um retorno do sono ou da morte e um novo despertar ou renascimento. O poder sutil das marés aumenta, por isso ele é considerado o período de magias que envolve crescimento, desenvolvimento e trabalho no mundo exterior, para começar o treinamento mágico, para recarregar trabalhos continuados e para desenvolver habilidades psíquicas práticas e adivinhatórias. Como a luz simbólica brilhará com mais intensidade nesta fase, é adequado trabalhar com encantamentos de cura, seja do sofrimento físico, emocional, mental ou espiritual, para que a magia fortaleça a vitalidade do receptor e sua capacidade para livrar-se da doença. As meditações da fase crescente podem incluir a contemplação do poder da geração, crescimento e a importância de semear as sementes corretas. O potencial latente de novas idéias e oportunidades é observado, e a efusão de idéias e planos ainda não formulados pode ser registrada antes do desafio de manifestá-los e estribá-los em forma e realidade.

Na Lua Cheia, os convivas se reúnem tradicionalmente nos *esbats*, um período de praticar magia e estudar os ensinamentos de Wicca. É o ponto da maré cheia e o pico do poder da Lua, o auge das sementes de mudança e a liberação de seus frutos abundantes no mundo. A Mãe domina como a nutridora, a manifestação do que foi iniciado na Lua Nova. A Deusa está no ápice de sua glória, e a luz lunar ilumina os mistérios da escuridão. Ela é considerada igual ao Sol, sua natureza polar complementar.

A Lua Minguante se torna a fase da escuridão, o fim de um ciclo, a morte antes da renovação da vida, a maré vazante e a Lua oculta. Esta é a fase de sedimentação da energia das marés, quando elas se voltam novamente para o interior. Pode-se imaginar que qualquer doença ou desconforto pessoal esteja então minguando ou decrescendo, e as ansiedades são liberadas em segurança antes de levar o sofredor a ser capaz de aceitar a renovação da próxima fase crescente. Pode ser atingida uma maior conscientização, enfoque a sensibilidade interior, com potencial para alcançar realizações mais úteis e compensadoras. As conexões das figuras *anima/animus* podem ser obtidas com maior facilidade nesta fase, já que a atenção pessoal está naturalmente voltada para dentro. O processo natural da vida pode ser reconhecido, com a aceitação da necessidade de haver um final para que novos começos possam ser gerados, e um reconhecimento de que vida e morte são dois pólos de um eixo incorporado na natureza humana. Pode começar a surgir o poder de transformar áreas estagnadas, não integradas ou desequilibradas da vida de uma pessoa, e a sabedoria instintiva guardada no corpo ou no inconsciente pode subitamente parecer acessível.

A Deusa é vista como mutável, uma forma cambiante que ritmicamente transforma sua figura e sua face, não permitindo que apenas uma imagem defina-a ou limite sua natureza transformadora e abrangente. Ela se torna uma fonte de inspiração, uma fertilização criativa da humanidade. Como afirma uma canção de Wicca: "Na Mãe, uma coisa se torna outra", as coisas fluem e se interpenetram em receptividade mútua. Assim, ela se torna a Deusa Tripla, conhecida em seus disfarces como a Donzela (Lua Nova), a Mãe (Lua Cheia) e a Velha ou Sábia (Lua Minguante). Na tradição celta, ela era reconhecida respectivamente como

Rhiannon, Arianrhod, Ceridwen, tornando-se "Ela é todas as coisas para todos os homens". Uma visão alternativa substitui a Mãe pela imagem da Ninfa, que é a sereia sedutora e tentadora sexual, refletindo a necessidade da atração sexual antes de ser fecundada pelo homem apaixonado. Uma valiosa interpretação da Deusa Tripla é a percepção da Donzela virginal como a mente natural, instintiva; da Mãe, como a mente madura, racional e prática; e da Velha, como a mente intuitiva e inspiradora.

O reino da Velha é o mais temido, mesmo pelos próprios devotos da Deusa, sem falar nos seguidores das religiões solares. Este é o submundo da velhice, dos profundos mistérios, sabedorias, profecias, adivinhações, morte e ressurreição. É o reino de Hécate, a Rainha Negra da Meia-Noite, que possui o poder de fornecer *insights* ofuscantes que inspiram ou enlouquecem, cuja natureza despojada e cruel desafia mesmo os mais fortes e que compartilham os segredos mágicos de banir todas as doenças e ansiedades. Em seu reino negro, a Velha mexe seu Caldeirão da Inspiração, pronta a oferecer a poção sagrada a quem genuinamente desejar receber o conhecimento interior da gnose e da experiência da Deusa. Hécate apenas ajuda e aconselha aqueles que são suficientemente fortes para descer ao seu submundo, porque são somente estes que são capazes de encontrar seus mistérios negros e sinistros. O aspecto da Velha é a fonte real da promessa de liberação da Deusa, pois "seu serviço é a liberdade perfeita".

A Descida ao Submundo

A tradição do submundo tem sido reformulada e apresentada como um caminho mágico para a transformação e a iniciação e origina-se de padrões míticos arquetípicos e arcaicos presentes em várias culturas objetivamente extintas. Atualmente é considerado um reino interior da consciência habitado por figuras arquetipicamente simbólicas, que somos capazes de vivenciar e explorar se fizermos uma viagem ao nosso interior através de meditações dirigidas. Estas abordagens estão se tornando cada vez mais populares, como um meio de entrar em contato com esta "casa de tesouro de imagens" e de despertar energias interiores e símbolos poderosamente evocativos na psique.

Há três aspectos no reino da Rainha Lua do Submundo; é o lugar de uma nova geração, a doadora da fertilidade, já que a vida cresce na escuridão do solo; é o lugar dos mortos, para onde viajamos quando abandonamos nossa forma terrena; é o lugar da regeneração, onde se podem alcançar os segredos do renascimento humano, iniciação e imortalidade. A viagem interior pode ser feita no Barco da Lua da Deusa, e as vias em direção ao mundo oculto são descobertas pelos raios da Lua, que revelam as entradas ocultas para montanhas e cavernas que descem para o interior da Terra. Estas vias são comumente encontradas em

194

lendas pagãs, e todas indicam que o caminho é para dentro e para baixo, muitas vezes em direção às cavernas subterrâneas onde a Deusa é descoberta ou onde poços ou lagos sagrados refletem as estrelas que brilham no seu interior.

O Submundo é considerado um reino interior associado com a terra natal física do indivíduo, que incorpora a tradição nativa e o cenário do imaginário simbólico. É a fonte do mito e da lenda ancestral e racial, onde são guardadas as chaves para o entendimento dos contos codificados e onde a magia da natureza e o poder das fundações tectônicas da Terra podem ser encontrados. O papel da ancestralidade é destacado, com a sabedoria do passado passando para o solo e lá sendo armazenada. Pode-se fazer contato com os ancestrais, seja literalmente, em certo nível, seja através da sensibilidade interior à incorporação física com a terra e sítios específicos, tais como túmulos e mausoléus, seja através da exploração psicológica, interpretada como a incorporação da sabedoria e erudição do inconsciente coletivo e individual.

A imagem de uma árvore mágica está freqüentemente presente no Submundo, representando uma ligação entre mundos, uma alma ancestral ou uma fonte de iniciação e transformação. O símbolo da árvore é arquetípico, presente até mesmo na veneração da Lua Caldéia e no Genesis da Bíblia. A arte de "evocar os ancestrais" é um meio de receber sabedoria, conselho e poderes mágicos dos mundos interiores (ou da herança coletiva e genética). Tradicionalmente, é realizado por sacerdotisas, videntes e xamãs. É muitas vezes associado a certos locais físicos, onde os rituais invocatórios ou as jornadas interiores podem contatar o guardião ancestral sacrifical daquele lugar.

A seqüência de estágios da descida ao Submundo é similar aos estágios de ascensão em outras tradições, e todos representam uma passagem além das fronteiras da vida e da morte para um renascimento e transformação para um estado de consciência inteiramente novo. As tradições Wicca e Celta se preocupam particularmente com a roda da vida-morte-renascimento, como demonstrado por seu simbolismo da Lua e da Deusa.

A jornada ao Submundo tende a ir da Lua Nova para a Cheia, sugerindo que o caminho para a luz passa primeiro pela escuridão interior, ou que o caminho para o paraíso tem que passar pelo inferno, o que recorda Cristo entrando no Submundo para liberar os prisioneiros, antes de ressuscitar. A iniciação nas profundezas é catártica em essência, liberando as sombras e os poderes escuros reprimidos na natureza humana, destruindo a personalidade artificialmente inflada e dividida, dissolvendo as máscaras falsas e as identificações mal colocadas e liberando o verdadeiro *self* para a luz. Nesta jornada, pode haver contato com os seres femininos interiores, que são reflexos ou aspectos da Deusa. Na relação com estes aspectos, pode ocorrer uma transformação, como resultado do poder negativo da potência feminina à esquerda, que

195

estimula o colapso e a reunião pessoal através da iniciação. Simbolicamente, isto é refletido nos mitos do Graal, nos quais a mulher abominável (a natureza não amada, não integrada da *anima* Deusa Velha) só pode ser redimida e transformada em grande beleza pelo cavaleiro que resistir a suas tentações espirituais. É interessante reparar que, nestas jornadas, duas das bestas totêmicas do Submundo são o cão e a vaca, ambos atribuídos à Lua.

Através deste tipo de processo de iniciação, o significado da Lua Nova e o caminho para o Submundo é que a humanidade pode restabelecer contato com a vida natural somente se descer às profundezas das raízes do ser. Aí, o Caldeirão de Ceridwen e a Velha destilam o elixir sagrado através do qual a vida é renovada. Aqui, redescobrimos as lendas de *soma*, a bebida da inspiração e do êxtase que leva às mais elevadas iniciações da consciência da Lua e é derivada das revelações associadas com a Lua Nova e a árvores da Lua e da abertura do mundo inconsciente à luz do entendimento consciente. Ocultos no escuro manto de Ísis (o traje da forma, matéria e Submundo) estão as mais profundas revelações. Ingerir o *soma* é compartilhar o alimento dos deuses e ter garantido o poder de transcender a morte, tornar-se imortal e criar. A Lua liberada torna-se "o *self* da nutrição", e à medida que o inconsciente e o consciente se unem e as barreiras interiores se dissolvem, um novo *self* emerge das cavernas, um iniciado da Lua, aquele que está ligado aos poderes femininos e que conseguiu integrar as polaridades de sua psique. Um novo filho da luz nasceu, seguindo os conselhos de seu "demônio interno" e a sabedoria da Deusa.

A CABALA E A LUA

No sistema esotérico da Cabala, a nona esfera ou Sefirot, na simbólica Árvore da Vida, é conhecida como Yesod, atribuída à Lua. Para o astrólogo, o que é significativo sobre a Yesod é que ela pode ser trabalhada cabalisticamente para obter uma compreensão pessoal mais ampla da lua mágica. Yesod é associada ao inconsciente, vista como o receptáculo simbólico da "Casa de Tesouro de Imagens". Parte da esfera de Yesod está ligada às áreas psicológicas exploradas por Freud em seu exame das influências das experiências do passado contidas no inconsciente, onde estão alojadas as emoções reprimidas e as energias bloqueadas. A mensagem é que o resíduo do passado condiciona as opções, decisões e experiências no presente. Se o passado é retido num padrão distorcido e não integrado, pode tornar-se lentamente uma poça fétida e estagnada que contamina toda a psique, com óbvios efeitos negativos no futuro.

A experiência de Yesod é chamada "A Visão da Máquina do Universo" e diz respeito à relação entre a teia etérica sutil e a forma material. Nos mitos, a Lua está ligada ao mistério da forma e à semente da vida, e a Lua Yesódica é vista como realizadora da tarefa na qual um esqueleto etérico é gerado para unir partículas de matéria mais densa em formas distintas. É uma energia de integração que serve para coordenar moléculas, células, partículas, a fim de criar um organismo, que é uma estrutura construída e mantida no lugar pela teia etérica durante a vida, além de ser o fundamento de toda manifestação física. Foi dado a Yesod o título de "Fundamento", que é a raiz oculta da matéria e da consciência humana, a qual transmite energias mais elevadas, precipitando-as no nível humano para que possamos usá-la para criar a nós mesmos e o mundo. Como a Lua astrológica, a Lua Yesódica atua como uma força de ligação, definindo a personalidade e formando padrões de hábito e tendências rígidos e repetitivos que são protetores por natureza e, quando conscientemente abertos para receber energias espirituais elevadas, podem ser transformados.

Yesod é considerada a esfera da mágica na Árvore, e isto se liga às deusas lunares da Antigüidade. A mágica da Lua está intimamente associada ao padrão cíclico e rítmico do universo, e a atividade mágica está alinhada com a máquina etérica do universo. Isto envolve a natureza da resposta magnética e a ciência da invocação e evocação. Primordialmente, esta abordagem mágica da Lua Yesódica diz respeito à purificação e unificação das formas, permitindo que a humanidade estabeleça contato e aplique as forças espirituais elevadas que devem passar pela esfera de Yesod antes de se manifestar na Terra. Estas forças incluem as energias do Sol astrológico e dos planetas transpessoais: Urano, Netuno e Plutão.

Quando se medita na esfera da Yesod, surge o potencial do uso mágico da casa do tesouro das imagens. A Lua interior contém os reinos-fontes das tradições esotéricas, onde o cabalista experiente pode fazer contato com os caminhos alquímicos, celta, de Wicca e do Submundo, entre outros. Ao aprofundar nossa compreensão de Yesod, podemos aprender a ter acesso e a aplicar o imaginário simbólico no inconsciente, o que pode auxiliar na transformação interior e na cura psicológica. Como reconhecem todas as tradições antigas, trabalhar com a Lua interior abre portas para a realização pessoal e a inspiração espiritual, e esta é uma das fontes mais poderosas de magia.

MEDITAÇÕES DA LUA CHEIA

Cada vez mais, indivíduos e grupos estão participando de meditações rituais cíclicas no período da Lua Cheia. Apesar de poder ter raízes nas primitivas tradições pagãs e de Wicca, uma poderosa ênfase e um impulso renovado para tais encontros tiveram origem nos ensinamentos de Alice Bailey e no Tibetano. A concepção moderna da meditação na época da Lua Cheia é que as pessoas podem se conectar subjetivamente através do mundo, transcendendo qualquer diferença religiosa, cultural, social e política, unindo-se em um só pensamento, aspiração, prece e meditação de grupo em benefício do mundo.

Tais encontros, ou mesmo as meditações individuais, são sinais do desenvolvimento da consciência aquariana de grupo, através da qual, trabalhando juntos como um grupo planetário, é possível abrir canais para uma invocação efetiva de energias de luz, amor e direção espiritual que são vitais para a humanidade, em seu esforço para construir um mundo caracterizado pela unidade e boa vontade, e o reconhecimento da família humana unificada. Com freqüência, os mantras da Grande Invocação são usados como foco para esta meditação receptiva, apesar de não serem essenciais para contatar as potências espirituais disponíveis para a absorção.

As meditações da Lua Cheia são uma resposta à percepção das fases cíclicas e ritmos na força da vida universal, criando um padrão anual de doze festivais da Lua, ligados ao zodíaco, planejados para constituir uma revelação contínua da divindade e estabelecer os atributos divinos na consciência da humanidade. É como se uma porta se abrisse nos períodos de Lua Cheia; a imagem é de um facho de luz dourada estendido entre o Sol e a Lua, que ilumina completamente a superfície lunar e torna possível certas percepções espirituais interiores. Esta fase de meditação mais aprofundada e a oportunidade de intensificar contatos espirituais constituem uma abordagem que pode ser utilizada pelas Irmandades Brancas ocultas e pela humanidade, e envolve a ciência mágica da invocação e evocação.

Na Lua Cheia, atingimos a visibilidade máxima na Terra e recebemos mais luz e energia do que em qualquer outro período do mês lunar. Há um alinhamento de oposição entre o Sol e a Lua, e na grande iluminação disponível na Terra, então, há potencial para a humanidade contatar e se alinhar com as energias espirituais mais elevadas. Isto é parte do ritmo universal da periodicidade, e na Lua Cheia abrimos naturalmente nossa psique às energias amplificadas que são transmitidas à Terra. Nesta lua intensificada, temos a oportunidade de tornar-nos mais conscientes de nós mesmos, de nosso universo e da inter-relação entre as partes e o todo. Assim como a luz exterior se intensifica através da reflexão da luz solar pela Lua, nossa própria Lua e Sol interiores se alinham para iluminar a alma interior. Um ou dois dias antes do horário oficial da Lua Cheia, pode-se sintonizar, purificar e preparar o consciente. No dia da Lua Cheia, se estabelece o contato através da meditação, permitindo que as energias fluam para e através da personalidade, recebendo, retendo e incorporando qualquer *insight* e compreensão. No dia seguinte ao da Lua Cheia, o fluxo e a expiração são liberados no cotidiano, até o início do próximo pico lunar, quatro semanas depois.

Essencialmente, adotar a meditação do ciclo da fase da Lua Cheia é um ato religioso, e como afirmou Alice Bailey: ''Religião é o nome dado ao apelo invocatório da humanidade e a resposta evocativa da

Vida maior a este grito". Cada Lua Cheia é um ponto no tempo ao longo de todo o ciclo anual, quando as pessoas do mundo inteiro podem expressar sua necessidade de um relacionamento com Deus e com a dimensão espiritual da vida, assim como um relacionamento mais próximo uns com os outros. A imagem é a de uma linha vertical ascendendo ao espírito, e uma linha horizontal para o benefício e unificação da humanidade, a cruz do iniciado. O curso evocativo contínuo da energia humana concentrada telepaticamente atinge a consciência dos seres espirituais, os quais respondem liberando energias construtivas, positivas e benéficas para serem usadas na transformação da vida na Terra.

Mesmo em muitas tradições religiosas estabelecidas hoje, a maioria dos festivais são determinados ou estão relacionados com as fases da Lua e os signos do zodíaco. A técnica das meditações na Lua Cheia é um desenvolvimento desta tendência espiritual. Entre os doze festivais lunares, três são considerados muito significativos. São eles: a Lua Cheia da Primavera, associada à Páscoa Cristã, período da ascensão de Cristo e da energia do Amor; a Lua Cheia de Maio, o festival Wesak, o período de Buda e da energia da Sabedoria; e a Lua Cheia de Junho, o festival da Boa Vontade e o Dia da Invocação Mundial, quando o espírito da humanidade aspira a relacionamentos humanos corretos, à conformidade à vontade divina e ao plano de evolução. Neste dia, há oportunidade de se reconhecer a essência espiritual da humanidade.

Além dos praticantes pagãos e de Wicca, que dão a devida consideração à Deusa Lua em tais fases, há pouca ênfase aparente para a Mãe Divina nas meditações da Lua Cheia. Porém, a energia da Mãe Divina está presente e ativa, principalmente na necessidade, daquele que medita, de desenvolver a receptividade interior a fim de ser fecundado pelos potenciais espirituais descendentes. Os grupos de meditação e mediação produzem coletivamente um cálice, graal ou funil invocatório, evocando magneticamente uma resposta do foco divino de suas aspirações. Adotar conscientemente este ciclo rítmico pode auxiliar cada indivíduo a se alinhar com o fluxo natural da energia universal, oferecendo estímulo de grande sensibilidade à influência da Lua, assim como contribuindo para a consciência espiritual mundial ao participar de um ritual atemporal.

A Lua Curativa

O poder curativo da Lua é liberado pela integração consciente de aspectos de nós mesmos que foram reprimidos, negados e relegados à escuridão do *self* consciente. Para muitos, a Lua foi absorvida pela Sombra da psique, em parte formando aspectos da personalidade plena que foram rejeitados e que não cabem numa auto-imagem idealizada, aqueles traços e tendências que gostaríamos de fingir que nada têm a ver com nossa natureza.

As técnicas psicológicas contemporâneas têm por objetivo tornar consciente o inconsciente, lançando uma luz na escuridão e, assim, iluminando o desconhecido, e, quer se reconheça ou não, elas estão seguindo os passos dos exploradores esotéricos. Esta é a passagem para o lado escuro de nossa totalidade dividida e, assim como o nascimento físico começa na escuridão interior do útero, antes de emergir para a luz do nascimento terreno, o processo de renascimento espiritual inicia na escuridão do inconsciente, passando através das tradicionais fases da noite escura.

A tarefa com a qual nos defrontamos é a redescoberta da parte que foi perdida de nossa natureza e a origem das tendências inconscientes que estão sempre dividindo aspectos de nós mesmos sob as pressões do cotidiano. Que ações precisamos empreender e que mudanças de atitude e de auto-expressão são necessárias?

A transformação fundamental requer a inclusão de nosso eu obscuro, a percepção e o reconhecimento de nossa escuridão, sem condená-la, rejeitá-la ou negá-la ainda mais. Isto pode incluir o enfrentamento de nossas feridas emocionais, os instintos embotados, as paixões mais negras, a raiva e a frustração, nossas falhas e necessidades mais profundas, os sentimentos de rejeição e solidão, negatividade, os medos e nossa falta de significado, propósito e direção. Perguntamos a nós mesmos: "O que há de errado e insatisfatório comigo e com minha vida? E o que posso fazer para mudar isto?". Tentativas de impor controle e racionalidade fracassam muitas vezes, mesmo quando superficialmente o estilo de vida é invejável; é aquele mal-estar interior que debilita cada vez mais, à medida que a energia se dispersa através de um *self* não integrado e insatisfeito.

As energias lunares oferecem cura e vitalização profundas, se pudermos descobrir suas raízes, que estão nos níveis mais profundos de nosso ser. Esta é a descida à psique primal, que pode passar por níveis de caos e vazio interior e áreas onde as fontes de energia de nossas emoções, sentimentos e instintos têm suas raízes — poderosas, selvagens e incontidas. Sua vitalidade e força podem nos chocar, porque estamos acostumados a controlar e atrelar estas forças vitais ao nosso condicionamento social e pessoal, e podemos evitar o enfrentamento de sua verdadeira natureza e o reconhecimento de sua existência dentro de nós mesmos. É um teste verdadeiro e uma iniciação passar, deliberada e conscientemente, através do portão que leva à escuridão, penetrando nos reinos das deusas e deuses negros, especialmente após uma repressão prolongada do "negro" pela "branca" luz solar da consciência. Mas como nossa realidade é dualista, devemos aceitar a validade da luz e da escuridão em nosso *self*, e criar um novo tipo de identidade consciente.

Não há caminho para uma maior unidade e integração que não passe pelo reino da Deusa Lua, e isto requer a fusão e a dissolução das barreiras artificiais entre o consciente e o inconsciente. A totalidade é abraçar simultaneamente o Sol e a Lua, e optar por esta jornada é um ato conscientemente sagrado, mesmo que um dos maiores desafios seja passar por reinos de loucura quando nosso racional analítico enfrenta "os demônios e diabos interiores". Nós mesmos os criamos e perpetuamos sua existência. Eles podem ser liberados através da transformação dos demônios em amigos e através da recuperação daqueles aspectos de nossa natureza que foram envenenados por nossas rejeições e negações; ao fazer isto, podemos descobrir que novas forças são liberadas dentro de nós para a expressão criativa, assim como nosso sentimento é unificado.

À medida que nossas projeções da sombra são reabsorvidas, passamos a enxergar com maior objetividade, e o poder das emoções, sentimentos e instintos é reequilibrado e torna-se capaz de uma expressão pessoal positiva, criativa e dinâmica. Percebemos os perigos de reprimir sentimentos e emoções e começamos a buscar formas mais seguras e construtivas de curar as feridas da nossa criança interior. Podemos aprender a nos nutrir e a cuidar de nós mesmos, e a curar, através da aceitação e do perdão, os ferimentos de nosso passado. O portal da escuridão pode se tornar o caminho de uma oportunidade exaltada e a perspectiva de compreensão dos segredos da cura interior; a confiança e a fé no aconselhamento interior substitui qualquer dependência exterior das autoridades e do condicionamento social. Podemos enxergar através da iluminação fornecida por nossa própria luz interior, assim que a Lua Cheia desponta na escuridão.

Ao optar por uma abertura para nossa escuridão interior, conseguimos redespertar a Deusa da Noite no Submundo. Se construirmos barreiras defensivas contra a escuridão, o único resultado possível será o desequilíbrio, a divisão e as feridas causadas por nós mesmos; ao trabalharmos com as forças lunares, uma redenção potencial é possível, tanto para o pessoal como para o coletivo.

Com a redescoberta dos alicerces individuais, podemos reunir as energias da Água e da Terra em nosso ser, já que ambas estão associadas ao poder lunar e ligadas aos padrões arquetípicos do ciclo vida-morte-renascimento. Nossos sentimentos e emoções aquosos dependem de nossos corpos terrenos, e é através deste relacionamento que técnicas como o trabalho corporal e a massagem são tão eficientes para liberar estresses e tensões físico-emocionais presos em nossas formas físicas.

A Lua talvez exija uma rendição ao "chão do ser", que pode se equiparar aos padrões da Mãe, do *Self* e da Terra, e é possível que seja esta saída do controle solar dominador do *self* que liberte a renovada criatividade e fertilidade das energias lunares. Como reconhecem os artistas, ocultistas, amantes e mães, os novos impulsos só emergem quando o controle consciente é transcendido ou relaxado. O pensamento é afetado pela abertura para a Lua, à medida que tipos estranhos de inspiração fluem, conceitos profundos podem ser mais facilmente compreendidos e a intuição pode florescer como uma exaltação de instintos liberados e da orientação interior. As idéias criativas passam a ter maior poder e profundidade, demonstrando uma qualidade luminosa, obrigatória e imaginativa, expandindo-se aparentemente a partir de sua própria vontade de abarcar cada vez mais.

À medida que as raízes pessoais se estendem conscientemente para o interior da consciência individual, aumentam as perspectivas de cura, mas isto só ocorrerá se valorizarmos o lado escuro de nosso ser. Nunca é demais enfatizar esta questão, uma vez que ela é a chave da integração espiritual.

CAPÍTULO 10

A Evocação do Equinócio

Neste século, a humanidade deu grandes passos na exploração dos mistérios das sementes da vida, desde o conhecimento médico e biológico dos componentes genéticos da vida humana até o desenvolvimento da inseminação artificial e dos "bebês de proveta". Em outro nível, vemos as descobertas da física quântica, que está lentamente expondo os tijolos e alicerces mais intangíveis da coesão da forma universal, tentando localizar a infinitesimal e minúscula fonte da vida. Estamos tentando revelar os segredos da Arca da Aliança da Lua, e muito ainda está para ser destrancado.

Porém, como já descobrimos, os reinos da Deusa Lua abrangem muitos níveis diferentes, o dos Céus, da Terra e do Submundo, e o simbolismo e os padrões inerentes à Lua astrológica apontam para muitas direções diferentes mas complementares. Ao explorar a Lua astrológica, abrimos a porta a muitos mistérios sagrados e antigos que, como o "sol da meia-noite", são acessíveis apenas quando descemos ao templo da Lua e entramos no lado escuro. Os poderes arquetípicos que estão além e dentro do simbolismo da Lua são muito reais e potentes. Trabalhar com nossa Lua astrológica além da mera superficialidade começará a descortinar a existência destes poderes.

Como Dion Fortune comentou uma vez: "Uma religião sem uma deusa é meio caminho para o ateísmo", e quando o equilíbrio do cristianismo pendeu para o reconhecimento apenas do masculino e do Deus Pai e a negação do divino feminino, muitas pessoas do Ocidente amadureceram uma correspondente visão desequilibrada da realidade, negativamente refletida num condicionamento social patriarcal. O resultado disto foi a fragmentação social e individual, a perda do princípio feminino da conexão e da relação, tanto na vida coletiva e individual como na consciência interior.

O Templo da Deusa Lua espera nossa chegada, se quisermos reivindicar nossa herança dos poderes do amor, fertilidade, receptividade, sexualidade e regeneração. A Lua não é apenas a Deusa das Mulheres que buscam símbolos transpessoais capazes de reforçar a aspiração a aceitar sua feminilidade plena. Como apontam as tradições antigas, ela também está presente para iniciar os homens nos negros mistérios do santuário da transformação. Aí podemos encarar face a face o mistério eterno, viver a provação do renascimento e transcender as limitações do controle mental e negações restritivas ao encarar os poderes dos instintos, sentimentos e emoções liberados de sua prisão por nós mesmos, quando o *self* for revelado em perfeita glória. Aprendemos a lição e o princípio da Lua, que ao amar a forma e tudo o que parece inferior a nós poderemos ser transformados pelo espírito de aceitação e obter um *insight* curativo vital da transmutação da matéria, que a divindade existe tanto no inferior quanto no superior. Como dizem os gnósticos: "Subir ou descer, é a mesma coisa", que uma descida corresponde a uma subida e que a verdadeira transcendência da personalidade dividida leva à liberação do ego, abrindo uma perspectiva espiritual e transpessoal. Como Ishtar declarou através de suas donzelas do prazer: "Sou uma prostituta piedosa", uma unificação do que é *mais inferior* e *mais superior*.

Para atingir a vida sempre renovada da Lua, os segredos do processo de vida rítmico da criação-destruição e os padrões cíclicos do ser-expandir-diminuir-morrer devem ser oferecidos em sacrifício à Deusa. Todos devem experimentar e explorar as profundezas e os picos da intensidade emocional, e poucos desafios são tão duros como ser despedaçado pelos cães selvagens das emoções e continuar sendo capaz de suportar a revelação da Deusa Negra no ápice da vulnerabilidade. A antiga expressão esotérica "Tenha medo da morte afogando-se" pode se referir à submersão nas águas emocionais e nas profundezas do inconsciente. A vida sempre exige fases de sacrifício, mesmo por parte dos pais, ao liberarem seus filhos para viver sua vida adulta independente, a filha que se afasta do pai para firmar seu passo unindo-se a um homem em casamento, ou o filho que também deve "rejeitar" a mãe para descobrir sua própria identidade e estar pronto para descobrir sua parceira.

Ao andar pelo caminho do crescente, podemos unir e integrar o passado, o presente e o futuro, construindo pontes conscientes entre níveis de nosso ser representados pelo Submundo, a Terra e o Paraíso, o tríplice reino da Deusa Lua.

No mundo dualista, a única forma de seguir em frente é através da resolução dos opostos, e este é o estágio representado pelo caminho além do Templo da Iniciação da Lua. No apócrifo "Evangelho aos Egípcios", Cristo afirma à discípula Salomé: "Quando os dois tornarem-se um, e macho e fêmea não forem nem macho, nem fêmea (...) então os dois tornar-se-ão uma só carne". Este é o caminho de todos os alquimistas espirituais, o do casamento sagrado, o *mysterium coniunctio*.

Na alquimia, isto é simbolizado pelas imagens do casamento interior do Sol e da Lua, do Rei Vermelho e da Rainha Branca, e a perspectiva da transmutação que surge de sua conjunção mística. Como a Deusa Lua é a imagem primal do nascimento para os mistérios da vida, só através de sua porta é que o progresso pode ser alcançado. Para o alquimista, cada homem é o reflexo do princípio arquetípico do Logos ou Deus, e cada mulher reflete Eros ou a Deusa, e é através da inspiração no oposto interior que se descobre uma companhia orientadora. Portanto, o paralelo exterior dos parceiros do *frater mysticus* e da *soror mystica* na busca alquimista, que reflete a unificação interior, é o objetivo último deste caminho. O homem alquimista entra no Submundo contendo seu princípio feminino oculto, buscando a Deusa; e a mulher alquimista entra no Submundo de seu princípio masculino oculto, buscando a Deus (ou o Deus de Chifres de Wicca). No Cristianismo, o imaginário paralelo é o casamento simbólico da freira, que se torna noiva de Cristo, descrito como o noivo de sua alma. A controversa questão dos opostos é fonte de muitos mitos e lendas, o que também ocorre em muitas tradições esotéricas.

A alquimia propõe que o Grande Trabalho envolve um "casamento" de opostos em todos os níveis; numa fusão de forças negativas e positivas para que a união reconciliadora do microcosmo com o macrocosmo possa ser atingida. Através deste *coniunctio*, o "corpo de luz" universal (coletivo e individual) pode ser recriado a partir da fase anterior de desintegração e fragmentação evolutiva, através de múltiplos níveis de existência.

Os estágios deste processo de reunificação dentro do indivíduo ou do coletivo envolvem três fases. O *nigredo* é a entrada na escuridão, o período do Rei do Graal ferido e do Deserto psicológica e fisicamente estéril. Cristo entra no sepulcro, descendo ao Submundo para libertar e curar seus habitantes. O Corpo do Deus da Lua, Osíris, é desmembrado e espalhado pelo maléfico Set. Ocorre a desintegração, e a conscientização da fragmentação e da falta de totalidade é o mais importante. Ao atingir o "fundo do poço", devemos nos dar conta de que cada pedaço perdido do *self* precisa ser redescoberto, transformado e reintegrado no quebra-cabeça pessoal do *self*, e que a aceitação é o meio de se reapropriar de aspectos rejeitados.

Surge a fase do *Albedo*, que é a do poder curativo da Rainha Branca, quando a re-formação e a reestruturação podem recomeçar, fundadas em cruciais percepções e mudanças estimuladas pela descida ao Nigredo e simbolizada pelos esforços de Ísis em juntar as partes espalhadas do corpo de Osíris e pelas tentativas de fertilizar a si mesma. A fase final é o *rubedo*, que é a ressurreição do corpo glorificado de maior unidade e integração, o corpo de luz, e o renascimento de Osíris, agora transformado no Deus Sol. Deve-se compreender que este ciclo triplo é um caminho contínuo de desenvolvimento espiritual e que aquele que busca, ou o alquimista, deve passar por isto muitas vezes em vários níveis em seu esforço para trazer luz à escuridão. O caminho do ciclo triplo do *nigredo-albedo-rubedo* é repetido e vivido periodicamente como o "purgatório" psicológico interior ou a fase da transformação individual e modificação entre cada nível de realização ou iniciação.

Porém, o que renasce é a nova fusão do Sol e da Lua, Logos e Eros, Osíris e Íris, como resultado da transmutação dos elementos alquímicos através da separação, purificação, transformação e recombinação num novo padrão de unidade fundamental. Hórus, a criança-herói espiritual interior (o hermafrodita alquímico) nasce como uma conseqüência do caminho alfa-ômega. Ao equilibrar os princípios do Sol e da Lua, atinge-se um estado de equinócio criativo, onde as energias podem fluir suavemente entre o espírito e a matéria, cada vez com menos distorção, e a visão pode ser plena e unificada, e não parcial e dividida.

Há o reconhecimento de que, em termos comuns, nem a luz nem a escuridão podem ser vitoriosas, já que são interdependentes por natureza. A luz solar não consegue penetrar nos mundos interiores e nas cavernas subterrâneas do inconsciente ou Submundo, e as faculdades solares de análise, classificação, definição e diferenciação são incapazes de entender um nível no qual "No reino da Mãe, uma coisa se torna outra".

A importância do estágio do *equinócio* ainda deve ser compreendida melhor, e ele requer que transcendamos os dualismos Sol-Lua e patriarcado-matriarcado num novo tipo de pensamento e percepção. A Era de Aquário não se destina a ver uma nova versão de cultura dominada pelo masculino ou pelo feminino. Nenhuma das polaridades deve ser dominante e reprimir a outra, já que isto apenas perpetua os conflitos anteriores e gera o inconsciente coletivo através da repressão. Aquário é o estágio da consciência de grupo, unindo as qualidades femininas e masculinas numa humanidade integrada e unificada em que predomine apenas a visão da alma de espírito-matéria em fusão.

Imagens deste futuro passo evolutivo aparecem nos símbolos arquetípicos das tradições antigas, tais como o Tao ou a Árvore da Vida cabalística. O Tao abarca em seu círculo os opostos polares do atributo feminino *yin* e do masculino *yang*, porém o verdadeiro segredo é a consciência do Tao, o Caminho. Similarmente, a Árvore tem pilares gêmeos de polaridade, o pilar masculino do Perdão e o pilar feminino da Severidade, porém o caminho de subida/descida da flecha está entre Kether e Malkuth (Espírito e Matéria), colocados sobre o Pilar e o Caminho de Equilíbrio. O tema do equilíbrio entre as energias positiva e negativa constitui um dos principais mistérios mágicos e revelações espirituais, como no Caminho do Meio de Buda.

Abarcar a dualidade através da descida ao Submundo, o encontro no Templo da Lua e a fusão alquímica do Rei e da Rainha são os estágios necessários para gerar o *Self*-Herói transfigurado. À medida que mais indivíduos trilhem este caminho do Sol e da Lua e consigam liberar sua própria luz espiritual, pode começar a surgir uma nova fase na sociedade. Se for necessária uma palavra para distinguir esta cultura embrionária que está sendo gerada no útero planetário, a visão incorporada por *uniarquia* é o próximo passo na progressão evolutiva holística. A palavra "Uniarquia" é derivada de *"uni"*, que significa um, composto, consistindo em ou caracterizado por um, e *"arch"*, que significa a regra do primeiro. Traduzido livremente, uniarquia quer dizer a regra do um, a fonte espiritual além do dualismo, a raiz dos deuses e deusas e o primeiro princípio universal de unidade; o Tao ou o Equilíbrio.

Uma sociedade caracterizada por uma perspectiva uniarcal deve ser similar à consciência de grupo aquariana, uma colaboração conjunta de respeito mútuo entre homens e mulheres, onde todas as qualidades humanas são admitidas, respeitadas e aplicadas para enriquecer toda a vida planetária, com o reconhecimento da imanência da divindade e a unidade da Terra e da humanidade. Esta é a visão da alma sobre a unidade, que é nosso objetivo imediato, e foi para nos guiar rumo a este objetivo que a Deusa despertou. Individual e coletivamente, nos reunimos para invocar o equinócio universal, para receber a visão de uma descida bem-sucedida da evocação do equinócio, quando a luz e a escuridão estão equilibradas e a consciência torna-se una, assim que a matéria e o espírito despertam para a conscientização de que eles são os dois pólos do eixo da vida. A nova cultura eclipsada espera nosso empenho participativo para se tornar real na Terra.

Através da Rainha da Noite, podemos descobrir a luz do Sol da meia-noite, e a partir daí nossa vida será iluminada interiormente, tornando claro e brilhante o caminho. Ou então podemos viver na escuridão. A escolha nos confronta a cada passo. É o dilema humano, e ele só pode ser encarado por cada um de nós nas profundezas de nosso ser. Lá, a Velha mexe seu Caldeirão borbulhante, sempre à espera de um viajante, pronta a compartilhar sua poção mágica. Você pode ouvir a Deusa chamando-o? Você está pronto a compartilhar seus Mistérios?

DAG GRÁFICA E EDITORIAL LTDA.
Av. N. Senhora do Ó, 1782, tel. 857-6044
Imprimiu
COM FILMES FORNECIDOS PELO EDITOR